Gestalte dein Vision Board

Gestalte dein Vision Board

Visualisiere deine Ziele und Träume

CanDace Johnson

Aus dem Englischen von Birgit van der Avoort

Laurence King Verlag

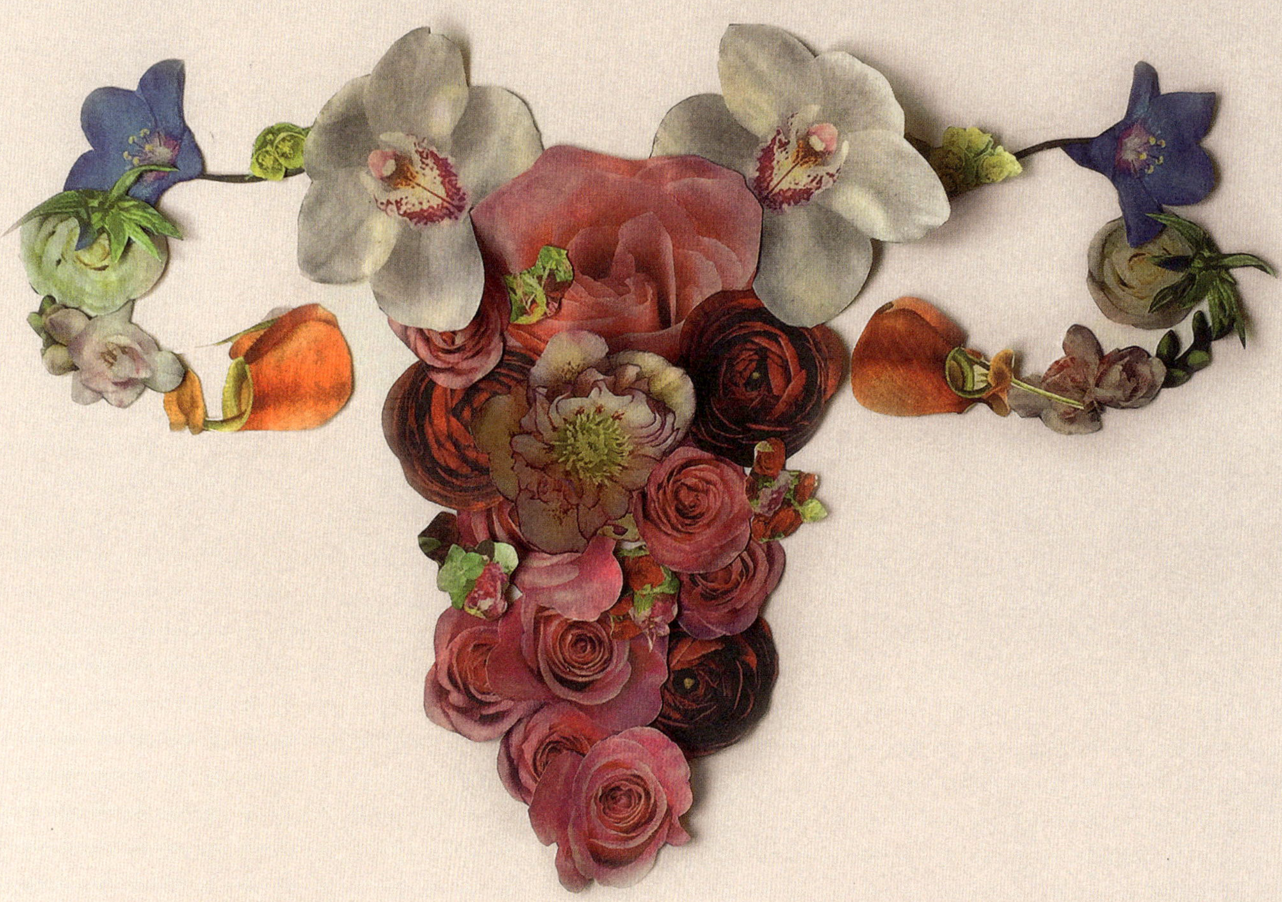

Inhalt

Einleitung

EIN VISION BOARD IST ein starkes Werkzeug der Manifestation, das die Wünsche, Ziele und Träume einer Person visuell abbildet. Indem Sie ganz bewusst ein Vision Board gestalten – durch die Zusammenstellung inspirierender Worte und Bilder –, schaffen Sie eine visuelle Darstellung Ihrer Träume und gestalten Ihre eigene Realität aktiv mit. Ein Vision Board inspiriert und motiviert gleichermaßen, verdeutlicht Wünsche und Träume und verankert sie gleichzeitig in der Realität.

Bei der Erstellung eines Vision Boards müssen Sie zunächst tief in Ihre Wünsche eintauchen, um anschließend festzulegen, welche davon Sie wirklich erreichen oder erleben möchten. Ähnlich einer Architektur-Blaupause dient ein Vision Board als Leitfaden für das nächste Kapitel in Ihrem Leben – seien es sechs Monate, ein Jahr oder fünf Jahre. So wie ein Bauherr einen eindeutigen Plan für die Struktur eines Gebäudes braucht, so müssen Sie sich Klarheit darüber verschaffen, was Sie erreichen wollen und warum. Indem Sie sich auf den Prozess der Reflexion einlassen, ein Vision-Board-Ritual schaffen und intuitiv Bilder auswählen und bearbeiten, um sie schließlich zu einer Collage zusammenzustellen, verbinden Sie sich mit Ihren Sehnsüchten und erarbeiten eine Vision von dem, was Sie in Ihrem Leben erleben und sehen wollen.

Gestalte dein Vision Board bietet über tausend sorgfältig ausgewählte Bilder zum Durchblättern, Auswählen und Ausschneiden, um ein persönliches Vision Board zu gestalten. Das Einleitungskapitel bietet – basierend auf den Energien der zwölf astrologischen Häuser – geleitete Reflexionen, wie Sie im Journal Ihre Ziele formulieren, und erklärt notwendige Grundlagen. Sie finden Anleitungen, wie Sie sich und Ihr Zuhause auf das Ritual zur Gestaltung eines Vision Boards vorbereiten, und bekommen Tipps für ein eigenes Vision Board, inklusive einer Liste mit empfohlenen Materialien. Und schließlich erhalten Sie Ratschläge zur Benutzung Ihres fertiges Vision Boards und zum Prozess der Manifestation ganz allgemein.

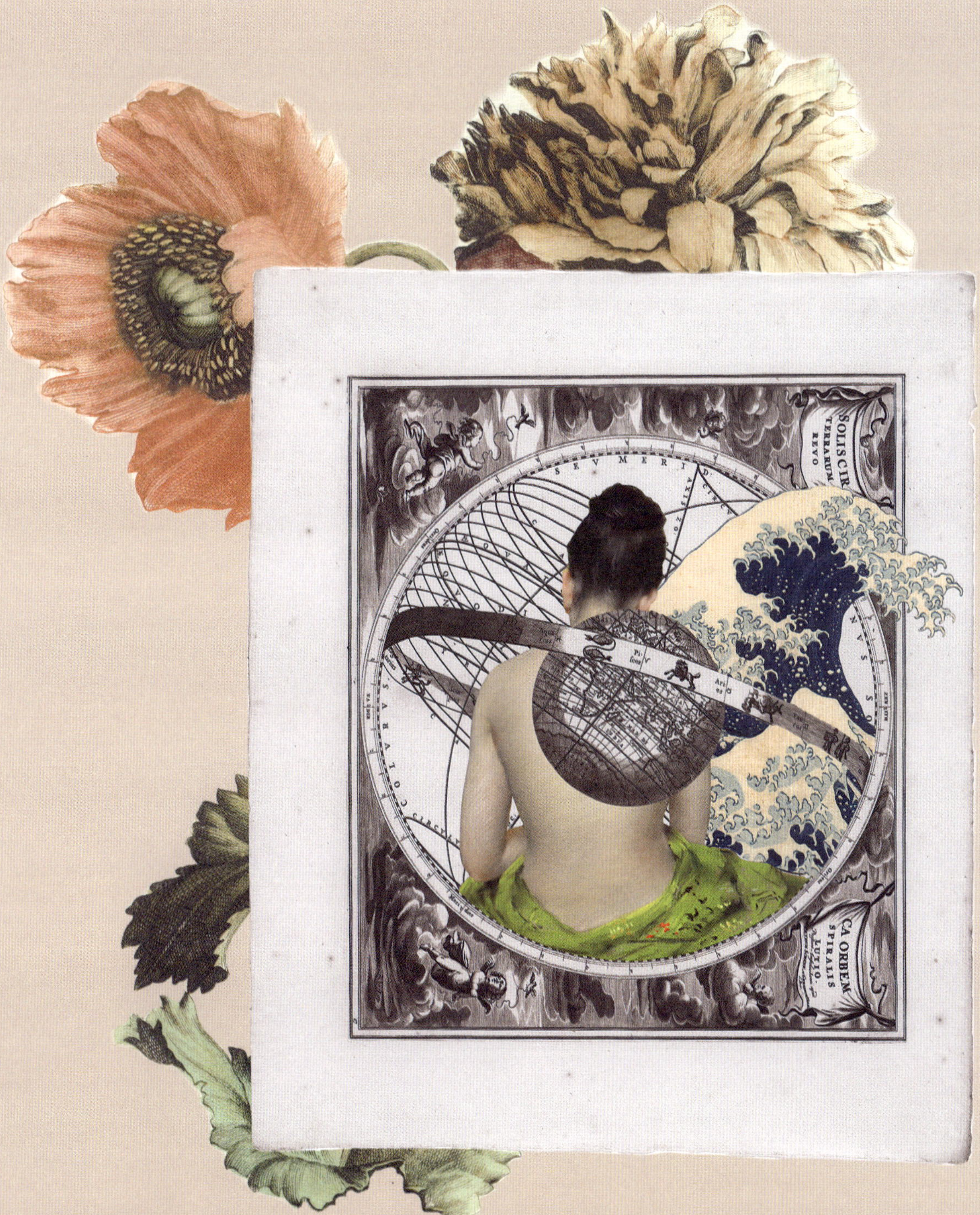

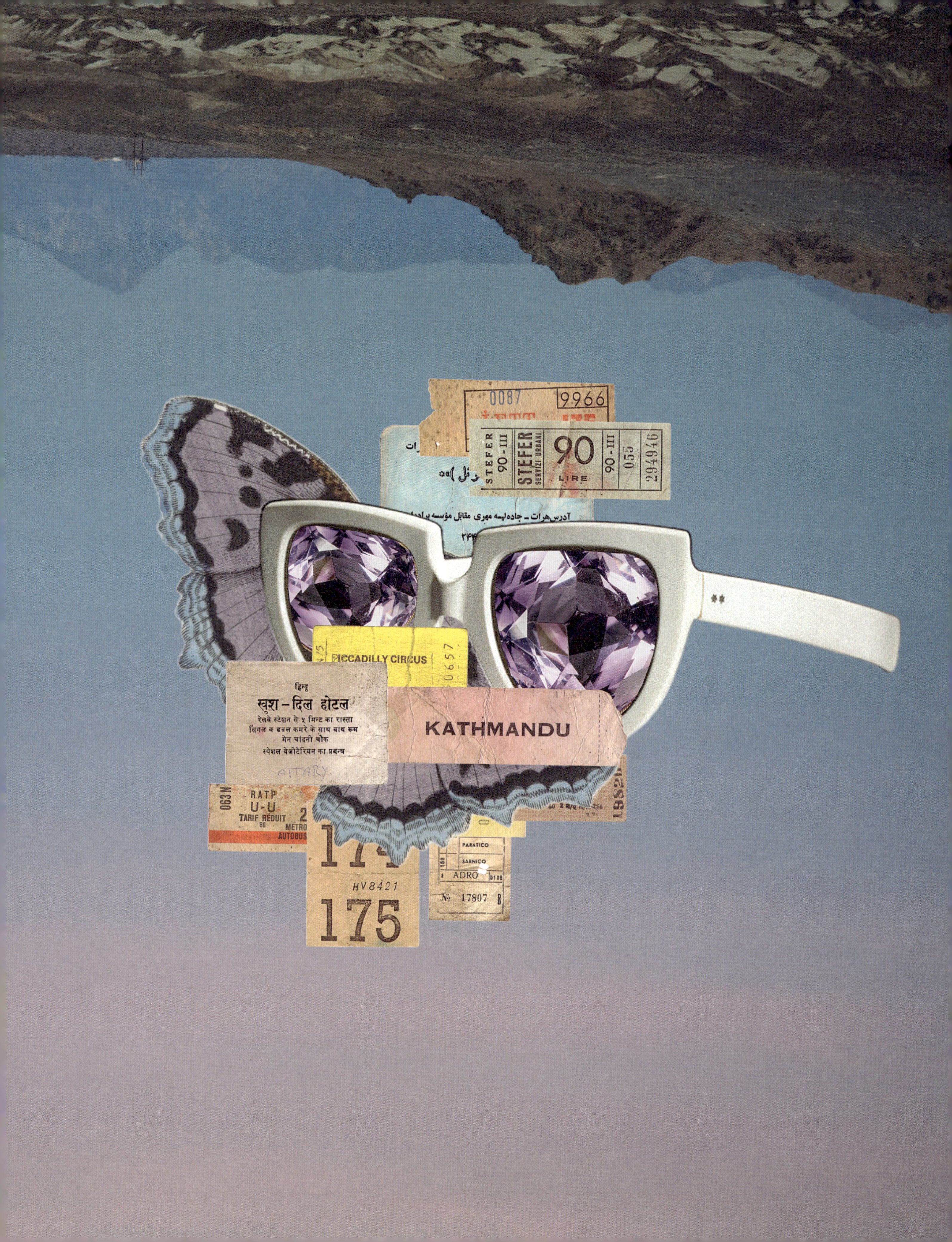

0087
9966
STEFER
SERVIZI URBANI
90
LIRE
294946
PICCADILLY CIRCUS
0657
खुश-दिल होटल
KATHMANDU
RATP
U-U
TARIF RÉDUIT
METRO
AUTOBUS
HV8421
175
PARATICO
SARNICO
ADRO
№ 17807

Visualisierung

WICHTIGER ALS ZU WISSEN, was Sie wollen, ist die Frage nach dem Warum. Ihr Herz weist Ihnen den Weg. Vielleicht wünschen Sie sich eine Million Euro. Aber wenn Sie genauer darüber nachdenken, stellen Sie fest, dass dieser Wunsch vor allem Ihre Freunde beeindrucken soll und eher einem Verlangen nach Zugehörigkeit entspringt. Der Wunsch nach einer Million Euro ist in Wahrheit nicht das, was Sie wirklich wollen und wer Sie wirklich sein wollen. Somit ist es unwahrscheinlich, dass dieser Wunsch in Erfüllung geht. Aber wenn Sie diese Million Euro wirklich anstreben, weil Sie Ihren gewählten Weg bestmöglich beeinflussen wollen und er Ihren wahren Sehnsüchten und Ihrem Selbstbild entspricht, dann stellen Sie sich das Geld vor.

Dieses Buch enthält ausgewählte Bilder in zwölf Kategorien, inspiriert von den Energien der zwölf astrologischen Häuser. Jeder Abschnitt stellt in Bildern ein astrologisches Haus vor, beginnend mit einer Übersicht von Schlüsselwörtern, die die Energien der jeweiligen astrologischen Häuser hervorheben; diese können Sie ausschneiden und auf Ihr Vision Board kleben. Bevor Sie Wörter oder Bilder für Ihr Vision Board auswählen, sollten Sie sich mit den einzelnen Häusern beschäftigen, um die archetypischen Energien in jedem Haus kennenzulernen, sodass sich Ihre Gedanken und Interessen ganz natürlich entfalten. Diese wichtige Vorarbeit schafft die Grundlage für ein Vision Board, das Ihre inneren Wünsche und Intentionen widerspiegelt. *Gestalte dein Vision Board* wählt die Bilder auf spielerische, fantasievolle Weise aus, in der Hoffnung, dass Sie das Gleiche tun werden, wenn Sie Ihre Wünsche erforschen und Ihr eigenes Vision Board gestalten.

Die zwölf astrologischen Häuser

ERGÄNZEND ZU den nachfolgenden Journaling-Fragen, die als Ausgangspunkte für Ihre Reflexion dienen, können Sie auf den Energien eines astrologischen Hauses basierende Affirmationen aufstellen, indem Sie die angefangenen Affirmationen vervollständigen. Eine Affirmation ist eine Aussage über das, was Sie erreichen oder glauben wollen. Die Wiederholung dieser Aussage kann Ihre Überzeugungen auf einer unbewussten Ebene verändern. Formulieren Sie positive Aussagen in der Gegenwartsform. Wenn Ihre Affirmation ein wenig weit hergeholt erscheint, können Sie die Formel „Ich stelle mir vor, dass …“ an den Anfang stellen.

1. Haus: Das Ich

(Widder, 21. März bis 19. April)
Identität und Selbstvertrauen
Farbe: Leuchtendes Rot
Element: Feuer

Journaling-Fragen: Bei welchen körperlichen Aktivitäten fühlen Sie sich am lebendigsten?
In welchen Situationen müssen Sie sich durchsetzen, um Ihre Wünsche zu erreichen? Was sollen andere über Sie erfahren, wenn sie Sie kennenlernen? Auf welche neue Lebensreise wollen Sie sich begeben?
Affirmationen: „Ich bin …“, „Ich bin bereit …“

2. Haus: Besitztümer

(Stier, 20. April bis 20. Mai)
Geld und Selbstwertgefühl
Farbe: Grün
Element: Erde

Journaling-Fragen: Was schätzen Sie an sich am meisten? Was bedeutet Ihnen finanzielle Sicherheit? Stehen Ihre Ausgaben im Einklang mit Ihrem Vermögen? Empfangen Sie all das Gute, das Ihnen im Moment zur Verfügung steht? Wie teilen Sie Ihren Besitz?
Affirmationen: „Ich schätze …“,
„Ich halte durch …“

3. Haus: Verbindungen

(Zwillinge, 21. Mai bis 20. Juni)
Geisteshaltung und Freundschaft
Farbe: Gelb
Element: Luft

Journaling-Fragen: Was muss gesagt oder getan werden, um eine wichtige Beziehung zu heilen?
Wie würden Sie Ihre Lebenswünsche einem engen Freund beschreiben? Wie würden Sie sich gern mit Ihrer örtlichen Gemeinschaft verbinden? Wie würden Sie gern kommunizieren?
Affirmationen: „Ich mag …“, „Ich bin offen für …“

4. Haus: Zuhause

(Krebs, 21. Juni bis 22. Juli)
Heim und Familie
Farben: Blau, Silber
Element: Wasser

Journaling-Fragen: Wie fühlt sich für Sie Ihr Zuhause an, und warum? Wie können Sie zu Hause eine Atmosphäre schaffen, die Ihr Wachstum und Ihre Entwicklung fördert? Welche Rolle möchten Sie in Ihrer Familie einnehmen? Was können Sie tun, um diesen Wunsch umzusetzen?
Affirmationen: „Ich schaffe Raum für ...", „Ich beschütze ..."

5. Haus: Freude

(Löwe, 23. Juli bis 22. August)
Kreativität und Leidenschaft
Farben: Orange, Gold
Element: Feuer

Journaling-Fragen: Wer verkörpert für Sie Freude, und warum? Beschreiben Sie eine zutiefst glückliche Erfahrung. Welche kreativen Aktivitäten lösen in Ihnen ein Glücksgefühl aus? Wie bringen Sie mehr Leidenschaft in Ihr Leben? Wie integrieren Sie neue spielerische Elemente in Ihr Leben? Wie machen Sie Ihren Alltag romantischer?
Affirmationen: „Ich stelle mir vor ...", „Ich bewundere ...", „Ich erlaube ..."

6. Haus: Vitalität

(Jungfrau, 23. August bis 22. September)
Gesundheit und Gewohnheiten
Farben: Creme, Taupe
Element: Erde

Journaling-Fragen: Was inspiriert Sie dazu, sich zu bewegen? Was hält Sie davon ab, sich zu bewegen? Wie achten Sie auf sich, wenn Sie krank sind? Wie gehen Sie liebevoller mit Ihrem Körper um?
Affirmationen: „Ich fühle ...", „Ich will ..."

7. Haus: Partnerschaften

(Waage, 23. September bis 22. Oktober)
Beziehungen und Verpflichtungen
Farben: Rosa, Blau
Element: Luft

Journaling-Fragen: Welche Art von Beziehungen ziehen Sie an? Was brauchen Sie, um sich gesehen, gehört und geliebt zu fühlen? Welche Personen erfüllen diese Anforderung? Mit wem können Sie zusammenarbeiten, um Ihre Ziele zu erreichen?
Affirmationen: „Ich priorisiere ...", „Ich gleiche aus ...", „Ich verbinde ..."

8. Haus: Intimität

(Skorpion, 23. Oktober bis 21. November)
Veränderung und Loslassen
Farben: Dunkelrot, Schwarz
Element: Wasser

Journaling-Fragen: Wie spiegelt Ihr Besitz Ihre Sinnlichkeit wider? Welche Art von Sexualpartner/in möchten Sie sein? Was brauchen Sie, was Sie derzeit nicht bekommen? Was müssen Sie loslassen, um Platz für Neues zu schaffen? Welche Veränderung möchten Sie erleben?
Affirmationen: „Ich lasse los …“, „Ich wünsche mir …“, „Ich verändere mich …“

9. Haus: Abenteuer

(Schütze, 22. November bis 21. Dezember)
Freiheit und Philosophie
Farbe: Violett
Element: Feuer

Journaling-Fragen: Wann haben Sie sich am freiesten gefühlt? Stellen Sie sich vor, Sie wären Ihr befreites Ich – was würden sie ihm gern sagen? Was steht auf Ihrer Reiseliste? Worüber möchten Sie mehr erfahren? Wie reisen Sie am liebsten? Was sind Ihre Grundüberzeugungen?
Affirmationen: „Ich fühle mich gut bei …“, „Ich bin frei zu …“, „Ich lerne …“

10. Haus: Karriere

(Steinbock, 22. Dezember bis 19. Januar)
Ziele und öffentliches Leben
Farben: Braun, Grau
Element: Erde

Journaling-Fragen: Was möchten Sie beruflich erreichen? Wie sollen Ihre Kund*innen / Klient*innen / Kolleg*innen Sie sehen? Wie möchten Sie sich bei der Arbeit fühlen? Was wäre der größte Erfolg in Ihrer Traumkarriere?
Affirmationen: „Ich habe …“, „Ich traue mir zu …“

11. Haus: Freundschaften

(Wassermann, 20. Januar bis 18. Februar)
Gemeinschaft und Vision
Farbe: Stahlblau
Element: Luft

Journaling-Fragen: Wie schaffen Sie Harmonie zwischen sich und den Menschen in Ihrem sozialen Umfeld? Welche einzigartigen Gaben und Talente haben Sie, von denen andere profitieren können? Wie würden Sie gern die Welt beeinflussen? Was haben Sie in der Welt bewirken können?
Affirmationen: „Ich bin Teil von …“, „Ich biete …“

12. Haus: Unbewusstes

(Fische, 19. Februar bis 20. März)
Intuition und Spiritualität
Farbe: Hellgrün
Element: Wasser

Journaling-Fragen: Was hilft Ihnen, sich mit Ihrer spirituellen Seite zu verbinden? Wie zeigen Sie derzeit Mitgefühl gegenüber sich selbst? Wie können Sie ein stärkeres Mitgefühl für andere aufbringen? Welche Gefühle vermeiden Sie, und warum? Wie schaffen Sie ein Gefühl der Sicherheit, um diese Gefühle zu erleben?
Affirmationen: „Ich heile …“, „Ich weiß …“, „Ich enthülle …“

Die vier Elemente

Feuer

Tarot-Karten: Stäbe
Astrologische Häuser: Das Ich (Widder), Freude (Löwe), Abenteuer (Schütze)
Themen: Inneres Feuer; Geist; Glaubenssysteme; Handeln

Erde

Tarot-Karten: Münzen
Astrologische Häuser: Besitztümer (Stier), Vitalität (Jungfrau), Karriere (Steinbock)
Themen: Materielle Welt; der Körper, die Sinne; Ressourcen; die Erde; Handel

Luft

Tarot-Karten: Schwerter
Astrologische Häuser: Verbindungen (Zwillinge), Partnerschaften (Waage), Freundschaften (Wassermann)
Themen: Beziehungen; Menschen und Ideen; Rationalität; Intellekt

Wasser

Tarot-Karten: Kelche
Astrologische Häuser: Zuhause (Krebs), Intimität (Skorpion), Unbewusstes (Fische)
Themen: Gefühle und Emotionen; Herzensangelegenheiten; Intuition

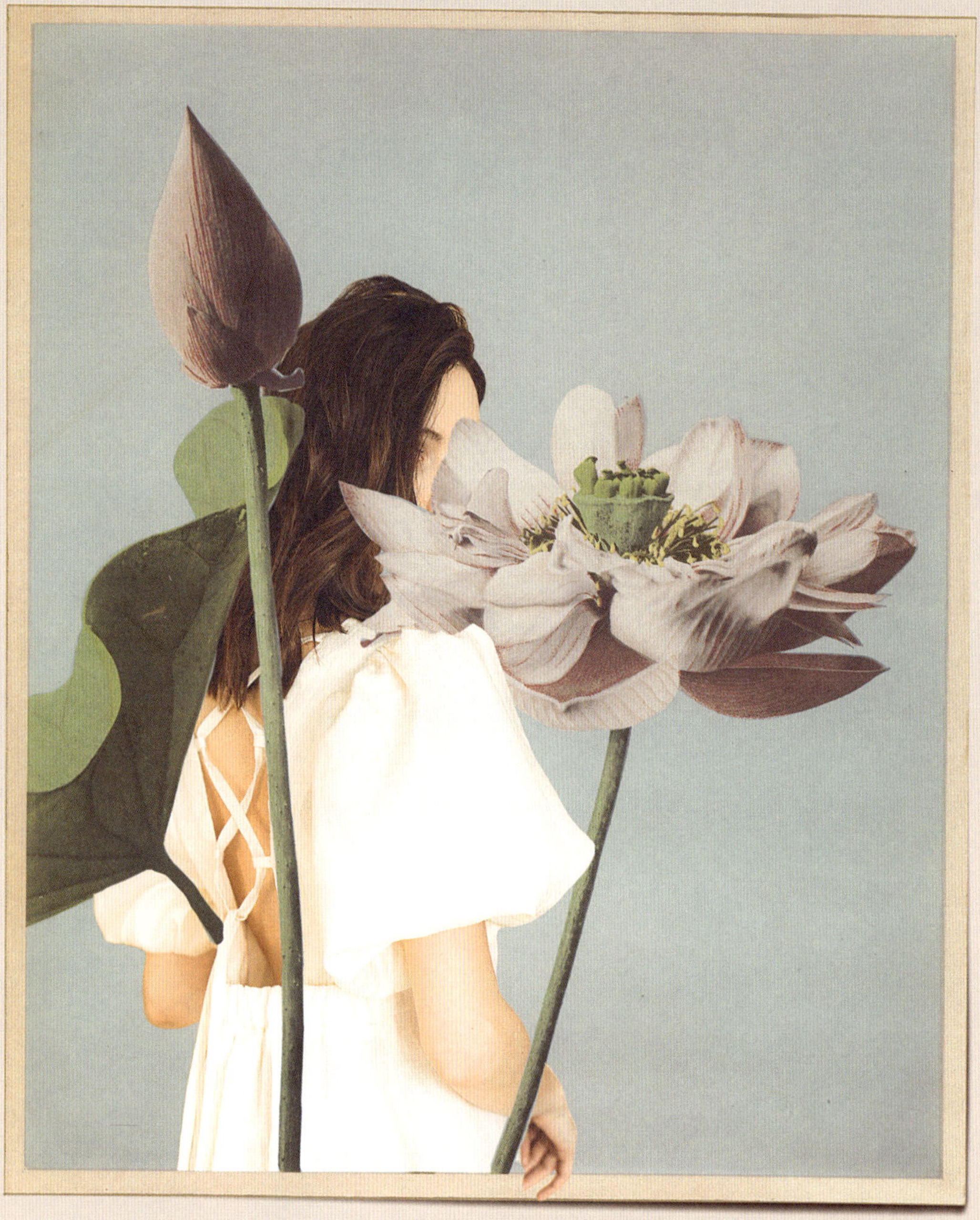

Auswahl der Bilder

Feuer

Im Kapitel Das Ich (Widder) drehen sich die Bilder um Selbstfürsorge und ein gutes Körpergefühl, aufregende Neuanfänge und Gefühle wie die beim Start ins neue Schuljahr. Auf dem Weg zum Kapitel Freude (Löwe) spielen Bilder von Leidenschaft, Spiel, Sinnesfreuden und kreativen Beschäftigungen eine große Rolle. Das Kapitel Abenteuer (Schütze) richtet sich auf Freiheit, unbändiges Fernweh und Naturerlebnisse.

Erde

Das Kapitel Besitztümer (Stier) zeigt Seiten mit Edelsteinen, Juwelen und Königinnen; den Reichtum der Erde und diejenigen, die diesem hinterherjagen, Glücksbringer und Diebesgut, während das Kapitel Vitalität (Jungfrau) fröhliche Tiere, Freude an körperlicher Kraft und bester Gesundheit, Verbindungen mit der Erde, und zwar im wahrsten Sinne des Wortes, und das Wohlgefühl durch Ordnung und tägliche Rituale feiert. Im Kapitel Karriere (Steinbock) wird der rote Teppich ausgerollt und Erfolge, Siege und Höhepunkte rücken ins Rampenlicht.

Luft

Das Kapitel Verbindungen (Zwillinge) strahlt dieses Jane-Austen-Feeling aus: Es wird viel geschrieben, gelesen und getratscht; wir sehen Telefonzentralen und Briefmarken, Telefone und Fahrräder – alles dreht sich um Nachbarschaften und lokale Verbindungen. Im Kapitel Freundschaften (Wassermann) wimmelt es von Menschen – auf Festivals, auf Protestkundgebungen, auf Partys und im Mannschaftssport, während im Kapitel Partnerschaften (Waage) Ehen, Paare und ausgeglichene Beziehungen im Mittelpunkt stehen.

Wasser

Das Kapitel Zuhause (Krebs) ist stark volkstümlich geprägt und betont Gemütlichkeit, mit einer Vorliebe für Altbewährtes und Liebgewonnenes. Im Kapitel Intimität (Skorpion) gibt es zweideutige Früchte und Meeresfrüchte, Kerzen und Seile, Augenbinden und aufplatzende Knospen. Im letzten Kapitel, Unbewusstes (Fische), finden sich Sterne, Monde, Galaxien, Wasserflächen, Schmetterlinge und andere Bilder, die uns in eine geheimnisvolle Welt entführen.

Festlegung eines Vision-Board-Rituals

DIE GESTALTUNG EINES VISION BOARDS ist eine transformative Handlung, und die Schaffung eines Rituals bildet die Grundlage für dieses bedeutende Unterfangen. Auch wenn der Begriff „Ritual“ großspurig klingen mag, so bedeutet er einfach, dass die Handlung selbst in den Vordergrund rückt. Indem Sie die Bedeutung dieses Prozesses anerkennen, würdigen Sie die Gelegenheit, Ihr Leben neu zu gestalten, sich selbst zu ermächtigen und Ihre Träume anzunehmen. Wenn Sie das Ritual als etwas Großartiges betrachten, verstärkt dies die Wirkung und verleiht der Erfahrung ein Gefühl von Ehrfurcht und Aufregung.

In unserem schnelllebigen Alltag übersehen wir leicht, wie wichtig es ist, sich Zeit zu nehmen, um unsere Träume und Sehnsüchte zu erforschen. Das Ritual für die Gestaltung eines Vision Boards schafft wertvollen Raum für Selbstreflexion. Sie können innehalten, durch die Landschaft Ihrer Sehnsüchte wandeln und tief eintauchen in das Feuer, das Ihre Leidenschaft entfacht. Indem Sie bewusst Raum für dieses Ritual schaffen, stellen Sie Ihr eigenes Wachstum und die Entdeckung des eigenen Ichs in den Vordergrund. Planen Sie morgens oder abends ausreichend Zeit ein, um sich ungestört auf diesen Prozess einzulassen. Das Ritual können Sie teilen oder mit jemandem zusammen erleben. Wenn Sie möchten, laden Sie einen geliebten Menschen ein, sich Ihnen anzuschließen und das Ritual gemeinsam zu begehen. Wenn Sie sich mit positiver Energie und Unterstützung umgeben, schaffen Sie eine erhebende Atmosphäre, die das Erlebnis verstärkt und das Ritual mit Begeisterung und Motivation erfüllt.

Während des Rituals ist es wichtig, dass sich ein Gefühl der Konzentration und Achtsamkeit einstellt. Machen Sie Ihren Kopf frei und legen Sie eine Intention fest, um Ihr ganzes Selbst mit einzubringen. Indem Sie Ihre Aufmerksamkeit bewusst darauf lenken und sich auf die anstehende Aufgabe konzentrieren, schaffen Sie Raum für Inspiration und Erkenntnis. Seien Sie ganz in dem Moment und tauchen Sie in die Bilder, Worte und Gefühle in Ihren Träumen ein. Wehren Sie Ablenkungen und äußeren Druck ab, damit sich Ihre Vision wahrhaftig entfalten kann.

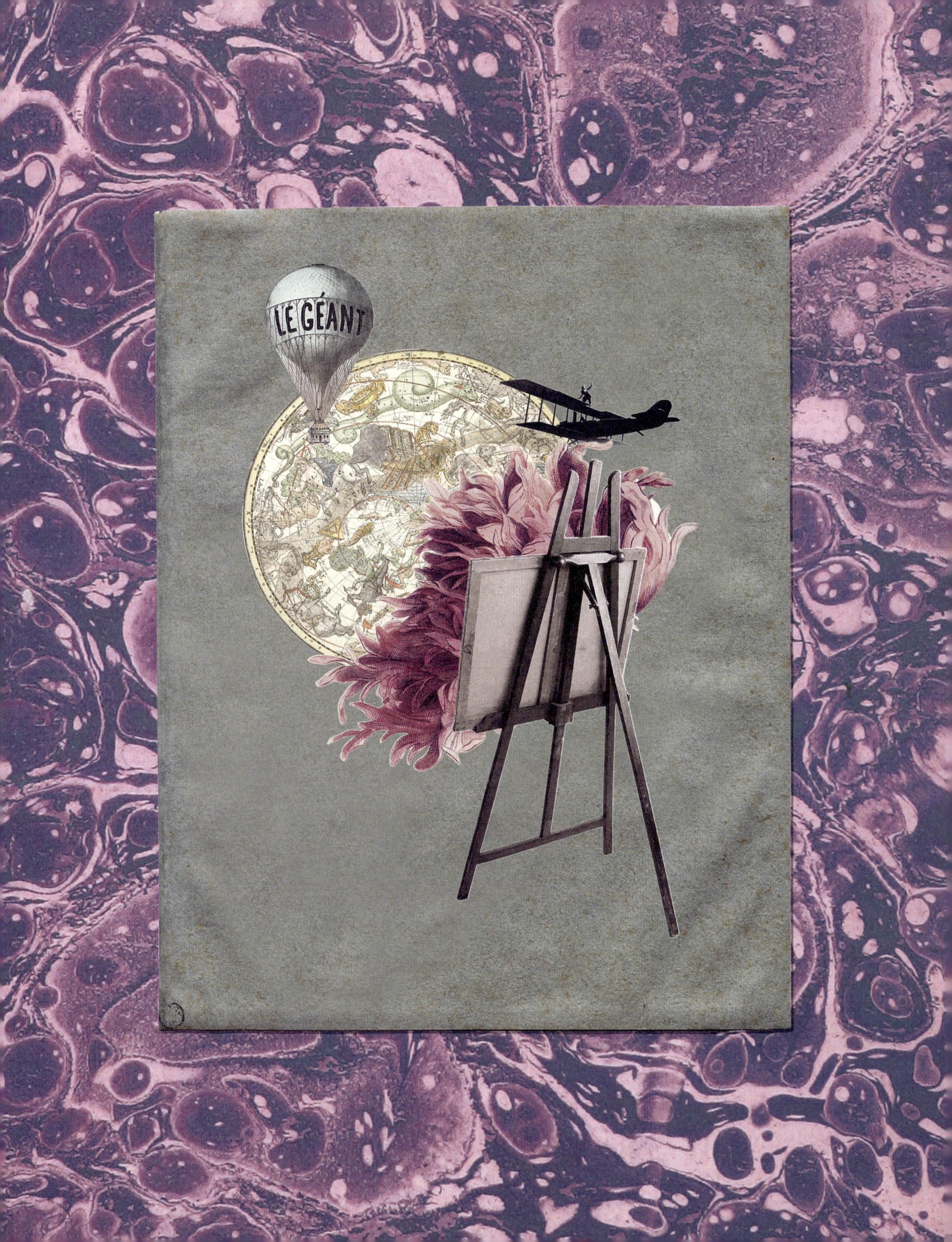
LE GÉANT

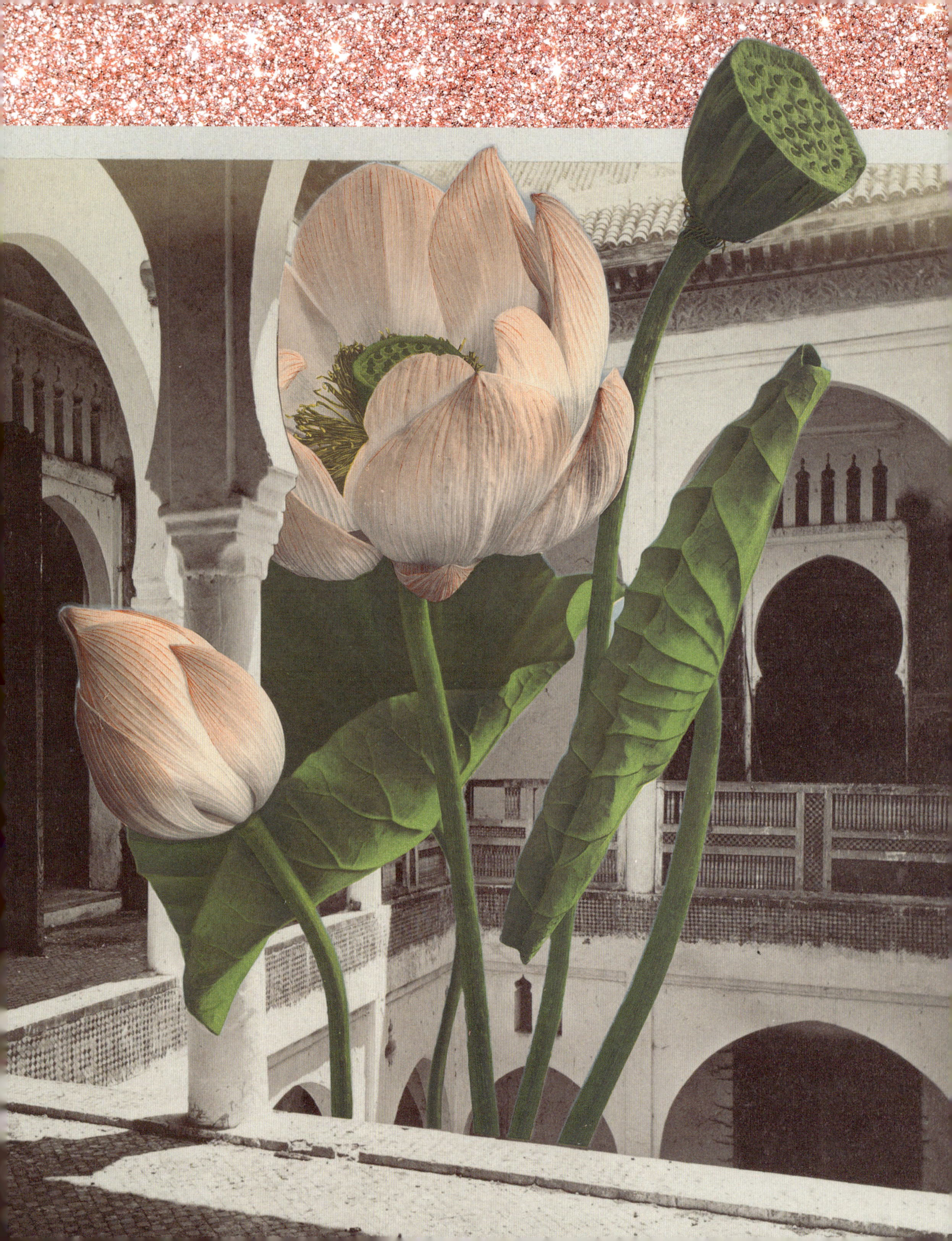

Vorbereitung auf das Ritual

Reinigen Sie das Haus und schaffen Sie ein harmonisches Umfeld

Beginnen Sie mit der Reinigung Ihres Hauses; so beseitigen Sie physische Unordnung und entfernen angesammelte Energie. Nutzen Sie die Gelegenheit, um Ihren Raum zu einem Spiegelbild der Realität zu machen, die Sie manifestieren möchten. Beziehen Sie alle Sinne in diesen Prozess ein, indem Sie Elemente wie Weihrauch, Kerzen oder ätherische Öle nutzen. Verwenden Sie beispielsweise eine Mischung aus Salbei, Myrrhe und Weihrauch, um Ihre Umgebung mit mystischer und erhebender Atmosphäre zu füllen.

Führen Sie das Putzen als achtsame und bewusste Routine ein. Singen Sie oder spielen Sie aufmunternde Musik bei der Arbeit, machen Sie die Reinigung zu einem Teil des Rituals. Achten Sie auf Details, schütteln Sie Kissen auf, entfernen Sie Spinnweben und ordnen Sie Gegenstände mit Sorgfalt. Jede Handlung wird zu einem Symbol, um frische, positive Energie in Ihren Raum einzuladen. Durch eine saubere und harmonische Umgebung legen Sie die Grundlage für eine konzentrierte und transformative Vision-Board-Erfahrung.

Vertreiben Sie negative Energie mit Rauch

Zusätzlich zur physischen Reinigung kann die Reinigung durch Rauch ein wirkungsvolles Werkzeug sein, um negative Energie im Raum zu entfernen. Verwenden Sie Weihrauch oder ein Bündel langsam brennender Kräuter. Gehen Sie bedachtsam durch jeden Raum Ihres Hauses und achten Sie dabei besonders auf Ecken und Bereiche, in denen sich Energie sammelt und nicht abfließt. Lassen Sie den Rauch in alle Ecken und Winkel wehen und stellen Sie sich vor, wie der Rauch den Raum reinigt.

Um die Wirksamkeit des Reinigungsprozesses zu erhöhen, können Sie bei diesen reinigenden Tätigkeiten alle Fenster schließen, damit der Rauch zirkulieren und den Raum vollständig durchdringen kann. Anschließend öffnen Sie die Fenster wieder, damit frische Luft einströmt und verbleibende energetische Rückstände abtransportiert werden.

Achten Sie auf das eigene Wohlgefühl

Es ist wichtig, dass Sie sich während des Rituals wohlfühlen, also bereiten Sie einen beruhigenden Tee oder einen Smoothie zu, die nähren und entspannen. Wählen Sie Kleidung, in der Sie sich wohl- und gleichzeitig schön fühlen, was das Gefühl der Leichtigkeit und die Verbindung zu Ihrem eigenen Ich stärkt. Wenn Sie mögen, dimmen Sie das Licht, zünden Kerzen an und spielen beruhigende Musik, um eine ruhigere Umgebung zu schaffen. Vielleicht nehmen Sie vorher ein Bad und meditieren (S. 20).

Festlegung von Intentionen

1.

Legen Sie Journal und Stift bereit. Setzen oder legen Sie sich in Ihren vorbereiteten Raum. Schließen Sie die Augen und atmen Sie einige Male tief durch, um Körper und Geist zu entspannen.

2.

Beginnen Sie damit, Ihre Aufmerksamkeit auf Ihren Atem zu richten. Spüren Sie, wie der Atem in Ihren Körper strömt und ihn wieder verlässt. Stellen Sie sich bei jedem Einatmen vor, wie Sie positive Energie, Klarheit und Inspiration aufnehmen. Lassen Sie beim Ausatmen jegliche Anspannung, Zweifel oder Ablenkungen los.

3.

Stellen Sie sich vor, dass ein goldenes Licht Ihr Wesen umgibt und Sie mit Wärme, Liebe und innerem Frieden erfüllt. Erlauben Sie diesem Licht, sich über Ihren Körper hinaus auszudehnen und den Raum um Sie herum mit einzuschließen.

4.

Legen Sie Ihre Intentionen für das Vision-Board-Ritual fest. Fragen Sie sich: „Was wünsche ich mir wirklich? Welche Ziele und Träume möchte ich in meinem Leben manifestieren?" Erlauben Sie den Antworten, sich ganz natürlich, ohne Bewertung oder Einschränkung, zu entwickeln.

5.

Stellen Sie sich vor, wie Sie ein großes Feld mit unendlichen Möglichkeiten betreten. Spüren Sie die Aufregung und Vorfreude, während Sie dieses Feld erkunden, in der Gewissheit, dass alles erreichbar ist. Wenn Sie auf verschiedene Bilder, Farben und Symbole stoßen, erlauben Sie ihnen, Ihre Fantasie zu beflügeln und Ihre Vision zu inspirieren.

6.

Wenn Sie bereit sind, öffnen Sie die Augen und nehmen Sie sich einige Minuten Zeit, um Ihre Erfahrung festzuhalten. Notieren Sie alle Worte, Sätze, Bilder, Empfindungen oder Ideen, die Ihnen in den Sinn kamen. Nun sind Sie bereit, mit der Gestaltung Ihres Vision Boards zu beginnen.

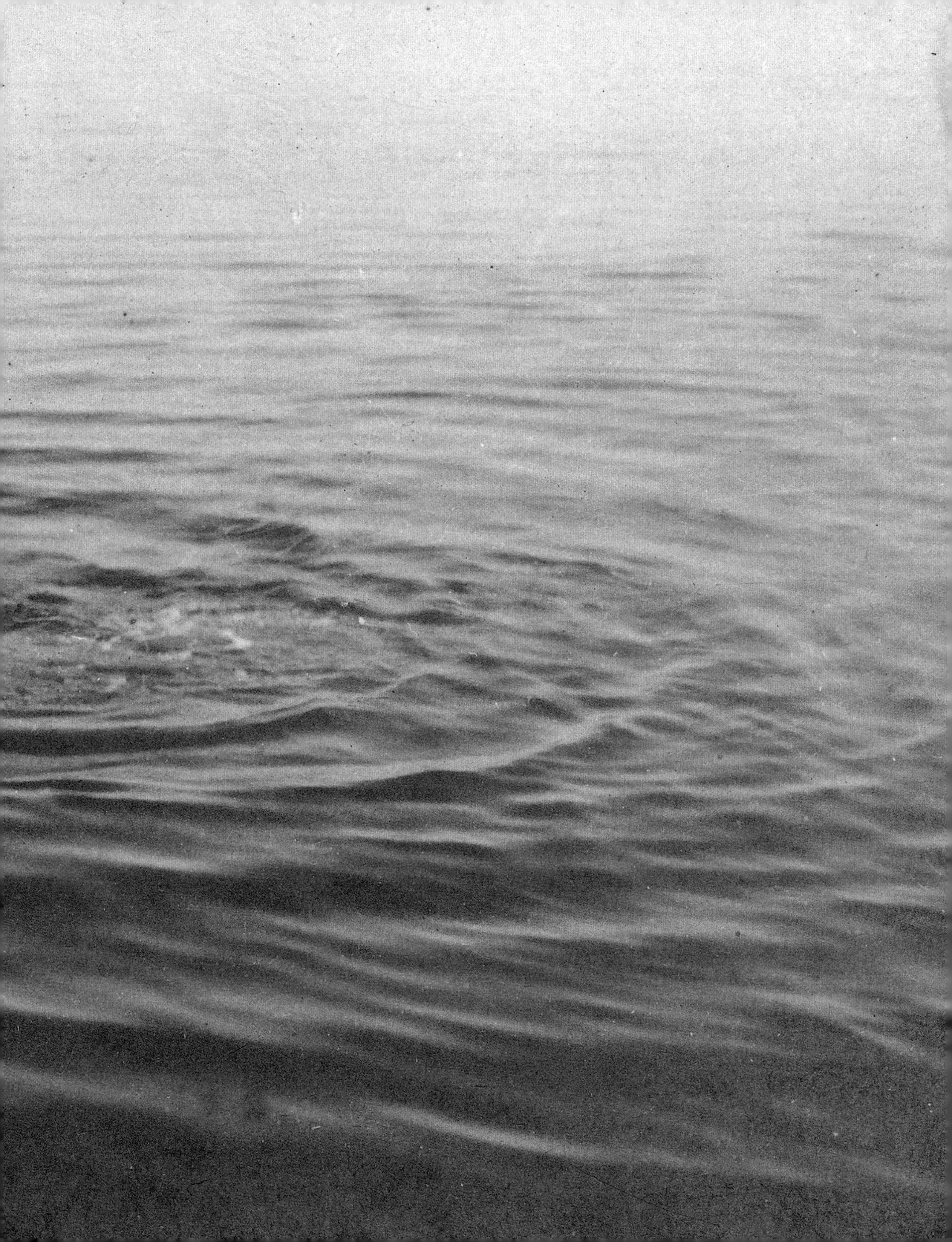

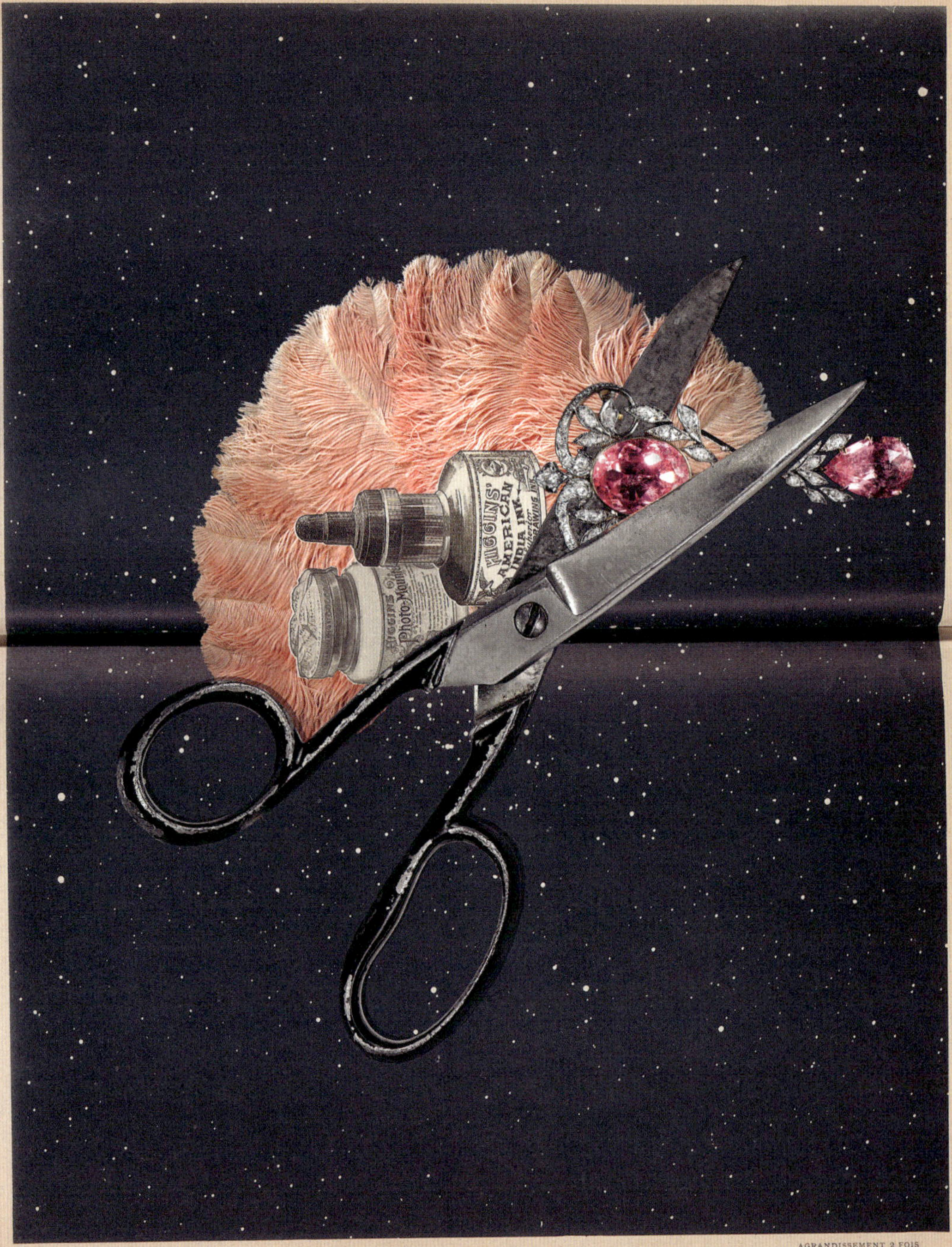

AGRANDISSEMENT 2 FOIS

PHOTOGRAPHIE D'UNE PORTION DE LA CARTE DU CIEL

Gestaltung eines Vision Boards

Legen Sie Werkzeuge und Materialien bereit

UM DEN FLUSS UND DIE ENERGIE des Rituals zu gewährleisten, ist es wichtig, dass Sie alle nötigen Utensilien vorher bereitlegen. Nichts unterbricht die Dynamik in der kreativen Schaffensphase so sehr wie die Suche nach Gegenständen. Legen Sie alle Utensilien griffbereit. Sie können die Materialien Ihren Bedürfnissen anpassen. Bei einem Vision Board geht es vor allem um das Ritual und die dahinterliegende Intention – es gibt keine festen Regeln, wie das Board auszusehen hat. Vielleicht helfen Ihnen die folgenden Vorschläge weiter.

Schere: Idealerweise klein und scharf.

Cuttermesser: Ein Cuttermesser ist nicht unbedingt erforderlich, kann aber hilfreich sein, um feine Details und Innenflächen von Bildern auszuschneiden.

Schneidematte: Ebenfalls nicht unbedingt erforderlich, aber sehr hilfreich als Unterlage bei der Arbeit mit dem Cuttermesser.

Klebstoff: Jeder Klebstoff ist geeignet, und ein Klebestift ist optimal! Soll das Aufgeklebte besonders lange haften bleiben, ist ein PVA-Kleber eine gute Wahl. Auch Gel-Kleber sind geeignet und können bei Bedarf verdünnt und als Schutzlack aufgetragen werden.

Walze: Eine Walze ist nützlich, um Bilder nach dem Kleben zu glätten; aber wenn Sie saubere Hände haben, können Sie die Bilder auch einfach glatt streichen.

Lineal: Gut zum Abreißen von Streifen oder zum Ziehen gerader Linien mit dem Cuttermesser.

Pinzette: Kann hilfreich sein, um Bilder genau zu platzieren oder kleine Bilder hochzunehmen.

Farbstifte: Nach der Fertigstellung Ihrer Komposition können Sie bestimmte Bereiche nachbessern, falls Bilder zerkratzt oder eingerissen sind.

Farben und Pinsel: Ein verwischter Hintergrund kann sehr effektvoll sein, um einer Collage Lebendigkeit zu geben.

Foto der eigenen Person: Sie sollten ein Foto von sich selbst oder ein Bild, das Sie repräsentiert, mit einbeziehen, um die Aussage Ihres Vision Boards zu unterstreichen.

Bilder oder Gegenstände von persönlicher Bedeutung: Es kann sehr wirkungsvoll sein, wenn Sie Gegenstände einbeziehen, die für Sie von Bedeutung sind, wie Schnipsel von einem Konzertticket, ein Foto von einem atemberaubenden Sonnenuntergang, den Sie erlebt haben, ein leuchtendes Blatt von einem Herbstspaziergang oder getrocknete Blüten, die Sie zwischen den Seiten eines Lieblingsbuchs gepresst haben – diese Gegenstände helfen Ihnen, die Tafel mit Ihrer Energie und Ihren Erfahrungen zu füllen, sodass das Vision Board noch bedeutungsvoller wird.

Bastel- und Scrapbook-Utensilien: Je nach Farbgebung Ihrer Collage können Sie Sticker, Glitzerkleber und Bänder hinzufügen.

Tafel: Ein Vision Board kann zwar in jeder Größe und auf jeder Oberfläche erstellt werden, doch häufig werden Fotokarton oder Tonpapier im DIN-A3-Format (297 x 420 mm) verwendet.

Schweres Papier: Als Alternative zu Tonpapier können Sie säurefreies Künstlerpapier (idealerweise Baumwollpapier) verwenden.

Alte Reproduktionen von Gemälden: Verwenden Sie für Ihr Vision Board eine Reproduktion eines alten Gemäldes als Tafel, was dem Vision Board eine stimmungsvolle und surrealistische Note verleiht.

Kerzen und ein Feuerzeug oder Streichhölzer: Ein Muss für jedes heilige Ritual.

Getränke: Sorgen Sie dafür, dass Sie es bequem haben und alles griffbereit liegt, wie etwa ein Glas Wein, ein Kräutertee oder eine heiße Schokolade.

Playlist: Wenn Sie ein Ritual gern mit Musik untermalen, wählen Sie Ihre Lieblingsmusik oder erstellen Sie eine spezielle Playlist für Ihr Vision-Board-Ritual.

Räucherkräuter: Mit einem Bündel getrockneter Kräuter, wie beispielsweise Salbei, können Sie Ihren Raum reinigen, bevor Sie mit Ihrem Vision-Board-Rituals beginnen.

Erste Schritte

ZUR GESTALTUNG eines Vision Boards sollten Sie üblicherweise alte Zeitschriften durchblättern und passende Bilder auswählen. Das Design dieses Buches unterstützt diese Art des Stöberns und ermutigt Sie, sich bei der Auswahl der Bilder von Ihrer Intuition leiten zu lassen – entspannt und im Vertrauen darauf, dass das Universum einen perfekten Ausgangspunkt für Ihre Vision-Board-Reise bereithält.

Bei der Auswahl der Bilder können Sie vorn im Buch beginnen – im Kapitel Das Ich (Widder) – und sich dann durch jedes astrologische Haus arbeiten, wie der Samen, der zu einer voll erblühten Pflanze heranwächst, bis hin zum Kapitel Unbewusstes (Fische). Sie können eine Tafel gestalten, die einen bestimmten Zeitraum symbolisiert, wobei Sie sich aller astrologischen Häuser bedienen. Alternativ können Sie dem Tierkreis durch das Jahr folgen und für jeden Monat ein Vision Board anfertigen. Gehören Sie zu den Menschen, die der Wahrsagerei nicht abgeneigt sind, dann schließen Sie die Augen, blättern durch die Buchseiten und halten dort an, wo Sie eine Anziehung verspüren. Tippen Sie mit dem Finger auf die aufgeschlagene Seite und beginnen Sie mit dem Bild, das Sie dort sehen.

Halten Sie Notizblock und Stift bereit, um Gedanken, Erinnerungen, Ideen, Bilder oder Worte festzuhalten, die Ihnen auf dieser Entdeckungsreise in den Sinn kommen. Lassen Sie Ihren Gedanken freien Lauf, ohne zu urteilen oder sich zurückzunehmen. Dieser Prozess des Aufschreibens, was immer Ihnen in den Sinn kommt, gibt Ihnen die Möglichkeit, Ihre echten Wünsche und Sehnsüchte aufzuspüren.

Ausschneiden von Bildern und Anordnung der Tafel

Das Ausschneiden der Bilder ist eine praktische Aufgabe, aber gleichzeitig auch ein symbolischer Akt, um Ihre Träume und Sehnsüchte zusammenzustellen. Lassen Sie sich bei der Auswahl der Bilder und der Anordnung Ihrer Tafel von Ihrem inneren Wissen leiten. Achten Sie auf Bilder, die eine starke emotionale Reaktion in Ihnen hervorrufen. Diese Bilder sind wie Samen, die nach dem Einpflanzen heranwachsen und das Wachstum Ihrer Sehnsüchte fördern. Das Bild eines Schlüssels beispielsweise kann jemandem gefallen, der seine Kreativität freisetzen möchte, während das Bild einer Pflanze mit tief reichenden Wurzeln jemanden anspricht, der sich geerdet fühlen oder sich wieder mit seinen kulturellen Wurzeln verbinden möchte.

Gestalte dein Vision Board liefert Ihnen fesselnde Bilder, die Veränderung und Inspiration auslösen. Sie müssen sich nicht auf diese Bilder beschränken! Ergänzen Sie Ihr Vision Board mit beliebigen Bildern Ihrer Wahl. Vielleicht möchten Sie etwas Bestimmtes manifestieren, und genau das sollte dann auch abgebildet werden.

Hinweis: Es ist wichtig, auf Ihre Intuition zu hören und Ihr Energieniveau während des Prozesses zu berücksichtigen. Wenn Sie merken, dass Ihre Motivation nachlässt, oder wenn Sie aufhören möchten, ist es in Ordnung, eine Pause einzulegen. Sie können jederzeit mit frischem Blick und neuem Elan zu Ihrem Vision

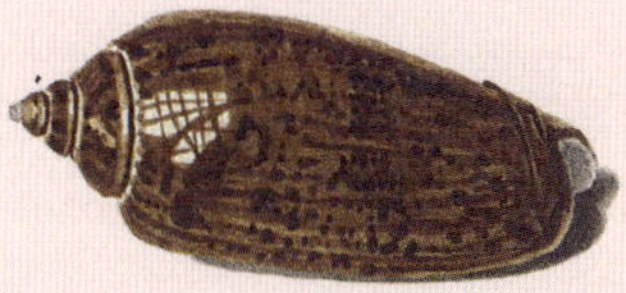
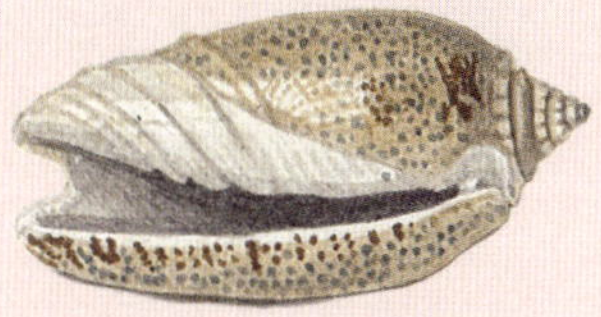
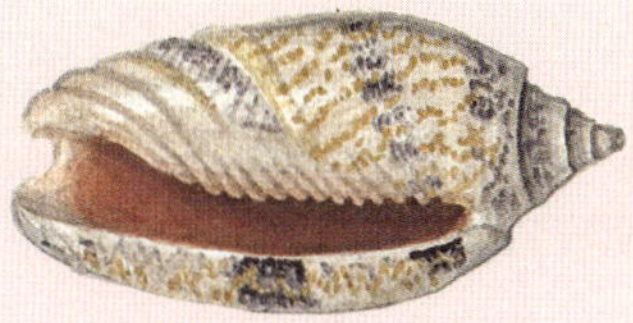
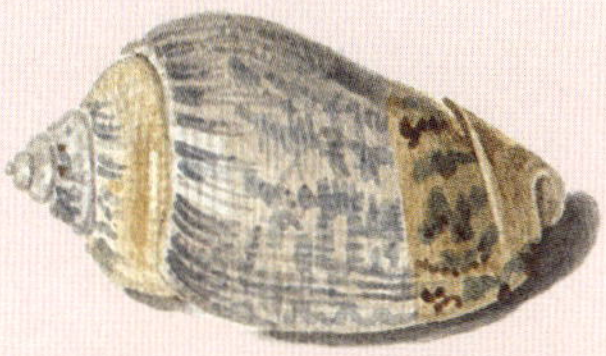
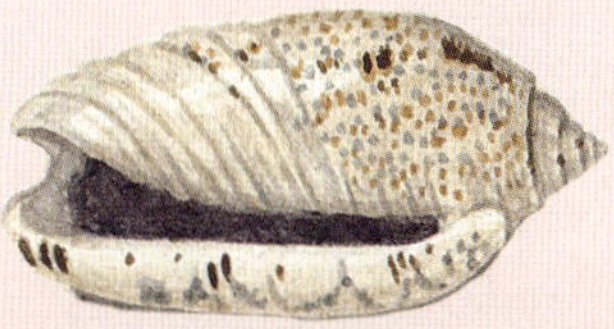
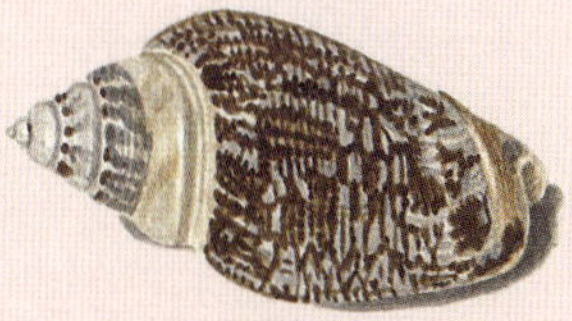
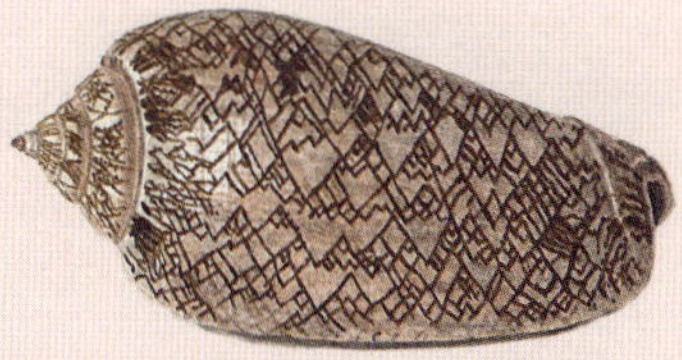

Board zurückkehren. Erlauben Sie sich eine Pause und laden Sie Ihre Batterien wieder auf, im Vertrauen darauf, dass Sie dort weitermachen, wo Sie aufgehört haben, wenn Sie bereit dazu sind.

Wie geht es weiter?

Wenn Sie Ihr Vision Board fertiggestellt haben, sollten Sie es würdig abschließen. Da es eine visuelle Darstellung Ihrer Träume und Wünsche ist, sollten Sie es mit Ehrfurcht und Respekt behandeln! Würdigen Sie die Mühe und Energie, die Sie in die Gestaltung der Tafel gesteckt haben, indem Sie sie sicher und geschützt aufbewahren. Sie dient Ihnen als ständige Erinnerung an Ihr Potenzial und die grenzenlosen Möglichkeiten, die auf Sie warten. Stellen Sie Ihr Vision Board an einen Platz, der eine Bedeutung für Sie hat, sodass Sie es regelmäßig sehen können. Auf diese Weise schaffen Sie einen heiligen Raum für Reflexion und Inspiration. Ihr Vision Board wird zu einer visuellen Erinnerung an Ihre Träume und Wünsche, zu einer Blaupause für das Leben, das Sie erschaffen möchten. Wann immer Sie das Bedürfnis nach Orientierung oder Motivation verspüren, kehren Sie zu Ihrem Vision Board zurück, damit es Ihre Leidenschaft und die Suche nach Ihren Zielen neu entfacht.

Betrachten Sie Ihr Vision Board als ein dynamisches, lebendiges Dokument. Schauen Sie es sich regelmäßig an und denken Sie über die Bilder, Zitate und Symbole nach, die Sie eingefügt haben. Verwenden Sie es als Werkzeug, um sich selbst an den Weg zu erinnern, auf dem Sie sich befinden, und an das Wachstum, das Sie erleben. Wenn Sie auf Ihrer Reise vorankommen, werden Sie vielleicht feststellen, dass bestimmte Bilder oder Intentionen sich manifestiert oder weiterentwickelt haben. Feiern Sie Ihre Erfolge, und scheuen Sie sich nicht, Ihr Vision Board zu aktualisieren, indem Sie Bilder entfernen, die nicht mehr zu Ihnen passen, und neue hinzufügen, die Ihre aktuellen Wünsche spiegeln. Ihr Vision Board sollte ein Spiegelbild Ihrer sich ständig weiterentwickelnden Persönlichkeit sein, eine starke Quelle der Inspiration und Motivation. Wenn die Tafel zu schön ist, um sie zu berühren, und dennoch veraltet erscheint, ist es Zeit, ein neues Vision Board zu gestalten.

Die Fertigstellung eines Vision Boards ist nicht das Ende, sondern die Fortsetzung Ihrer Reise. Es ist eine Möglichkeit, den in Gang gesetzten Prozess und die festgelegten Intentionen zu würdigen. Indem eine Verbindung zwischen Ihnen und Ihrem Vision Board bestehen bleibt und sie diese pflegen, lassen Sie sich auf das Wachstum und die Verwirklichung Ihrer Träume ein und werden Zeuge, wie Ihre Träume Realität werden.

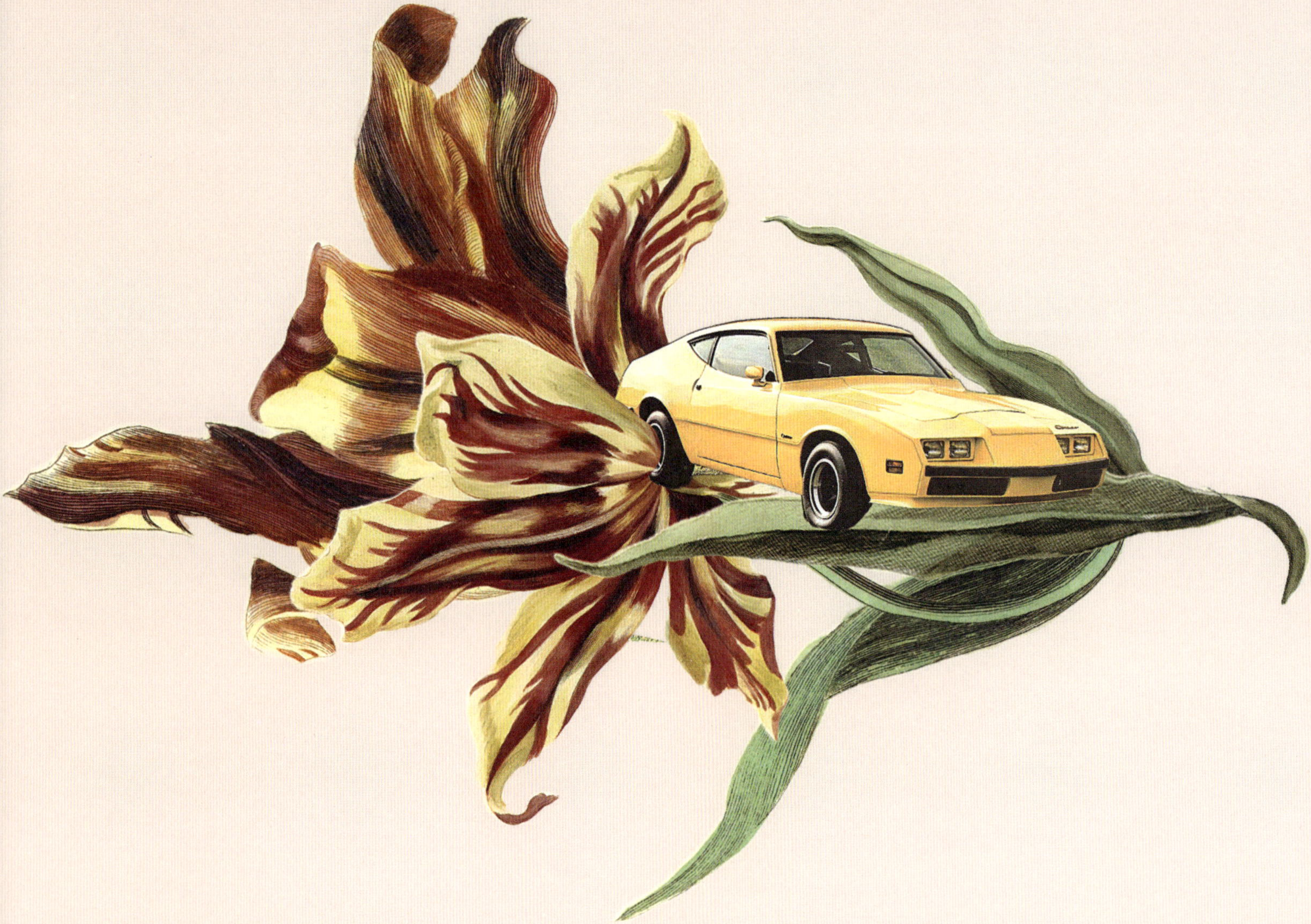

Manifestationsmethode

WENN SIE ERST EINMAL verstanden haben, dass Sie die Kontrolle haben und dort hingehen können, wohin Ihr Herz Sie führt, müssen Sie nur noch darum bitten. Nachfolgend stelle ich Ihnen einen praktischen Leitfaden vor, der von Helene Hadsell erstellt wurde: Auswählen, Projizieren, Erwarten, Abholen. Verwenden Sie diese Methode, wenn Sie Ihre Bilder auswählen und Ihr Vision Board gestalten.

1. Auswählen

Zuerst müssen Sie festlegen, was Sie wollen. Das Auswählen ist der schwierigste Teil der Reise, denn Sie müssen mutig sein und große Träume haben. Das Universum ist unendlich: Jetzt ist nicht die Zeit, um klein zu denken! Aber denken Sie auch daran, dass es eine Reise ist und dass aus den kleinsten Samen immer noch die größten Bäume wachsen. Denken Sie also nicht an die Größe oder daran, ob etwas realistisch ist, sondern denken Sie von Ihrem Herzen aus. Auch wenn wir im Leben nicht immer alles bekommen, was wir wollen, so verspricht die Manifestation, dass wir bekommen, was wir brauchen, wenn wir es brauchen. Richten Sie eine Bitte an das Universum, so wie Sie in einem Restaurant etwas bestellen würden – seien Sie höflich, bestellen Sie etwas, von dem Sie wissen, dass die Küche die Zutaten hat, um es zuzubereiten, und sagen Sie genau, was Sie möchten. Berücksichtigen Sie Ihre Überzeugungen hinter Ihren Wünschen – es ist wirklich wichtig, das Warum zu kennen.

2. Projizieren

Nutzen Sie die heilige Dreifaltigkeit der Manifestation – Gefühle, Gedanken und Überzeugungen –, um Ihre Wünsche vollständig zu visualisieren, und stellen Sie sich einige Fragen, um in den Prozess einzutauchen. Das bedeutet, dass Sie sich ständig die Frage stellen, wer Sie sein müssten, damit x, y oder z eintritt. Stellen Sie sich vor, dass Sie physisch die Szene projizieren, die notwendig ist, um die Realität zu entwickeln: Ihre Aufgabe ist es nun, auf die Bühne zu treten und das Spiel zu spielen. Erlauben Sie jedem Moment, Ihnen die Frage zu stellen, wer Sie sein wollen – und handeln Sie danach, mit so viel Vertrauen wie möglich. Projizieren heißt handeln! Ihr Umfeld ist der Spiegel. Ihre Gefühle, Gedanken und Überzeugungen müssen mit Ihrem Wunsch übereinstimmen; glauben ist sehen, nicht umgekehrt. Wenn Sie anfangen zu projizieren, erhalten Sie ein Feedback. Ihr Ziel ist es, die Überzeugungen außerhalb Ihres eigenen Ichs zu hinterfragen und jene zu verwerfen, die Ihnen nicht mehr nützen. Erlauben Sie den Bildern in diesem Buch, Ihnen als Pforte zu dienen, und Ihre Fantasie als Hilfsmittel einzusetzen, um die von Ihnen gewünschten Handlungsstränge durchzuspielen.

3. Erwarten

Sobald Sie Ihre Bestellung aufgegeben haben, lassen Sie sie los. Der Kellner muss die Bestellung an den Koch weitergeben, der wiederum braucht Zeit, das Essen zuzubereiten. Also können Sie in der Zwischenzeit ohne Stress ein Getränk genießen. Konzentrieren Sie Ihre Energie auf den Augenblick, das ist der Schlüssel zur Kommunikation mit dem Universum. Denken Sie daran, dass das Universum keine emotionale Bindung zu Ihrer Bestellung hat, ihm ist es egal, ob Sie Fisch oder Huhn wollen, aber in dem Moment, in dem Sie sich Sorgen machen, dass Ihre Bestellung nicht ausgeführt wird, senden Sie ein weiteres Signal an das Universum – ein Signal der Verzweiflung, das die erste Bestellung storniert. Jeder Gedanke, jedes Gefühl und jede Handlung sendet eine Energiesignatur an das Universum. Das Universum spricht kein Deutsch. Das Universum spricht in Schwingungen, die ihm in Form von Emotionen und Handlungen übermittelt werden. Alles dreht sich um Ihre Überzeugungen. Nochmals, Sie sehen das, was Sie glauben. Wenn Sie also nicht glauben, dass es passieren kann, kann es nicht passieren. Es ist wichtig, etwas zu erwarten – und nicht, etwas zu wollen – und sich so zu verhalten, als wäre das Gewünschte bereits unterwegs. Verbringen Sie Ihre Zeit lieber damit, sich darauf vorzubereiten, statt sich darum zu sorgen.

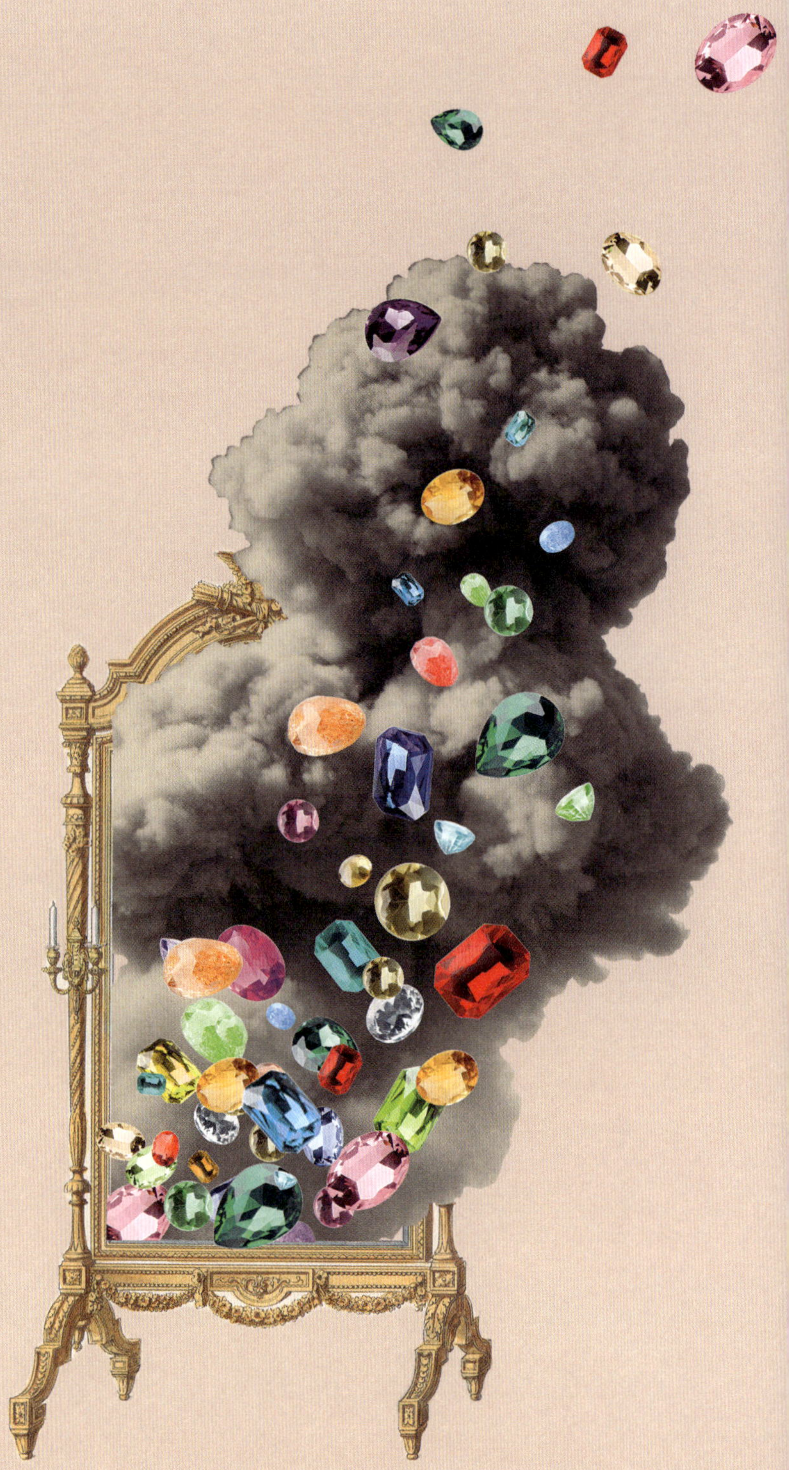

4. Abholen

Das Universum dient als Rahmen, der es Ihnen ermöglicht, die Realität zu erleben, aber Sie sind Autor*in, Programmierer*in und Spieler*in. Ihre Aufgabe ist es, bereit zu sein, Ihre Wünsche entgegenzunehmen. Das bedeutet, sich emotional und auf energetischer Ebene von falschen Überzeugungen zu befreien, eigene Werte und das innere Selbst der gewünschten äußeren Realität anzupassen und Verantwortung für die eigene Reise zu übernehmen. Sie haben einen freien Willen, und wenn Sie Ihre Ziele nicht verfolgen wollen, müssen Sie das auch nicht. Aber wenn Sie ein Ziel haben, eine echte Sehnsucht, einen großen Wunsch, und Sie sich aufmachen, um das zu erreichen, wird sich das Universum ausdehnen und dieses Ziel übertreffen. Denken Sie daran: Einige Wünsche sind einfach und können direkt geschehen, während andere Wünsche Teil Ihrer Reise sind und Zeit brauchen, um sich zu entwickeln. Wenn Sie zum Beispiel ein neues Unternehmen gründen wollen, werden Sie nicht am nächsten Morgen mit einem florierenden Unternehmen aufwachen. Sie müssen den Prozess des Aufbaus dieser Realität durchlaufen. Wenn Sie sich ständig Sorgen machen, dass das Unternehmen vielleicht nicht erfolgreich sein wird, können Sie entweder die Reise nicht genießen, oder Ihr Stress wird Sie daran hindern, diese Realität zu schaffen! Bereiten Sie sich darauf vor, Ihre Wünsche zu erhalten.

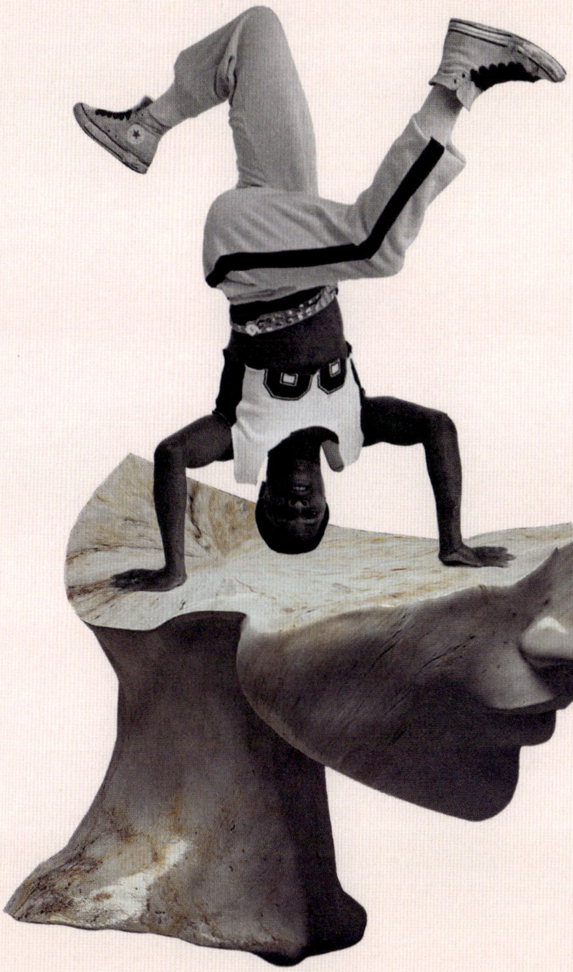

Tipps zur Manifestation

Wechseln Sie die Perspektive

Vielleicht sind Sie auf der Suche nach einem Partner oder einer Partnerin. Statt sich darauf zu konzentrieren, einen „Partner zu haben“, warum manifestieren Sie nicht und überlegen, wie Sie selbst als Partner sein wollen? Wenn Sie denken: „Wer will ich in dieser Beziehung sein?“, dann bekommen Sie eine klarere Vorstellung davon, welche Art von Beziehung Sie manifestieren, und Sie werden anfangen, diese Realität zu verkörpern und zu erschaffen. Diese Klarheit macht es Ihnen einfacher zu entscheiden, ob etwas oder jemand einen Platz in Ihrem Leben hat.

Setzen Sie auf Method Acting

Es geht nicht einfach darum, zu „glauben“, dass Sie diese Person sind, sondern daran zu arbeiten, diese Person zu werden. Zum Beispiel sitzen Sie nicht da und denken: „Ich bin ein reicher Mensch“ – reiche Menschen zahlen Rechnungen! Denken Sie an Menschen, die materiell reich sind. Sie müssen anfangen, sich so zu bewegen. Überlegen Sie, wie dieses Leben tatsächlich sein könnte, und verhalten Sie sich dementsprechend.

Verwenden Sie Worte als Zaubersprüche

Das Leben ist eine kontinuierliche Manifestation, und Sie führen Regie. Was Sie sagen, zählt und zieht wie ein Magnet die Erfahrung an, also sprechen Sie mit Bedacht. Wenn Sie zum Beispiel gesünder werden wollen, überlegen Sie, was Sie bereits tun, um auf sich selbst zu achten, und fassen Sie diese Gefühle in Worte. Sie könnten sagen: „Ich kann nicht glauben, wie viele tolle Möglichkeiten es gibt, um auf mich selbst zu achten“, oder: „Ich liebe Smoothies. Ich habe immer jede Menge Obst und Gemüse im Haus.“ Senden Sie die Energie aus, die Sie gewinnen möchten, und beginnen Sie bei der Art und Weise, wie Sie mit sich selbst sprechen.

Geben Sie sich nicht zufrieden

Wenn Sie auf der Suche nach Liebe sind und diesen Wunsch äußern – dann lösen Sie ein Verlangen aus. Am nächsten Tag treffen Sie einen Mann. Er ruft allerdings selten zurück. Er behandelt Sie schlecht. Es liegt an Ihnen, dem Universum zu zeigen, dass das für Sie nicht in Ordnung ist! Sie haben etwas bekommen, um das Sie gebeten haben, aber es war nicht das, was Sie wollten. Er ist nicht der Richtige. Der Nächste bitte.

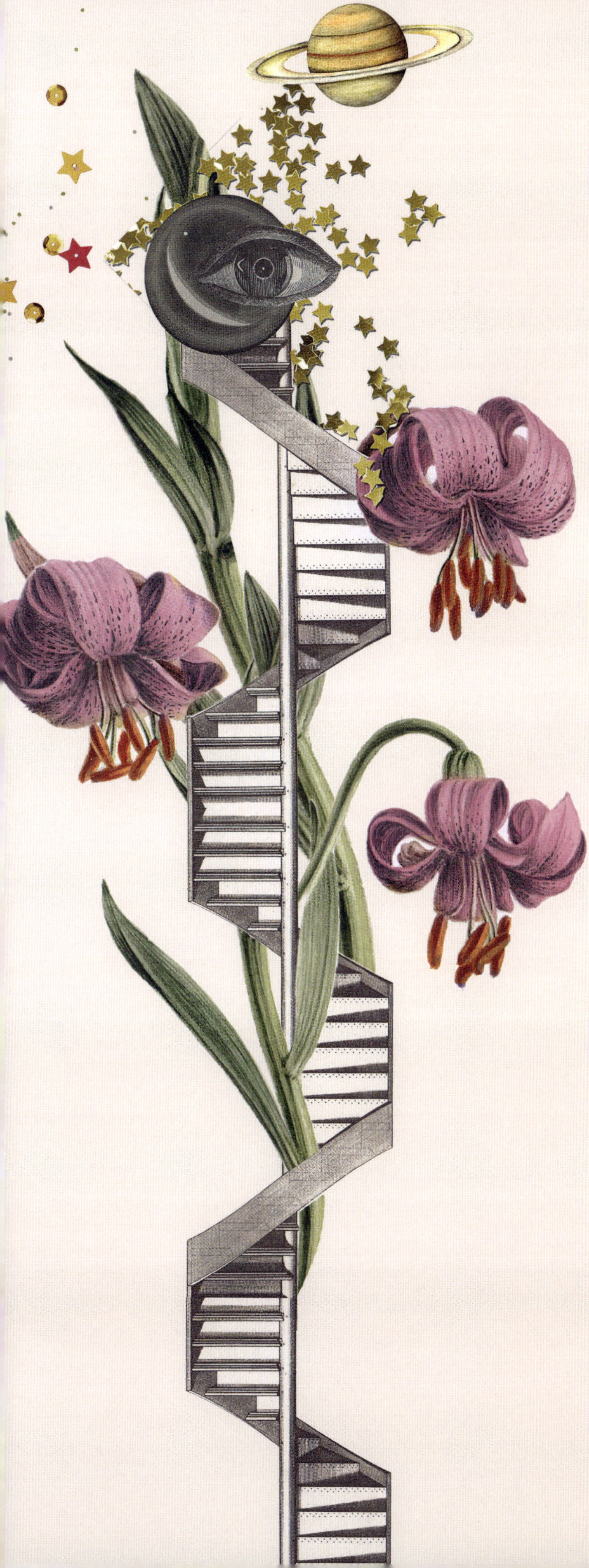

Nehmen Sie Reichtum wahr

Reichtum zeigt sich in vielen Formen. Denken Sie nicht nur an Geld, obwohl es sicherlich zum Reichtum dazugehört. Andere Formen umfassen Schenken und Tauschen, Synchronizität; das unendliche Potenzial Ihrer Vorstellungskraft; Reichtum der Beziehungen, die grenzenlose Natur der Inspiration oder vielleicht eine großartige Idee, die eine neue Karriere, ein Gedicht oder ein Buch hervorbringt.

Üben Sie sich in Dankbarkeit

Das Ziel ist es, in jedem Moment einen Weg zu finden, um dankbar für die Reise zu sein – und auf diesem Weg Spaß zu haben! Dankbarkeit für alle Dinge macht die Reise um vieles einfacher – die traurigen Abschnitte oder die Tiefpunkte; alle Erfahrungen, die wir machen, sind ein Geschenk. Wenn Sie lernen, das ganze Bild zu sehen, statt sich nur auf die einzelnen Teile zu konzentrieren, erkennen Sie, wie weit Sie im Leben gekommen sind, und schätzen jede Erfahrung mit etwas mehr Sympathie.

Manifestieren Sie von einem Ort des Überflusses aus

Nehmen wir an, Sie wünschen sich Regen. Sie sollten sich nicht auf ausbleibenden Regen konzentrieren – denn auch das würde den Regenmangel nicht beheben –, sondern lieber an den Geruch von Regen und das Gefühl von Regen auf der Hand denken. Stellen Sie sich vor, wie Pflanzen auf Regen reagieren. Wie würden Sie sich verhalten, wenn Sie genau wüssten, dass es bald regnen würde? Würden Sie sich ärgern? Oder würden Sie sich dem Wunsch hingeben, weil Sie wissen, dass der Regen kommt, ohne Angst, so als wäre es Ihr angestammtes Recht, Regen zu erwarten?

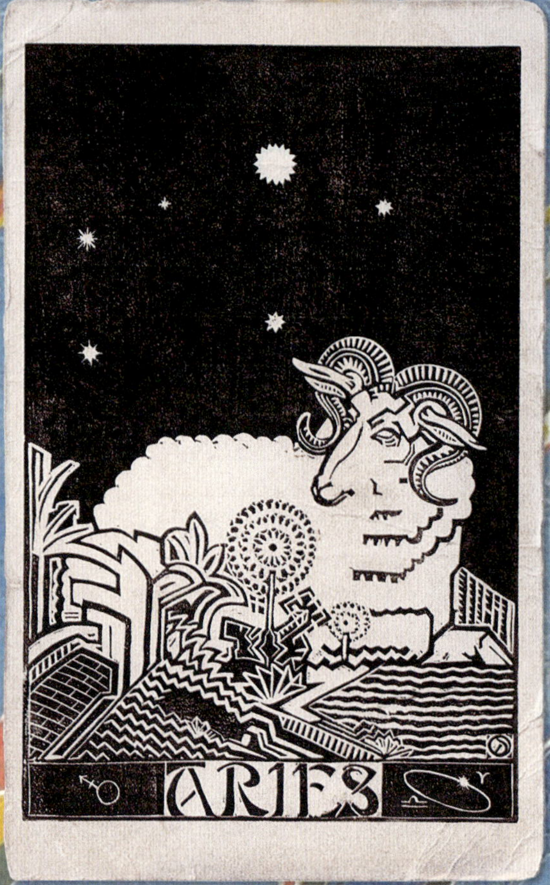
ARIES

Sehnsüchte

Charisma

Selbstliebe

Durchsetzungsvermögen

Selbstvertrauen

Regeneration

Erste Eindrücke

Haus Eins:

Das Ich

Widder (Feuer)

Selbstbewusstsein

Selbsterkenntnis

Selbstsicherheit

Identität

Einzigartigkeit

Begabung

[illegible] has no perceptible density. Careful measurements [illegible] great comet in 1881 showed, however, that in the [illegible]urhood of the nucleus there was some refractive [illegible] though quite insignificant in comparison with the [illegible] of our atmosphere.

[illegible] these considerations it will probably be at once ad[illegible] that the *mass* of a comet must be indeed a very small [illegible] in comparison with its bulk. When we attempt [illegible] to weigh the comet, our efforts have proved abortive. [illegible] been able to weigh the mighty [illegible] and [illegible] we have been even able to weigh [illegible] [illegible] law of gravitation has provided [illegible] with a stupendous [illegible] apparatus, which has been applied in [illegible] cases [illegible] but the same methods applied [illegible] comets are [illegible] seen to be illusory. No weighing machinery known to [illegible] is delicate enough to determine [illegible] All that we can accomplish in any [illegible] one heavenly body in comparison [illegible] to be almost imponderable when [illegible] as those of the earth, or any of the [illegible] course, it will be understood that when [illegible]

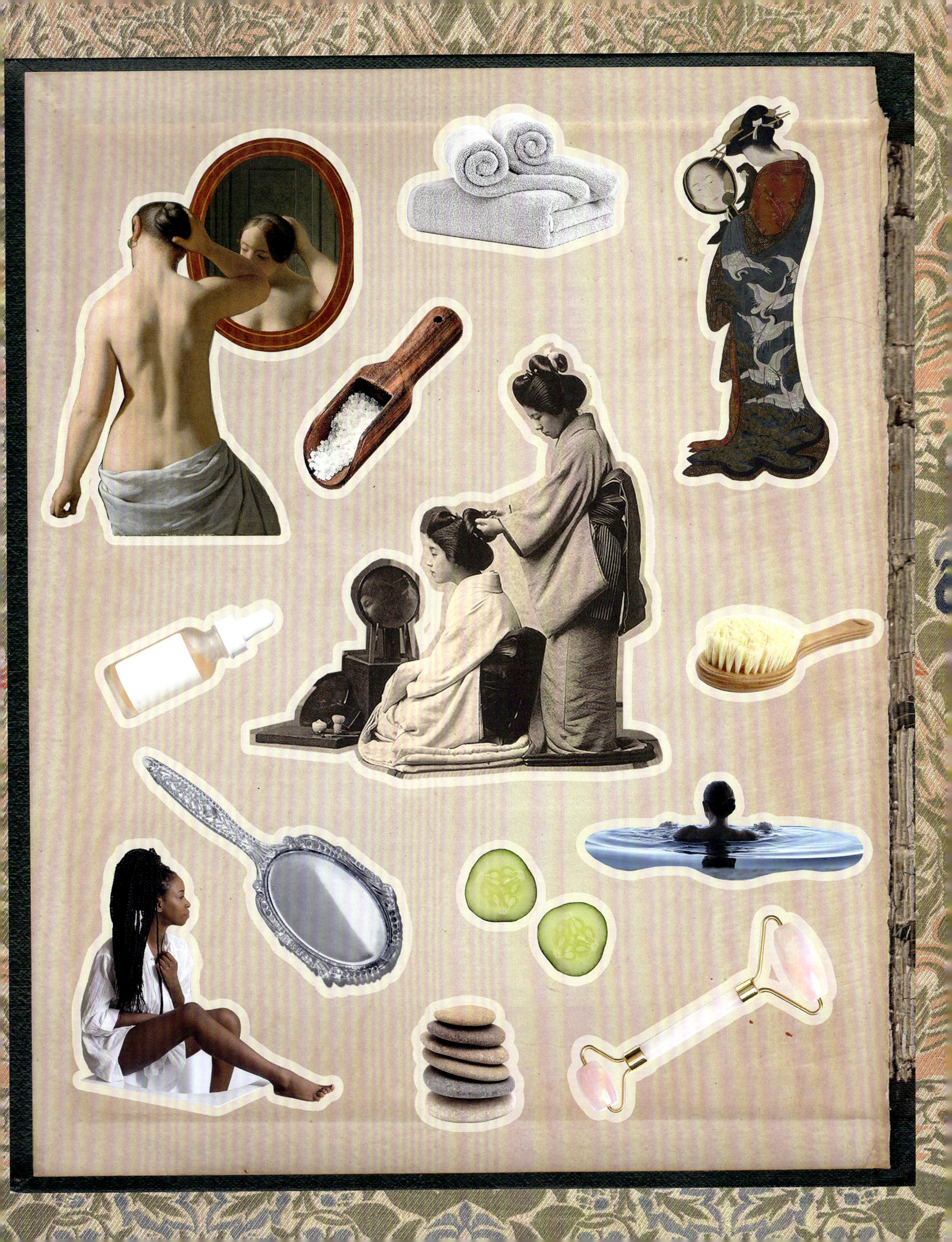

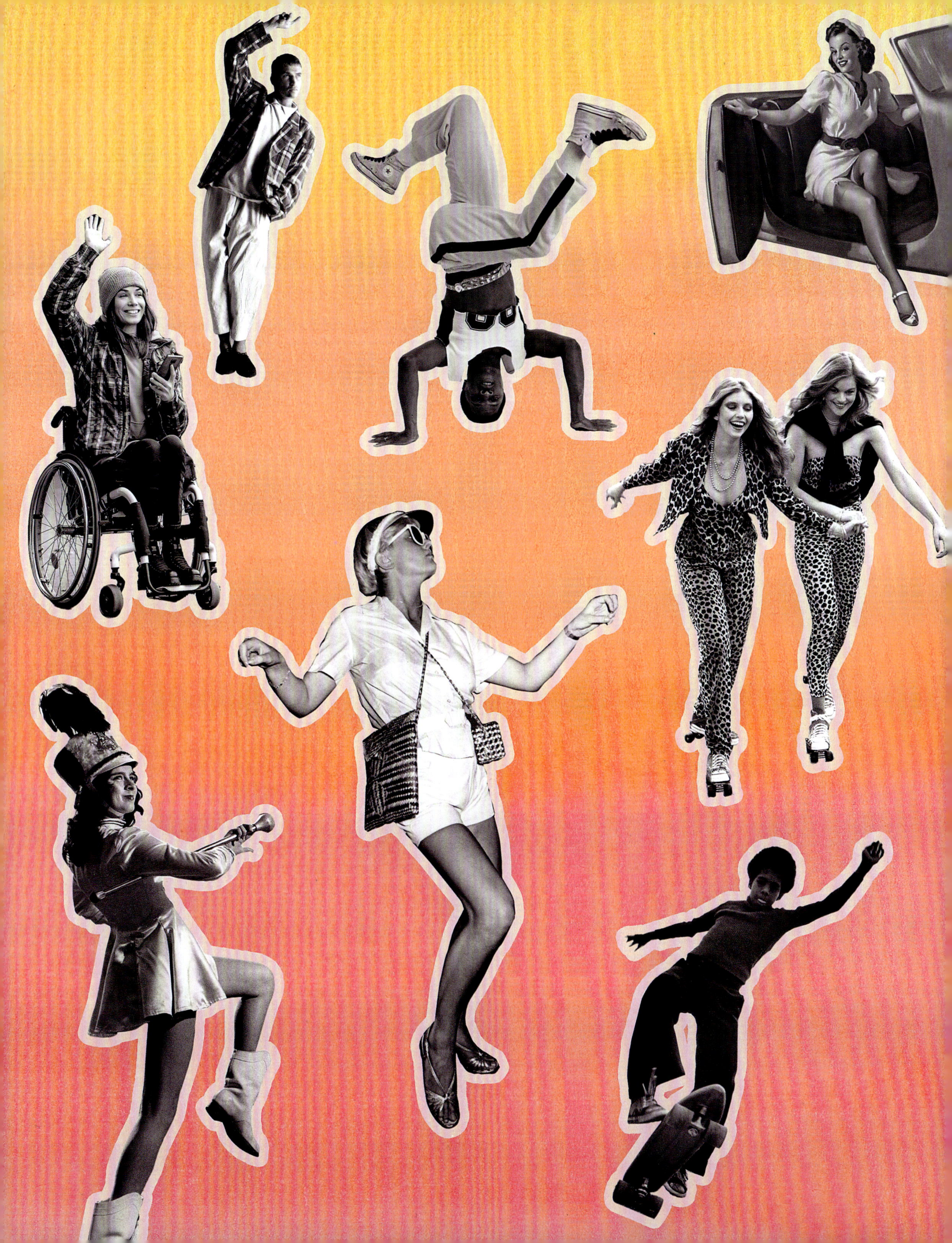

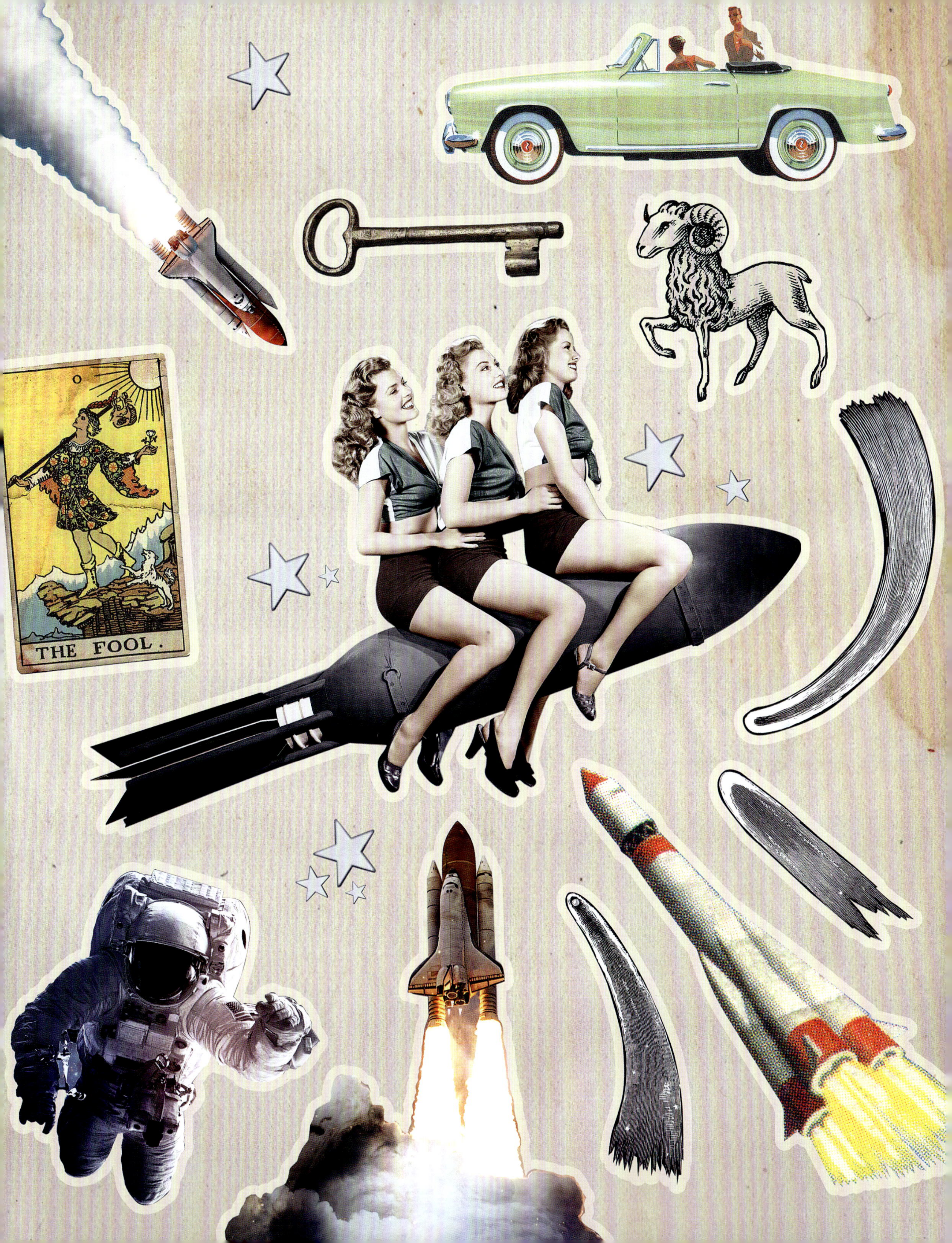
THE FOOL.

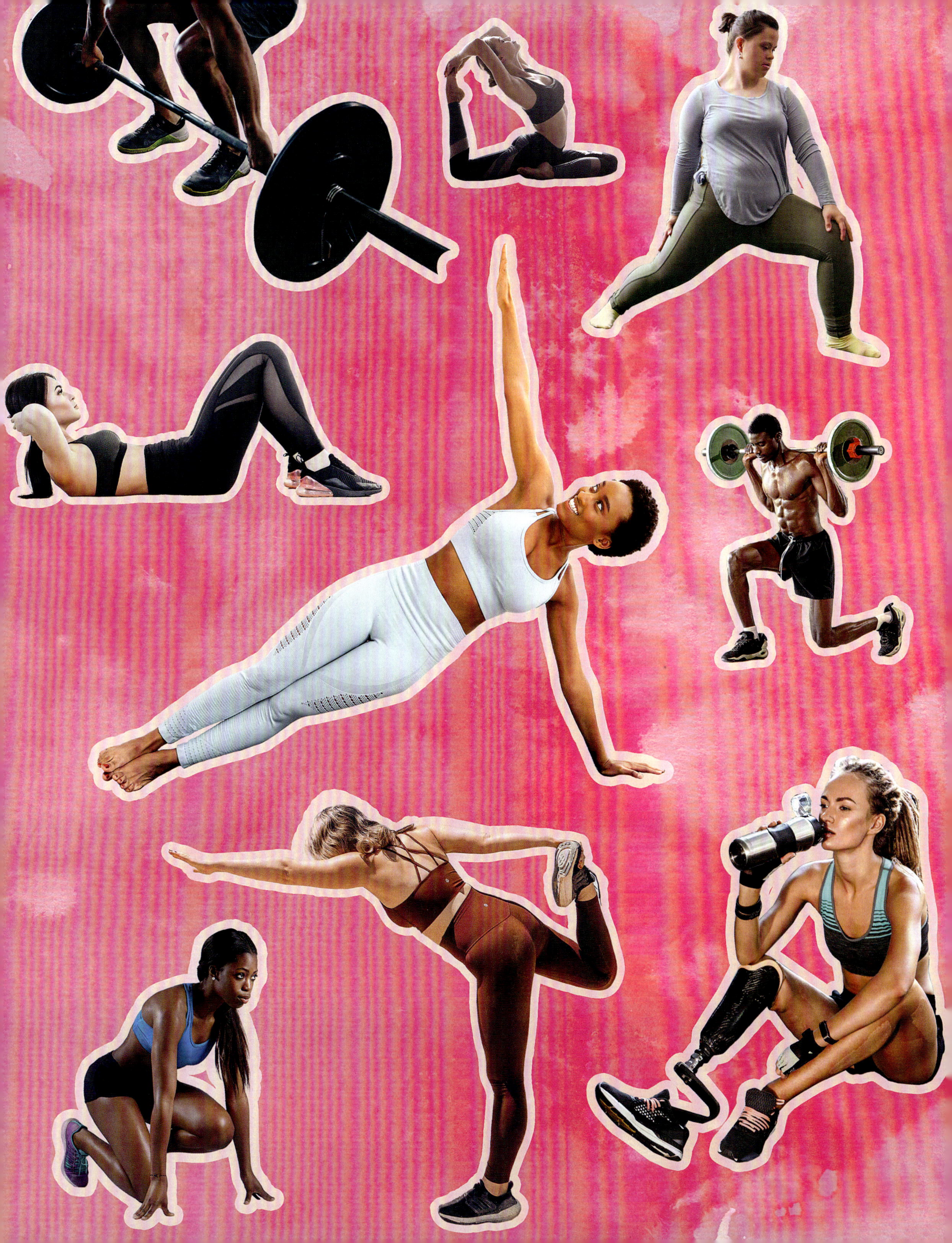

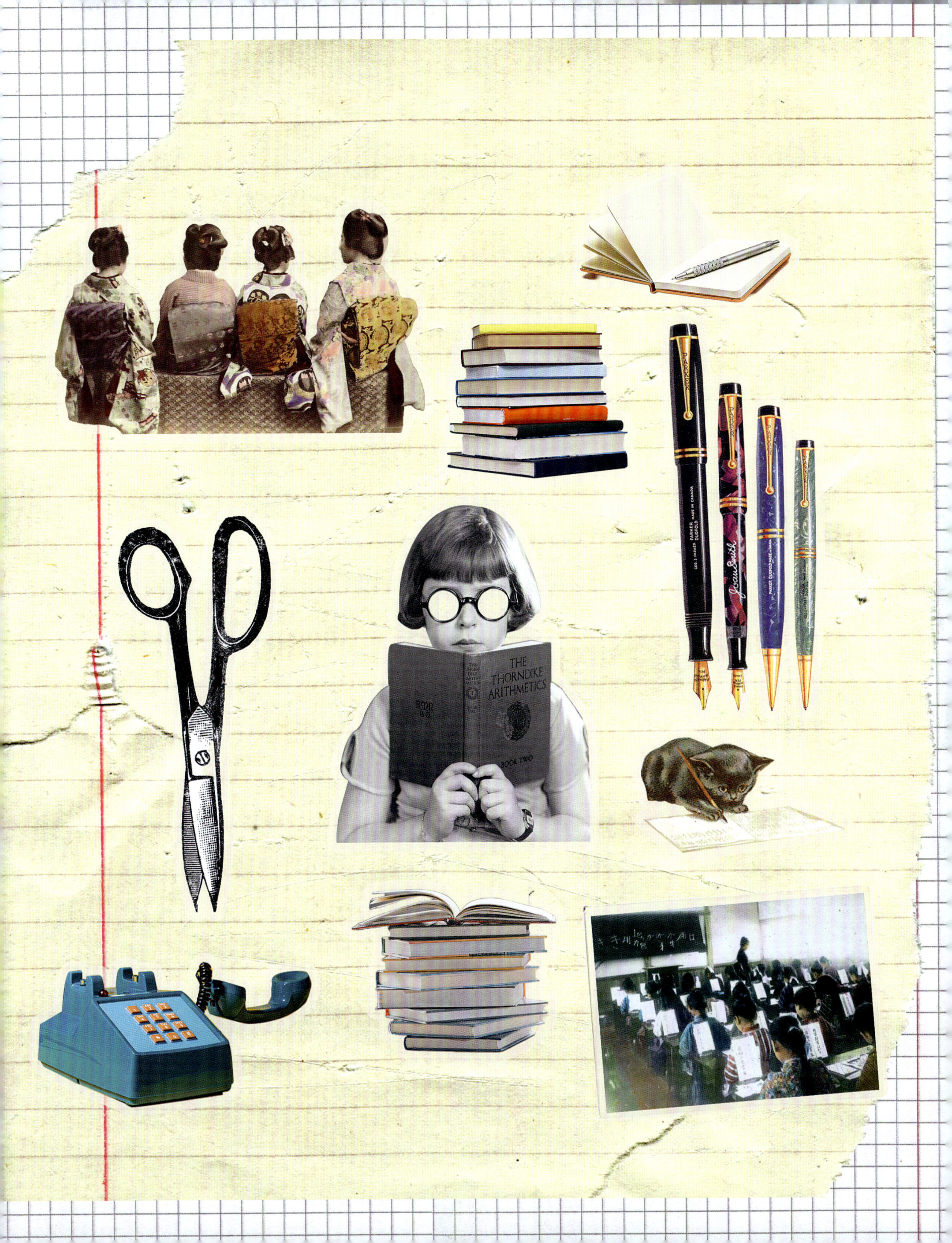
THE THORNDIKE ARITHMETICS
BOOK TWO

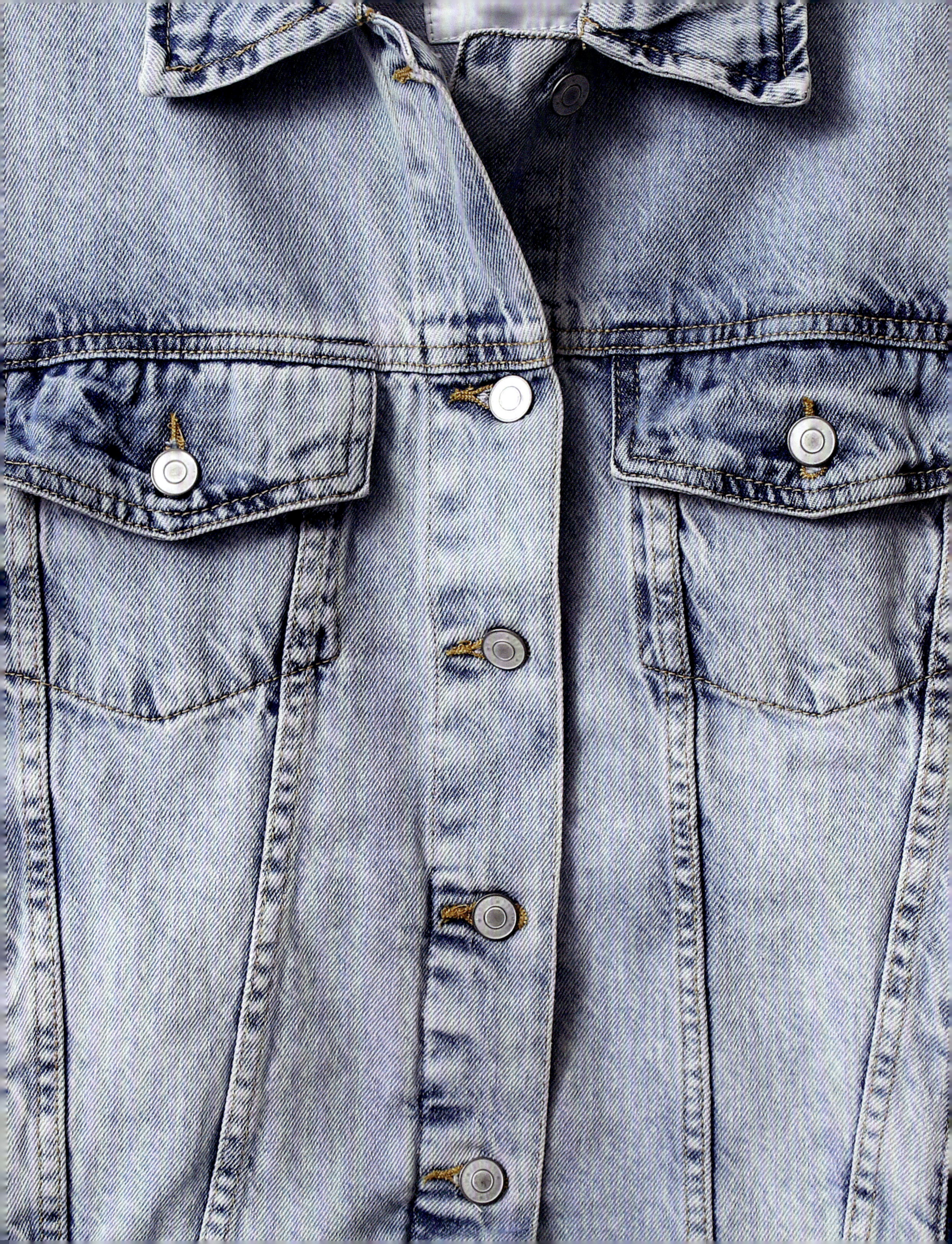

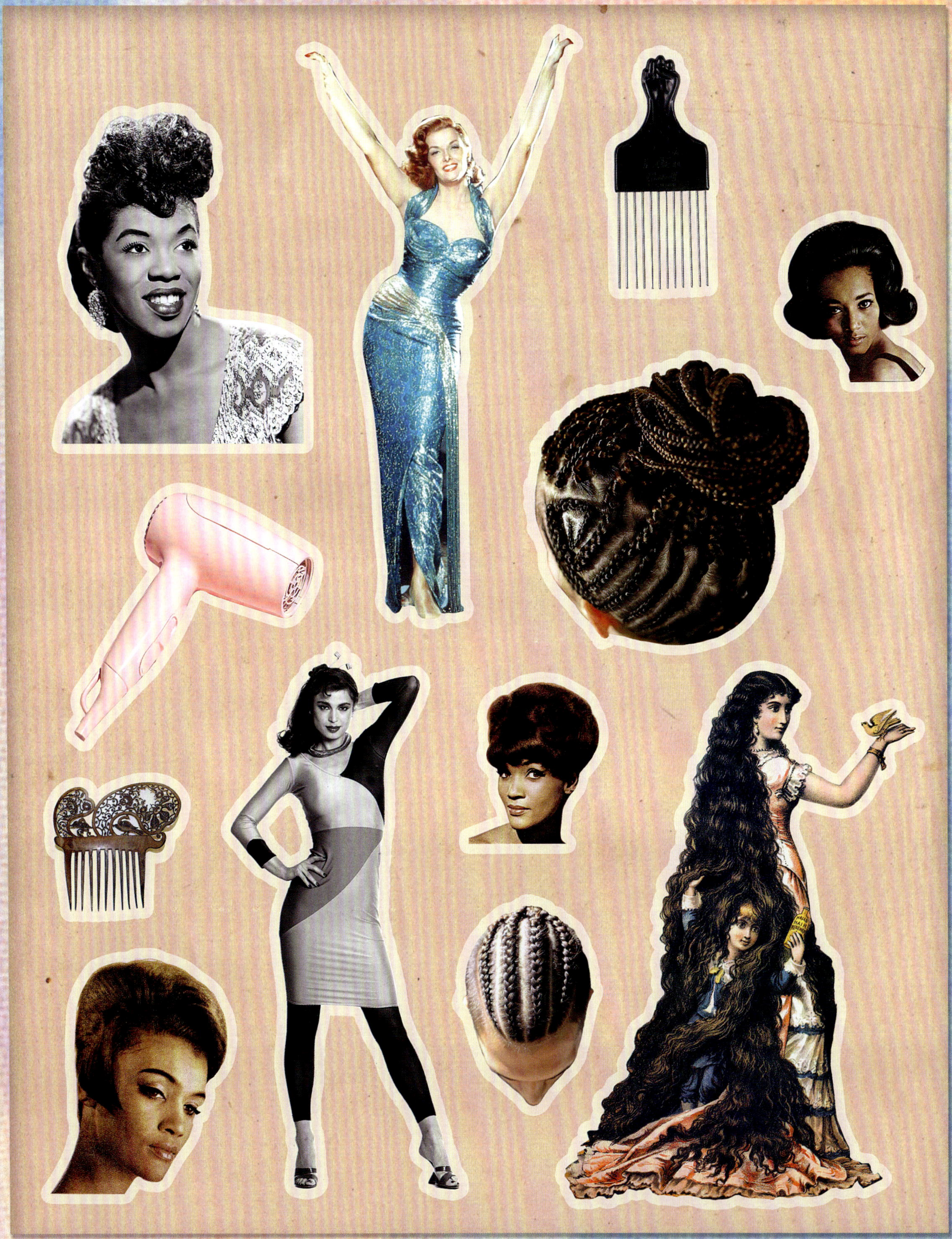

7782. A CALIFORNIA ANOMALY—SNOW AND ORANGES. PASADE

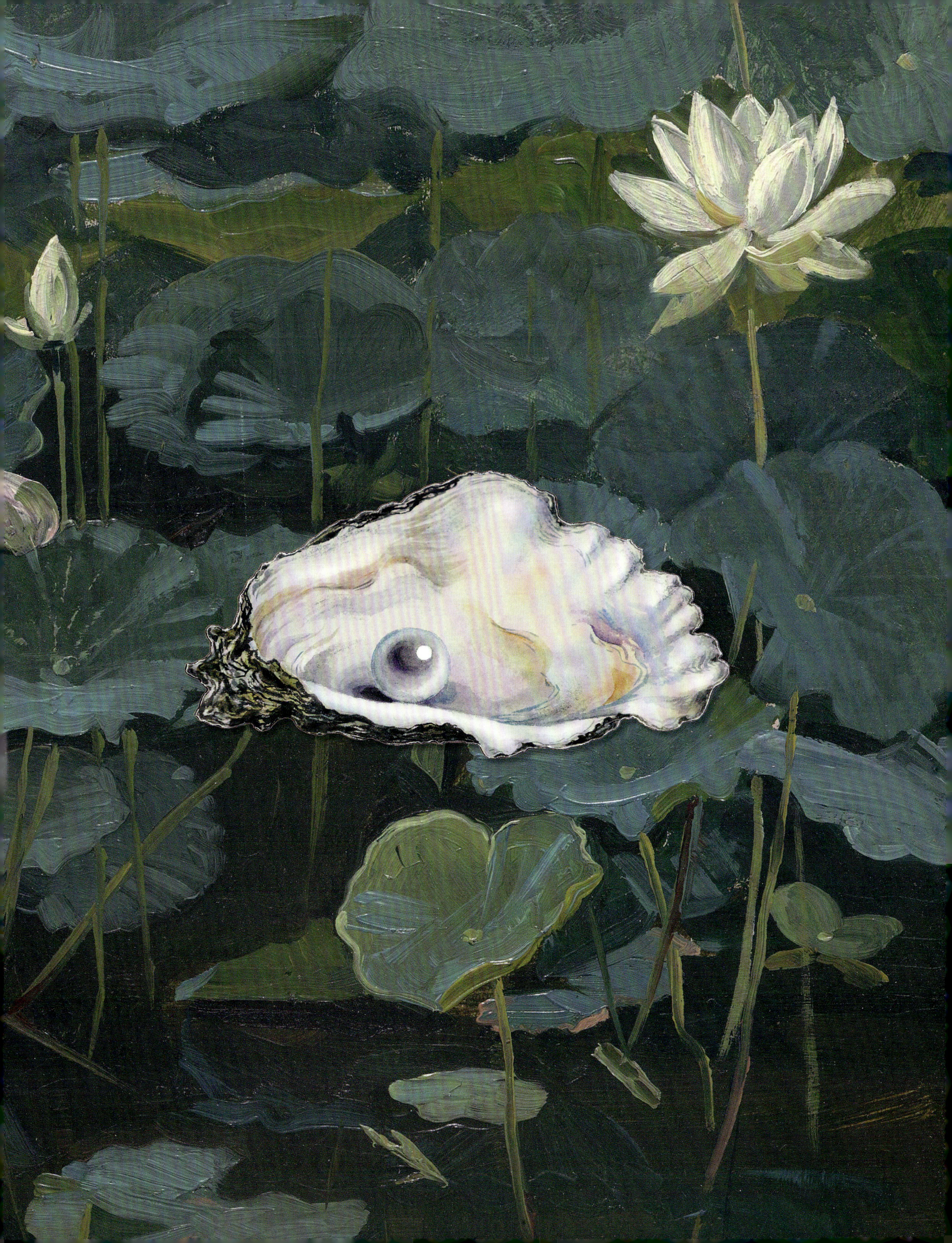

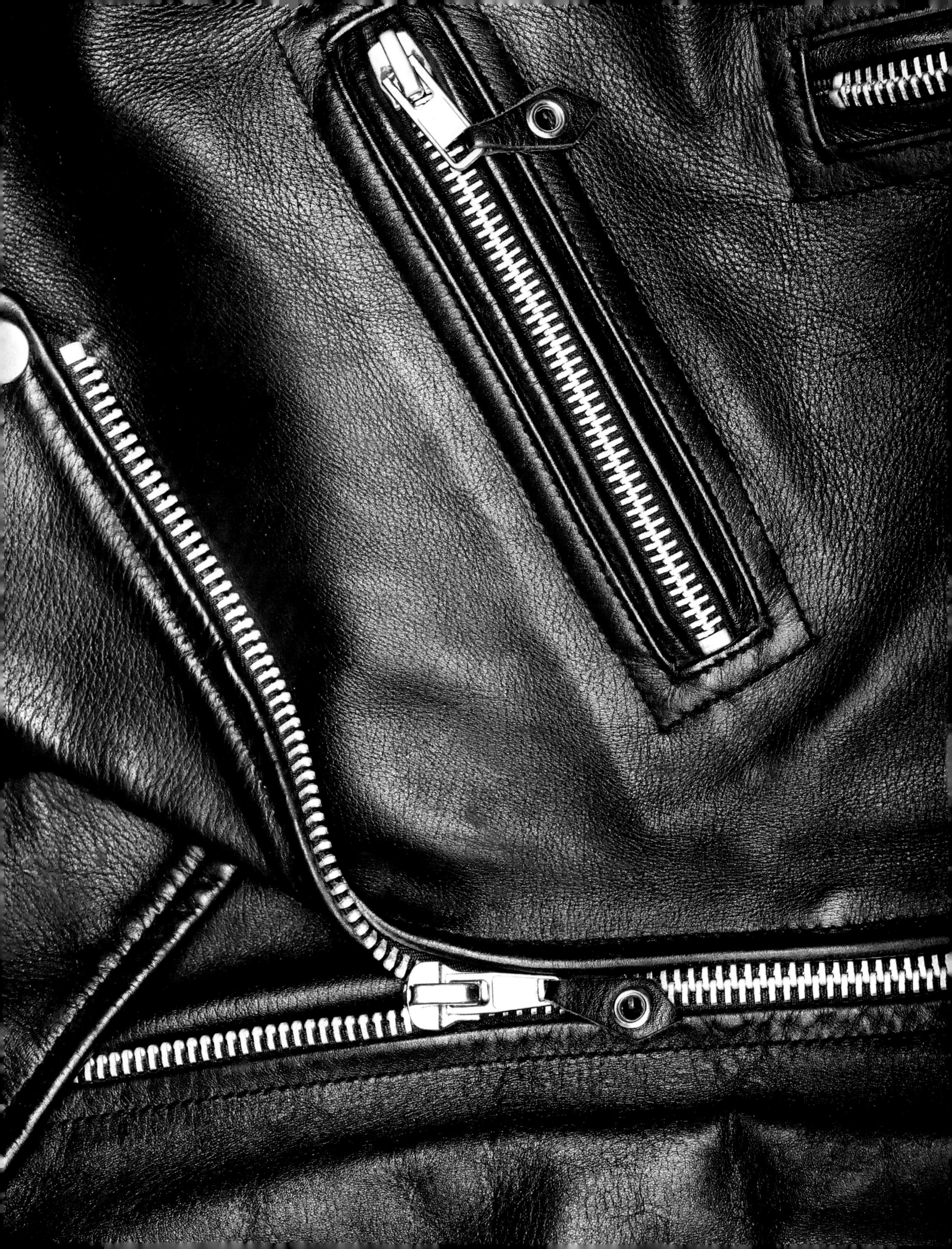

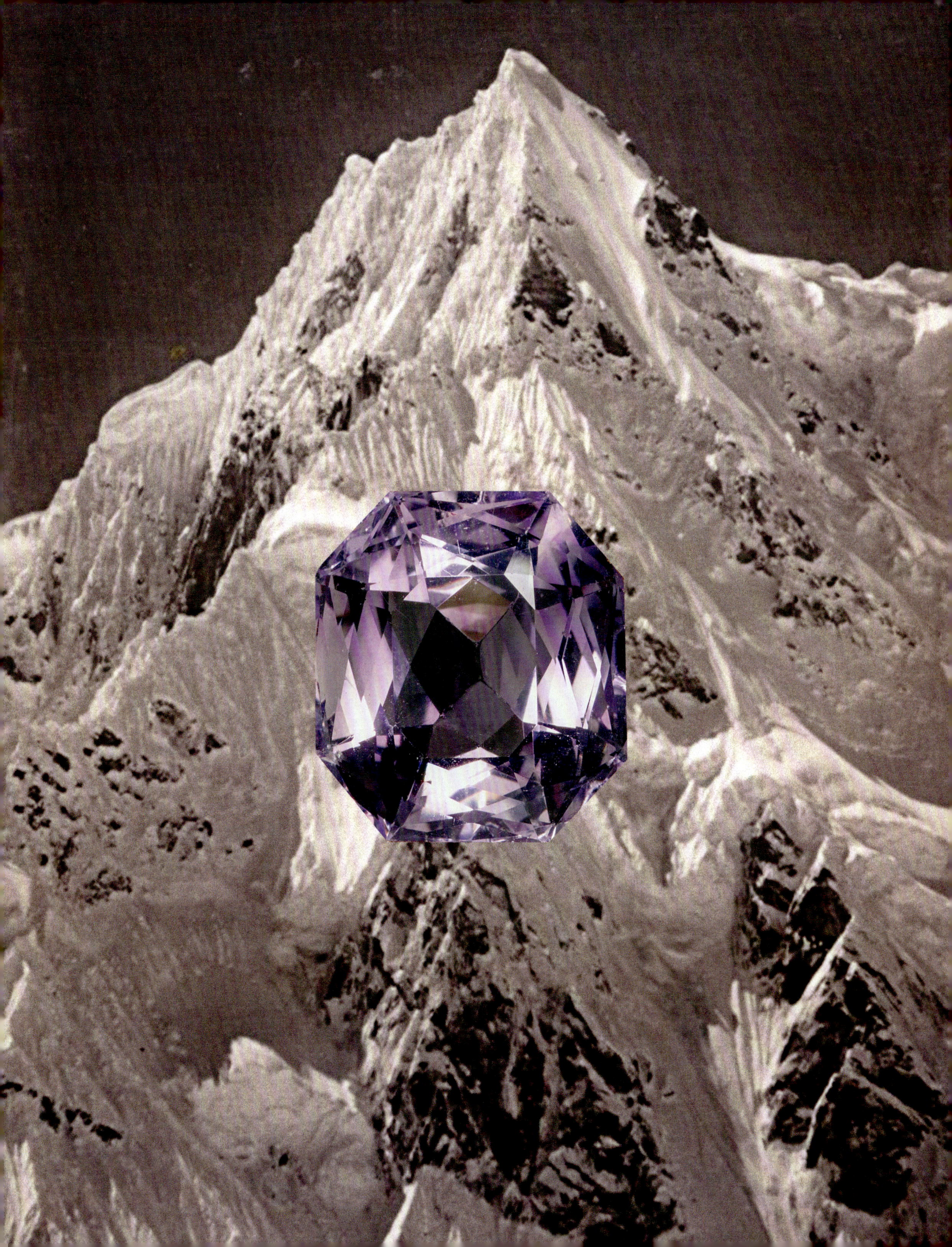

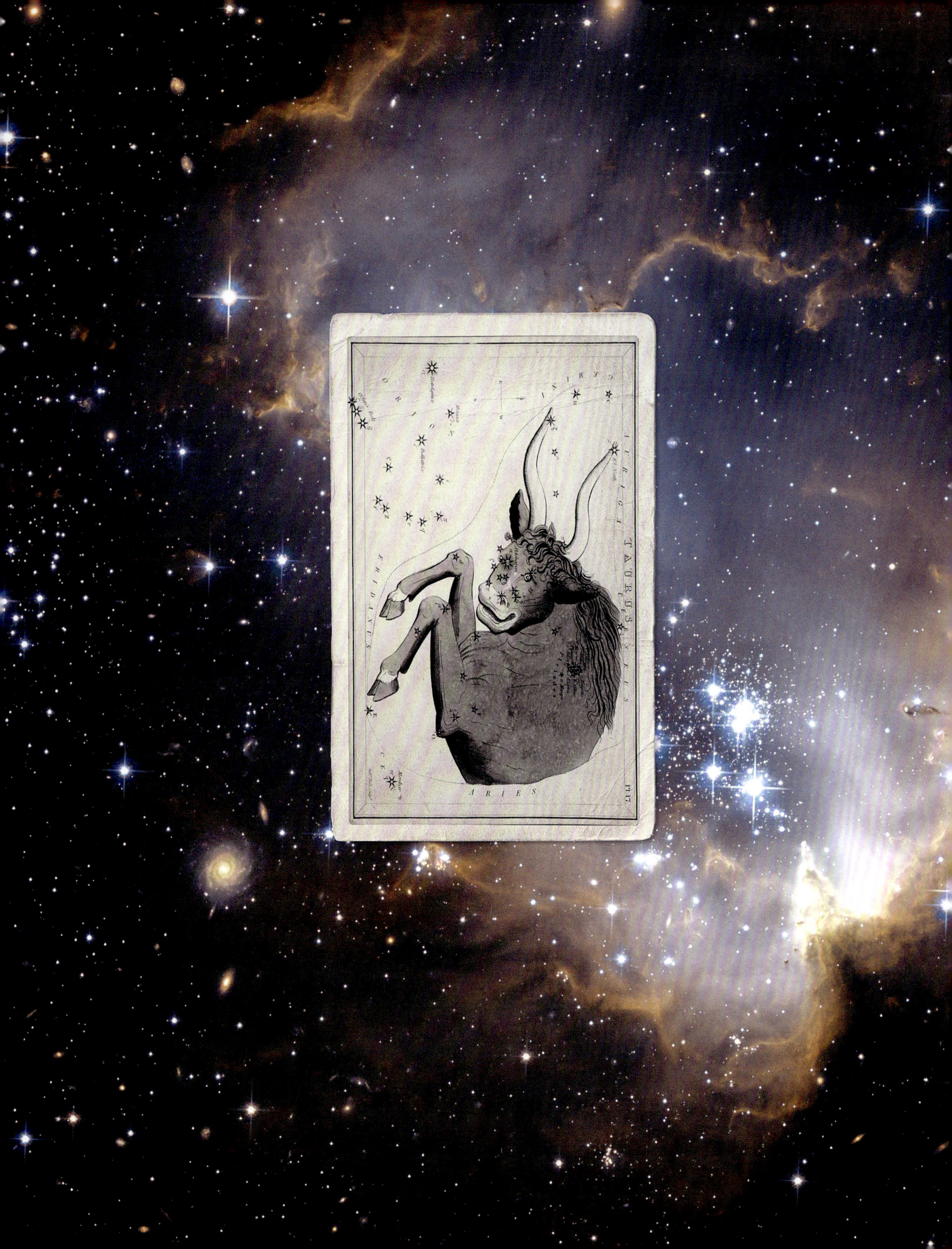
ARIES

Vermögen

Prioritäten

Routine

Selbstwertgefühl

Haus Zwei:

Besitztümer

Stier (Erde)

Unabhängigkeit

Freiheit

Pflege

Geld

Werte

Wohlstand

Sicherheit

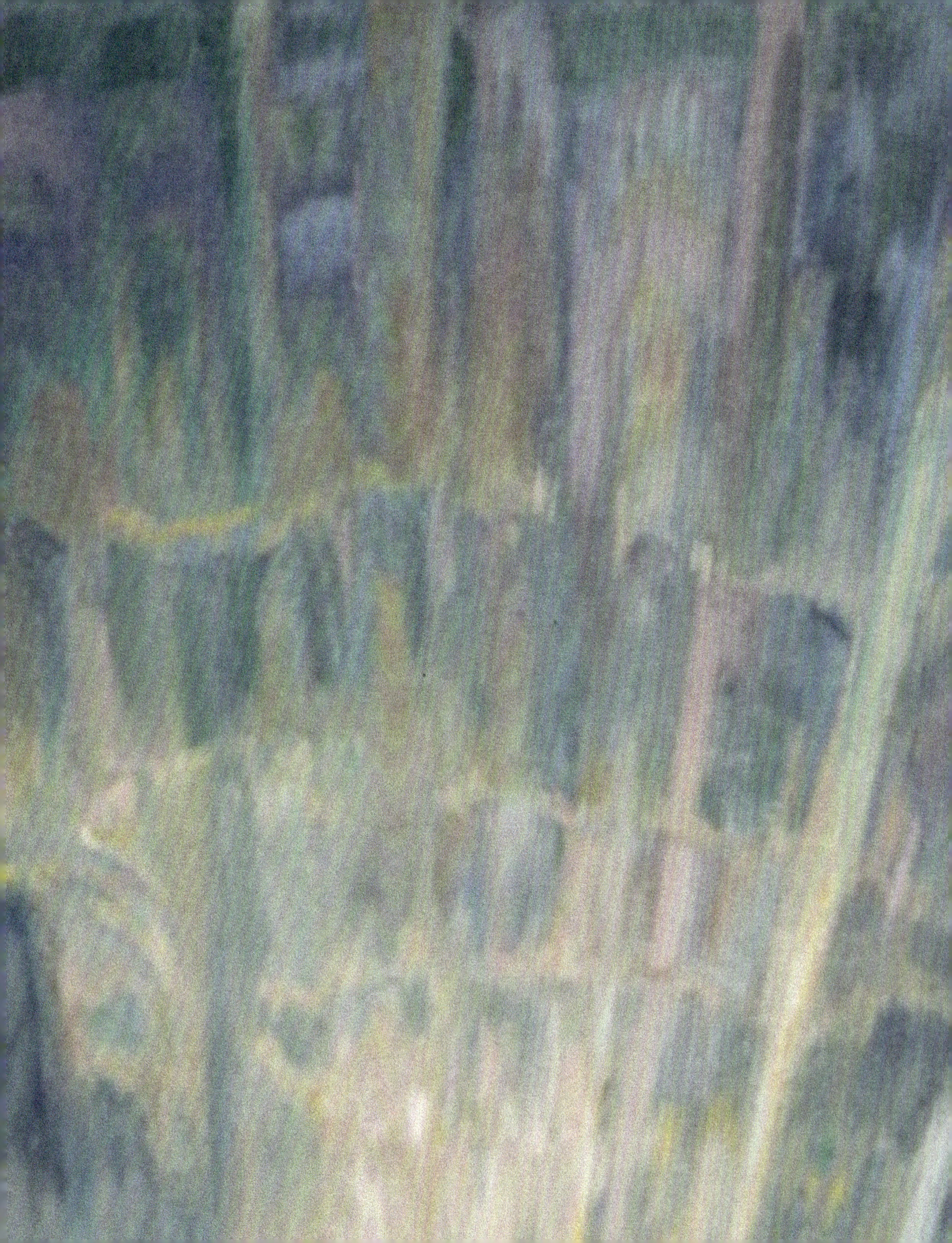

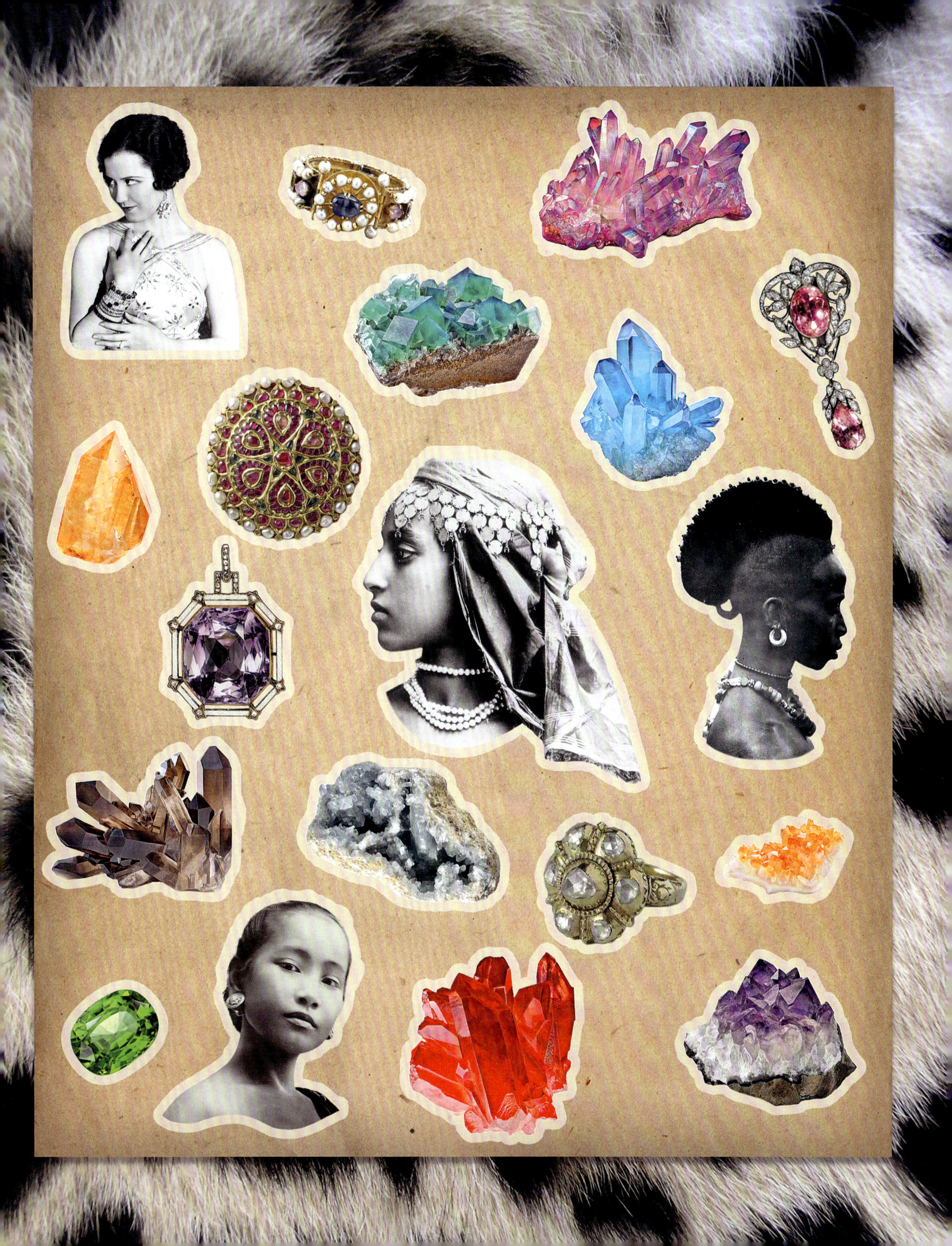

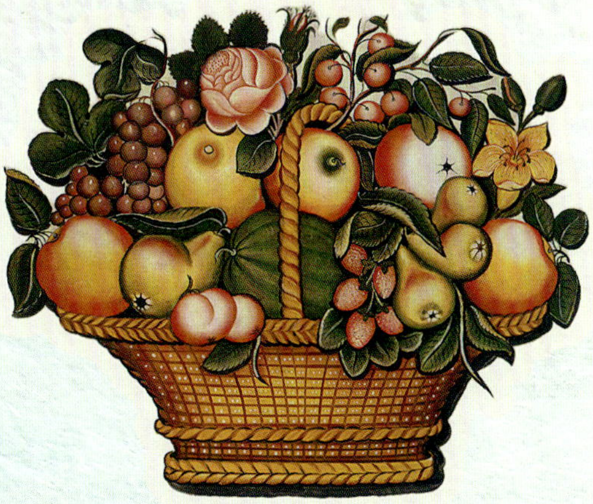
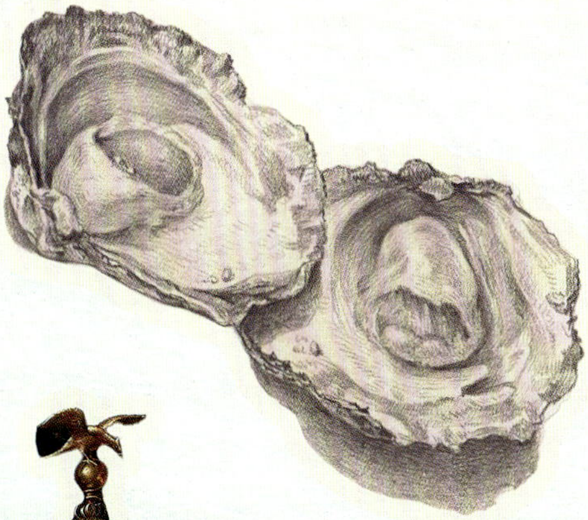
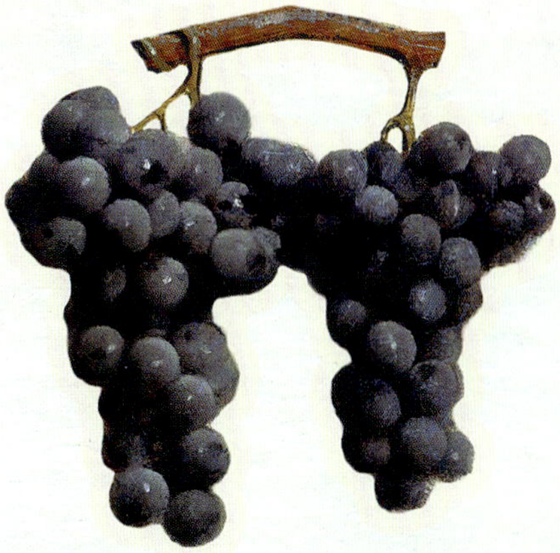
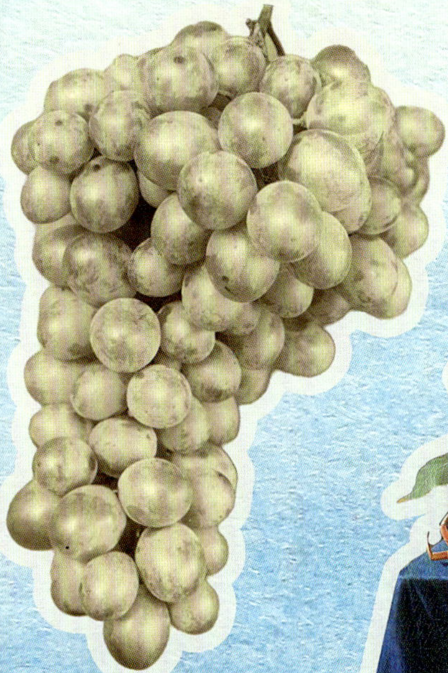
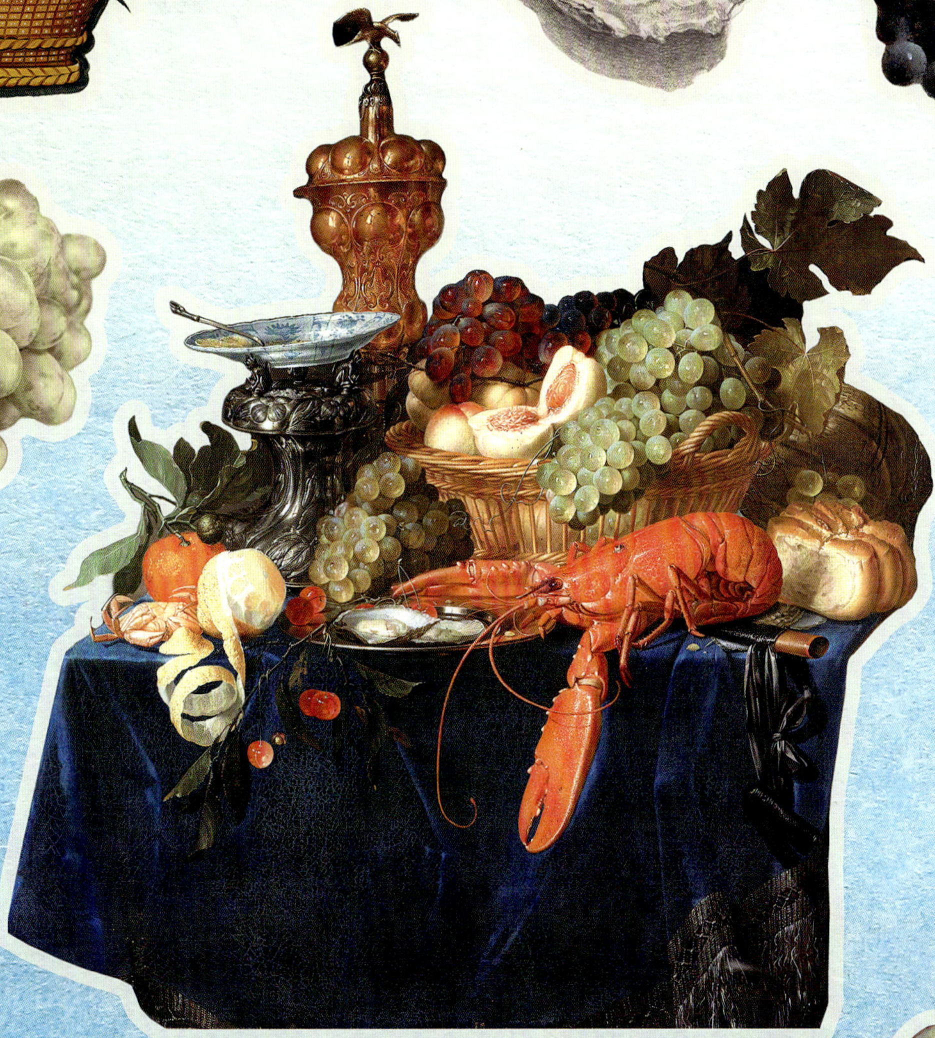
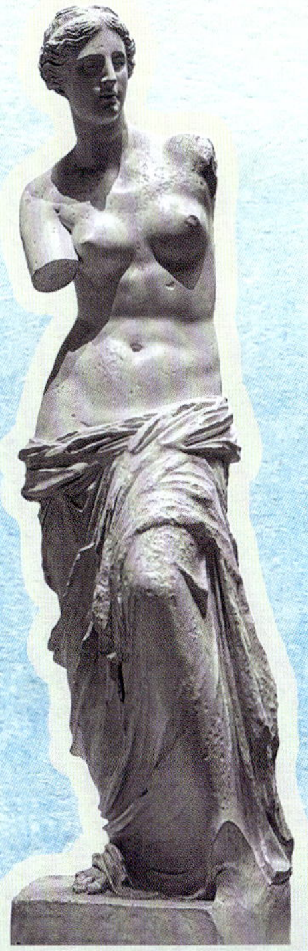
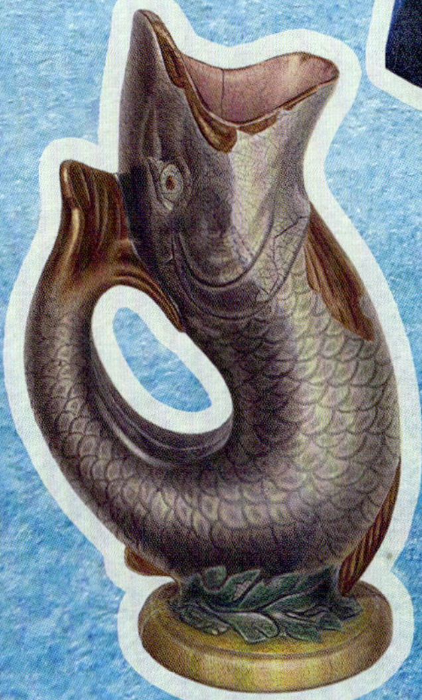
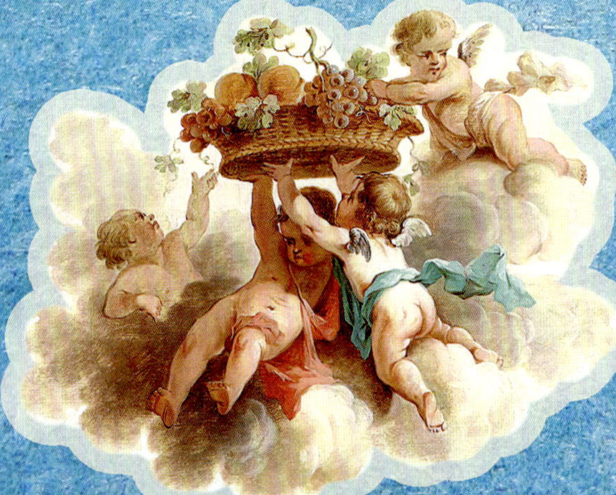
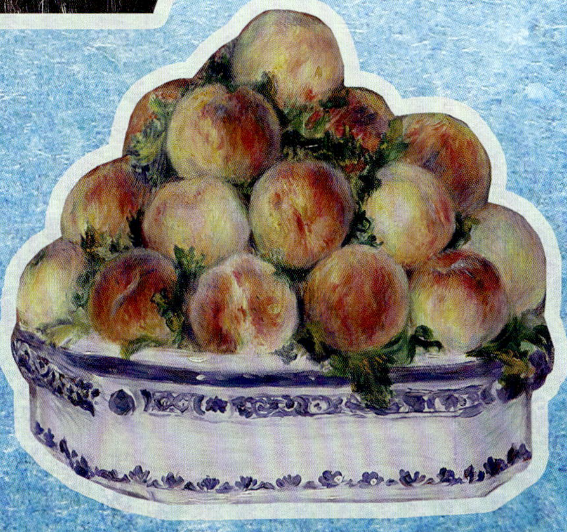

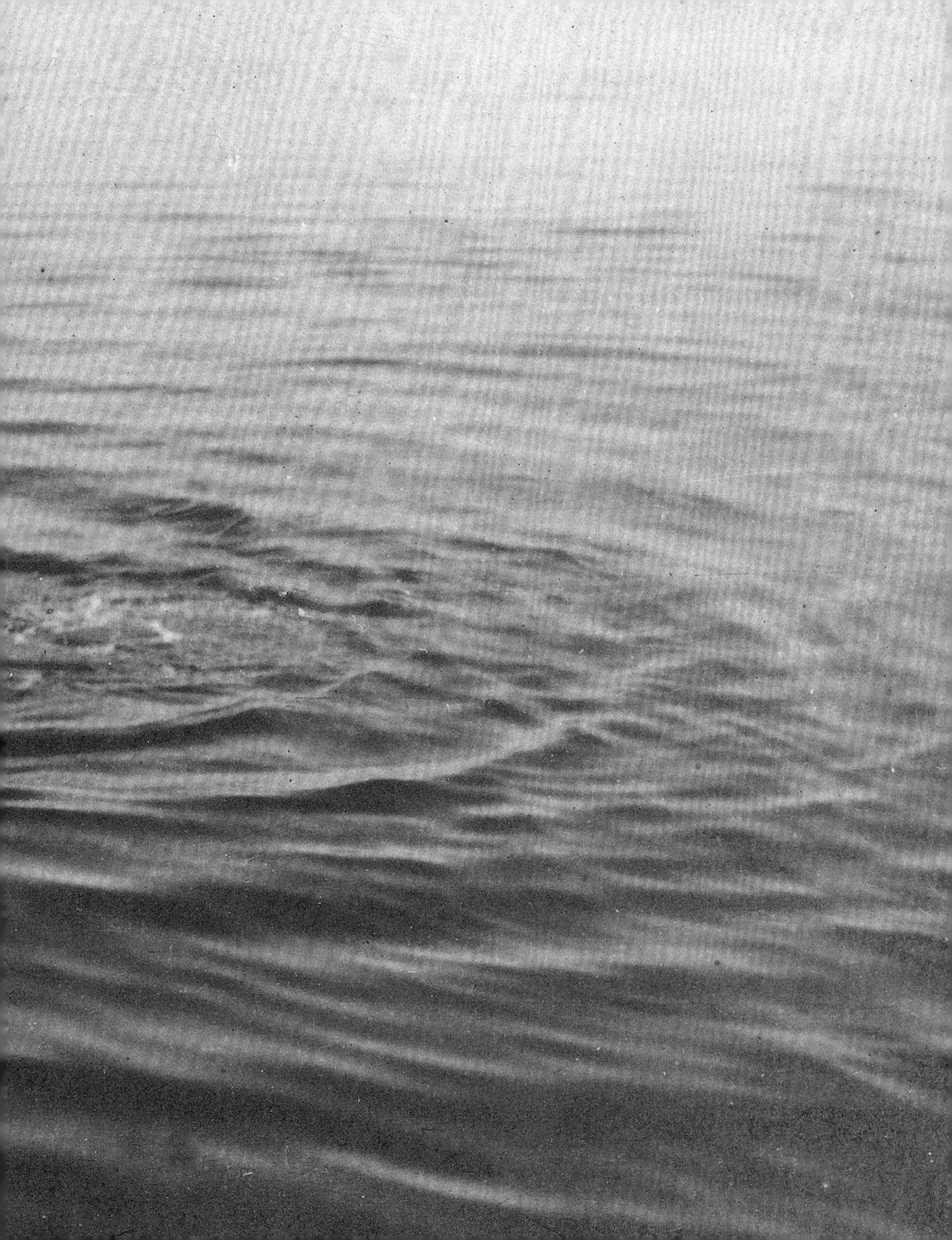

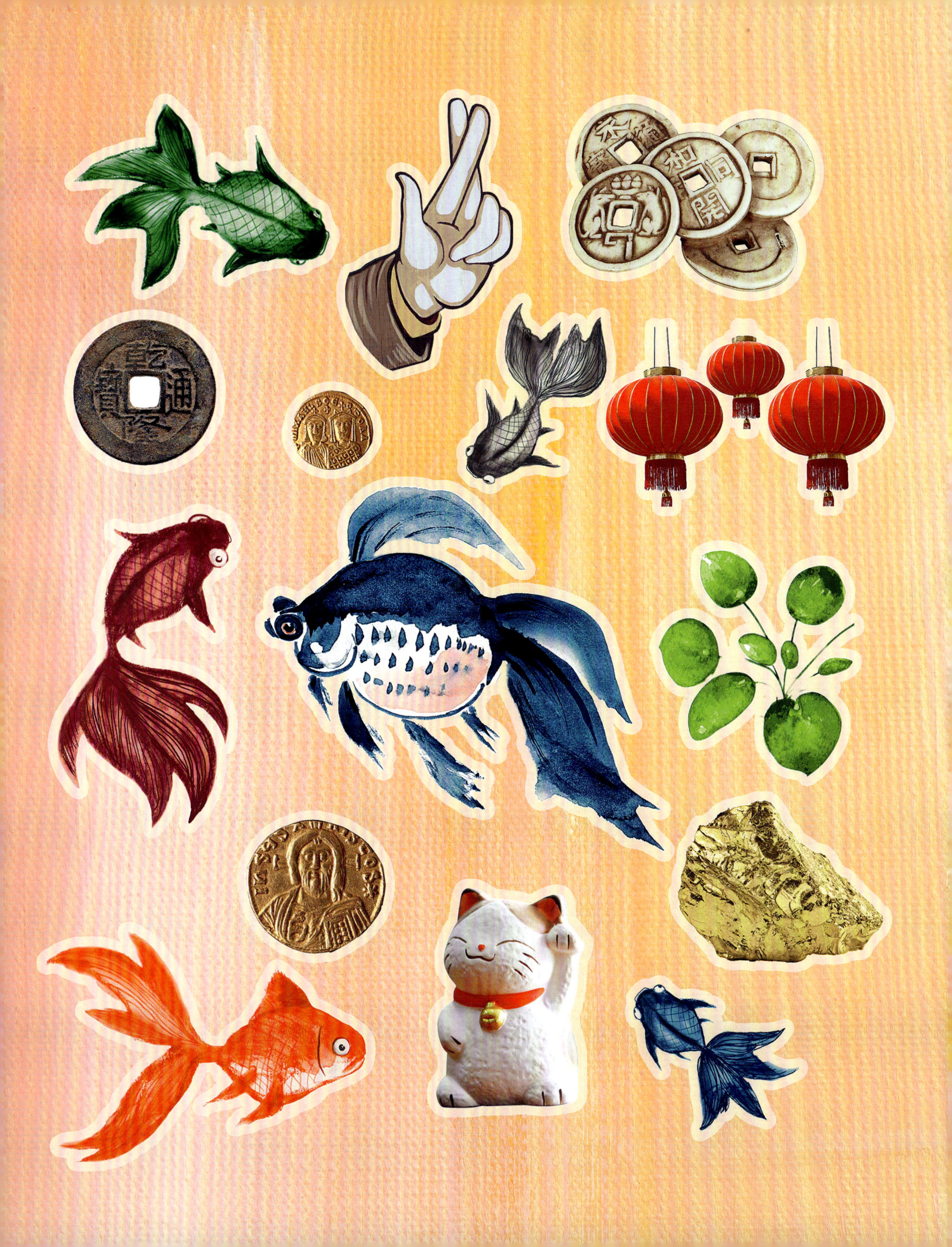
乾隆通寶

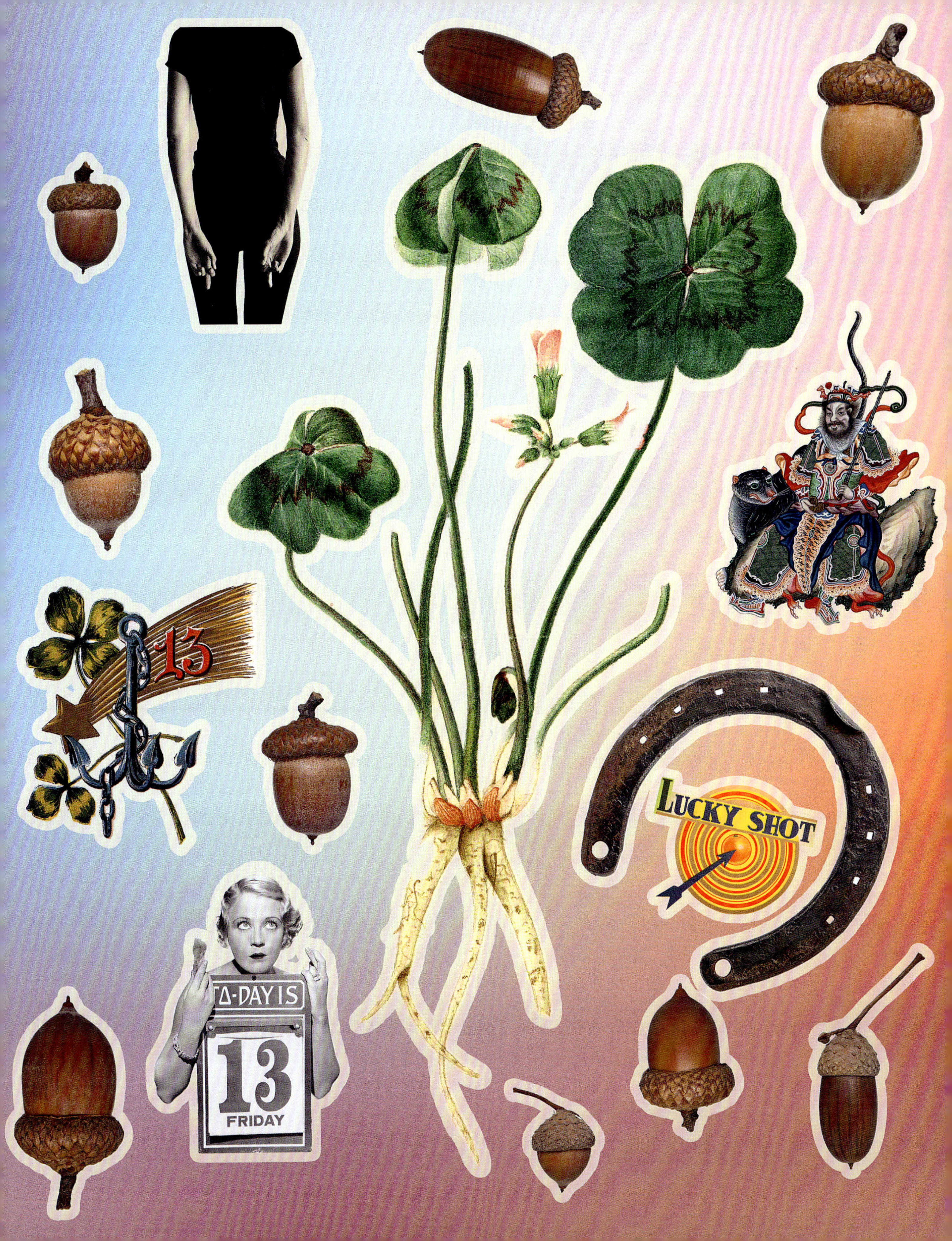
13
LUCKY SHOT
TO-DAY IS
13
FRIDAY

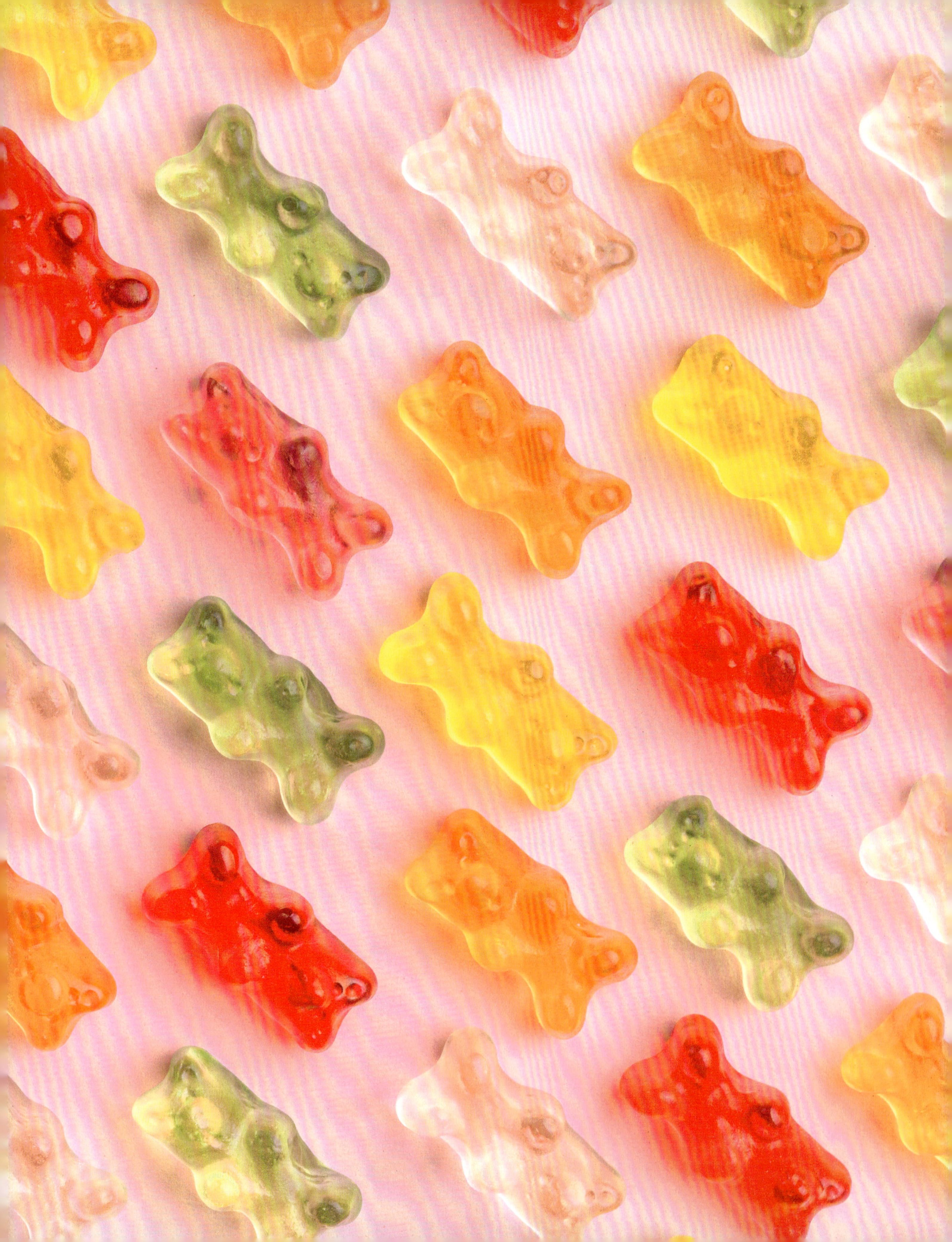

1 2 3 4 5

6 7 8 9 0

0 0 0 0 0

0 0 0 0 0

0 0 0 0 0

€ € £ £ $ $

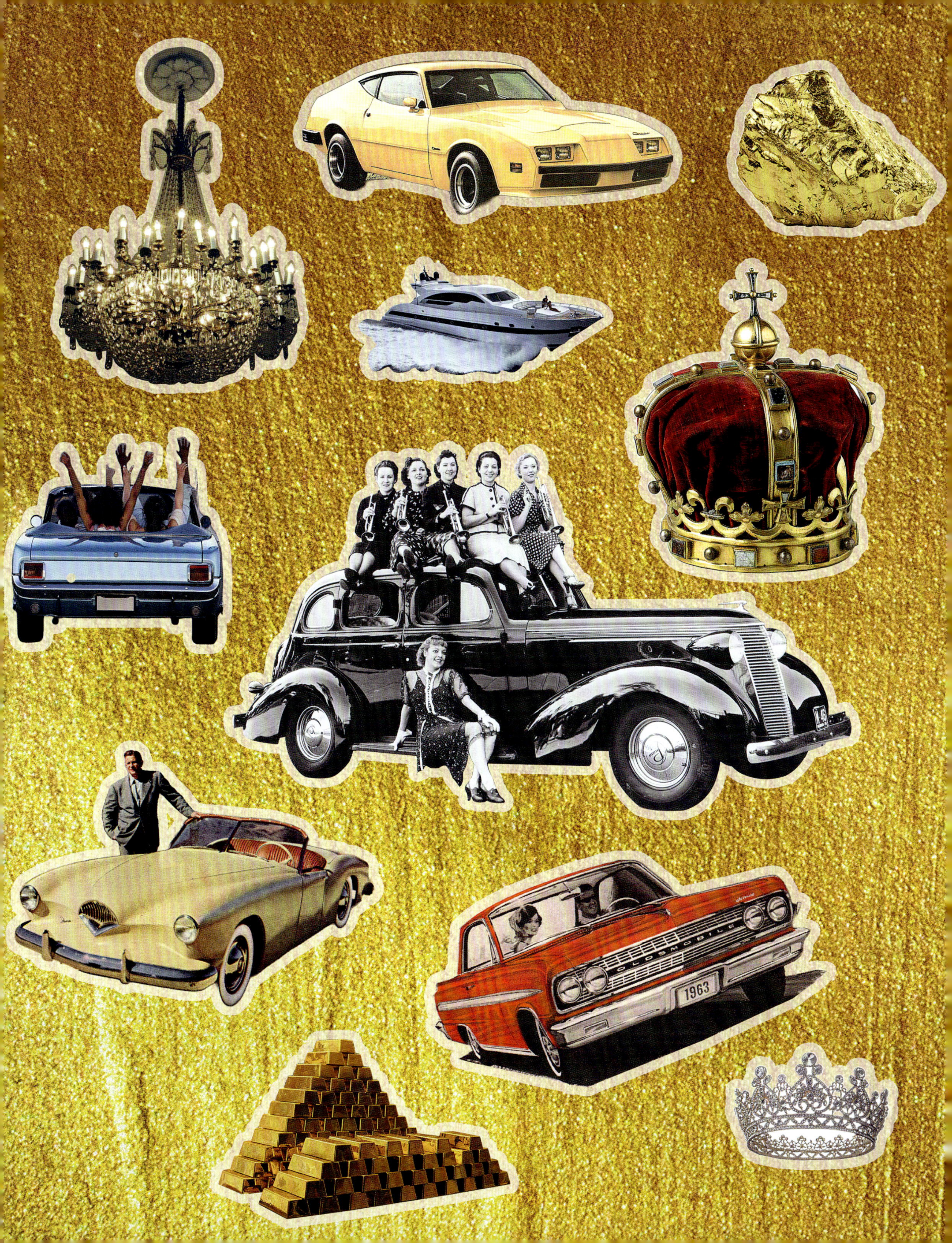
OLDSMOBILE
1963

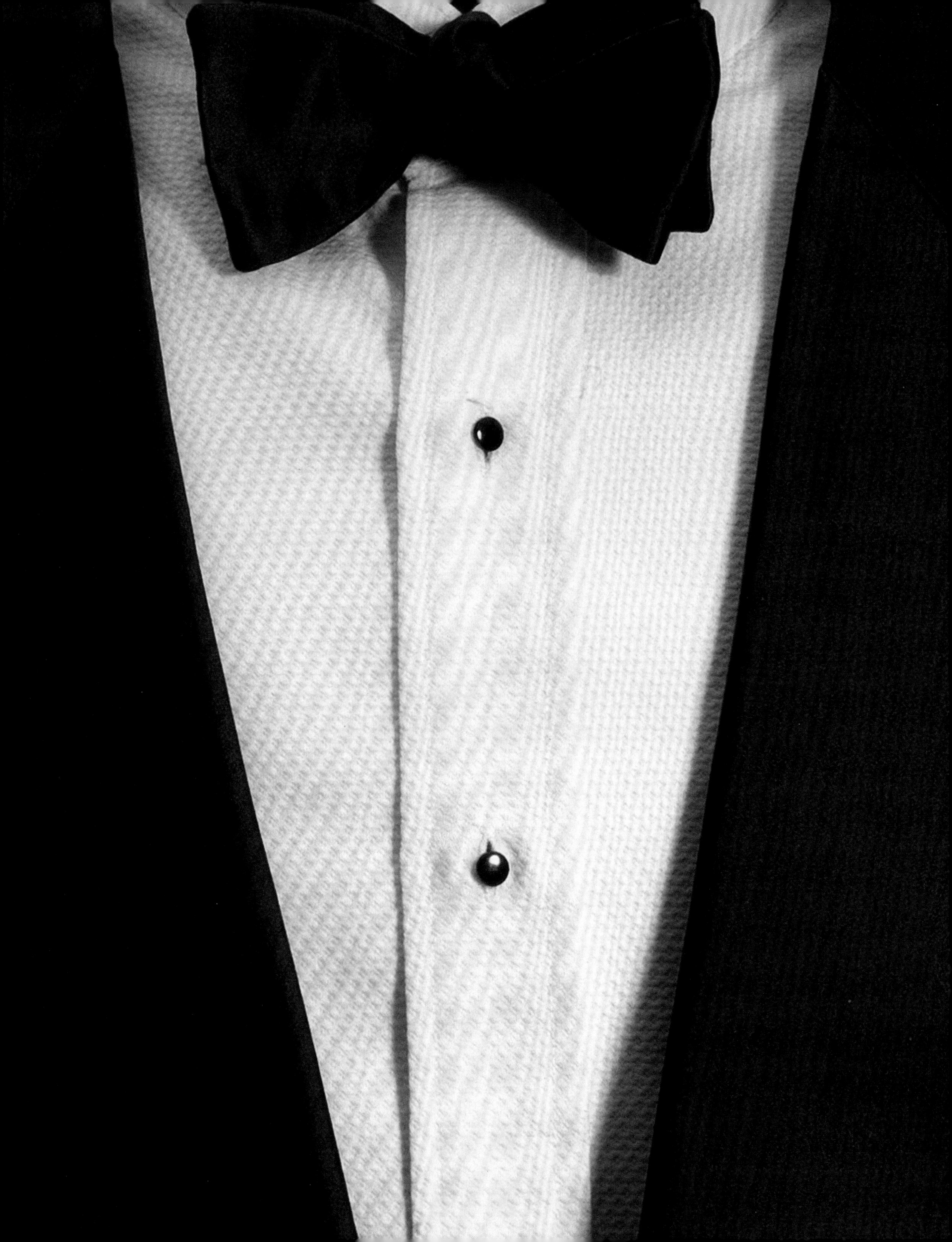

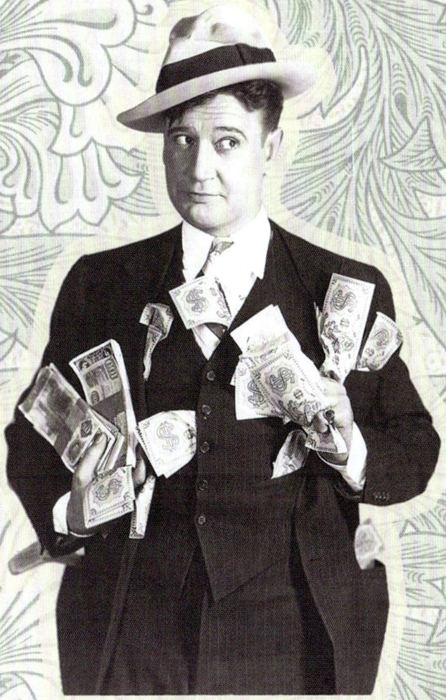
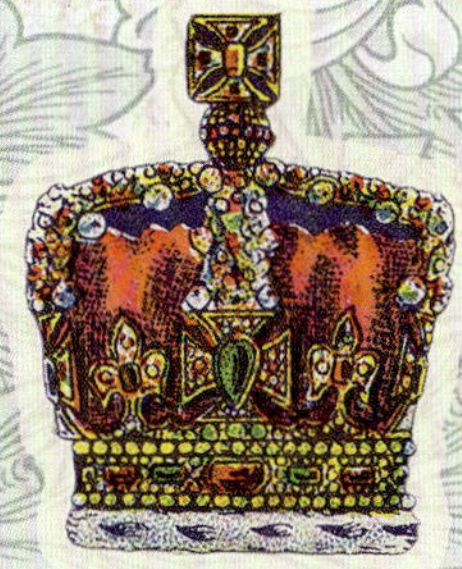
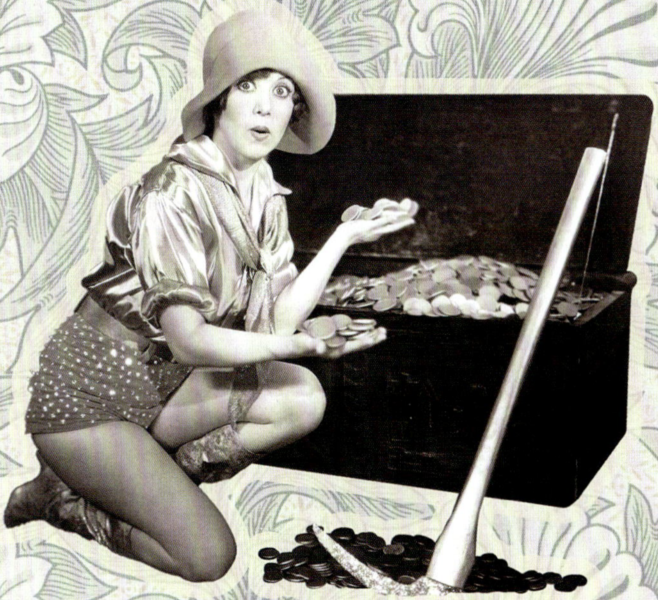
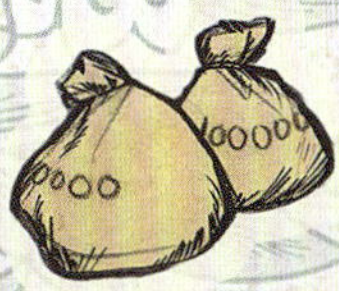
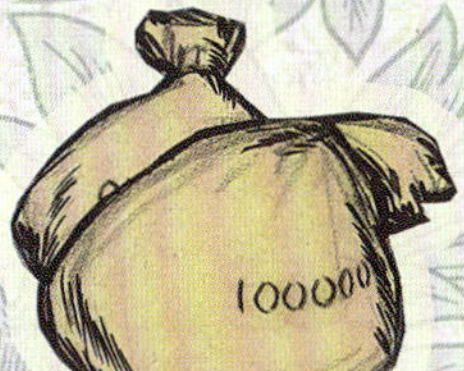
100000
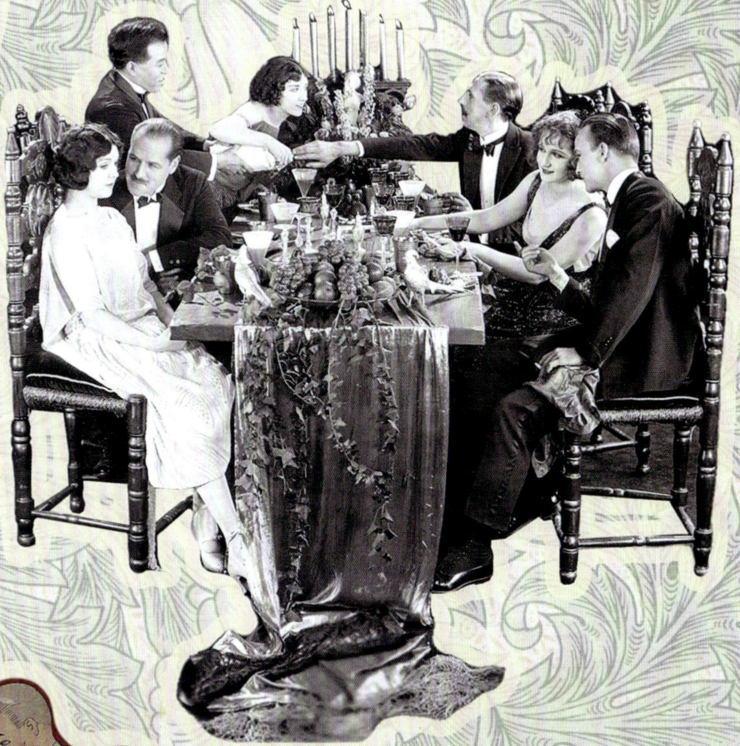
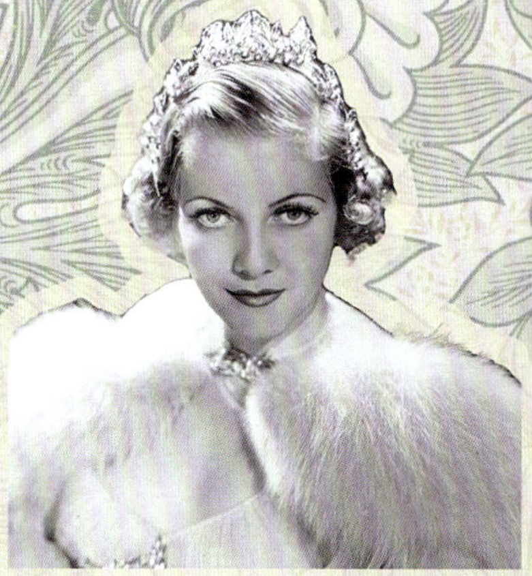
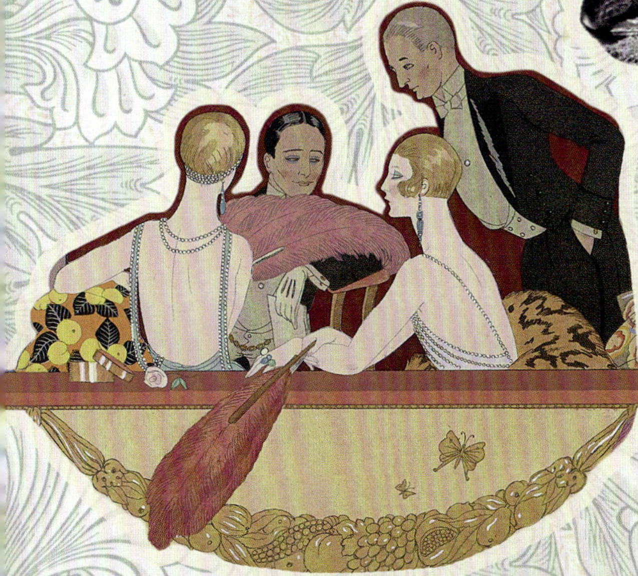
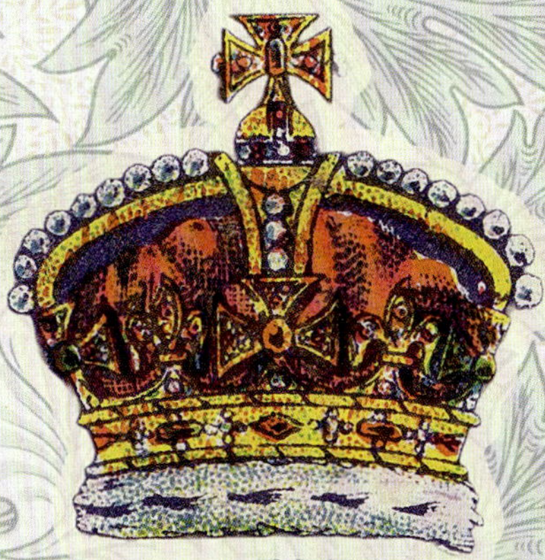
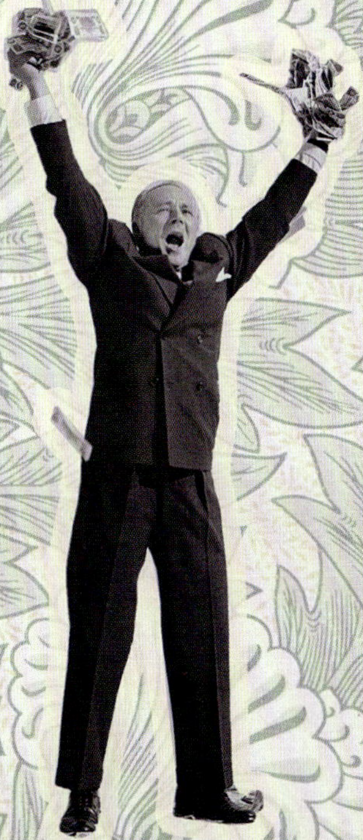

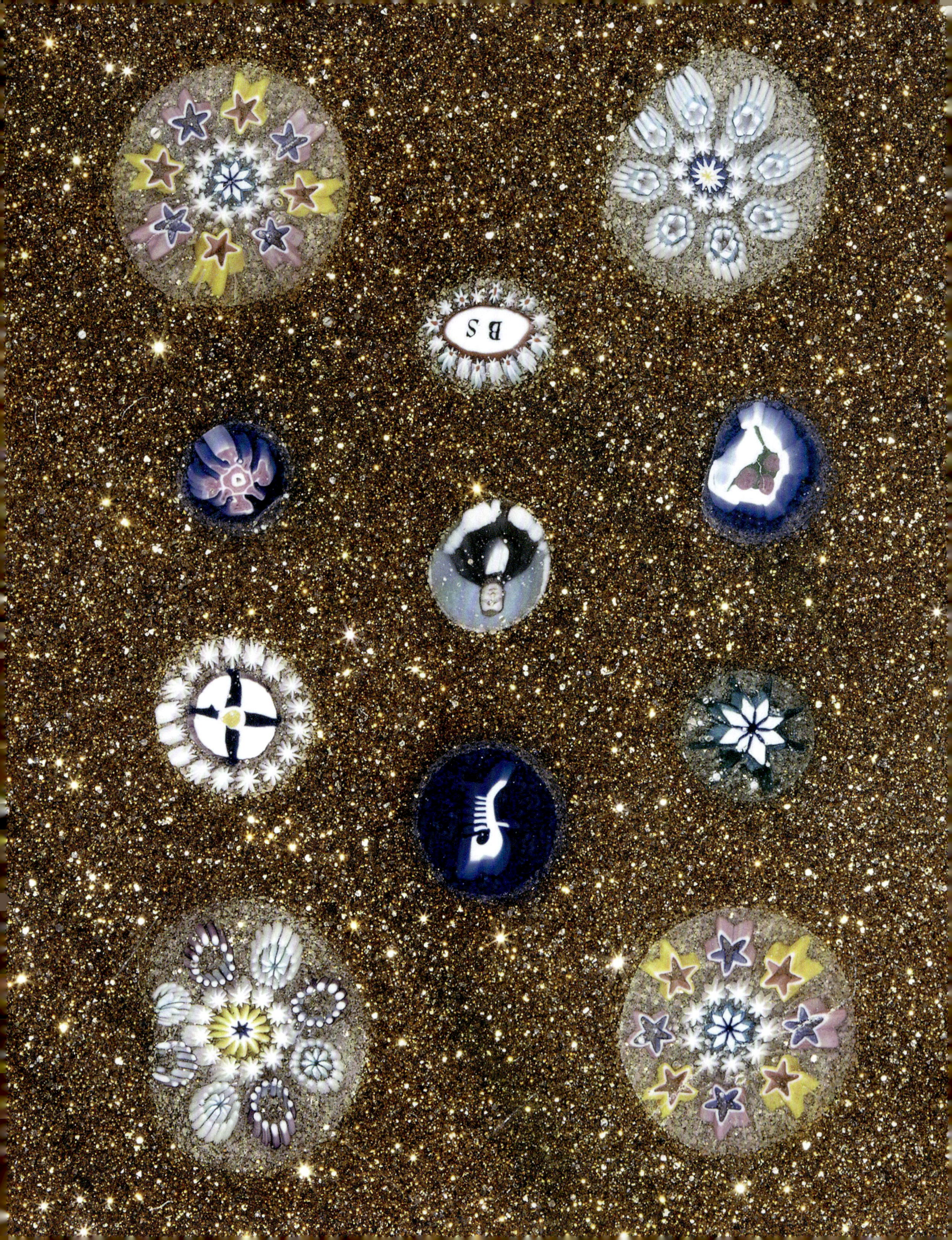

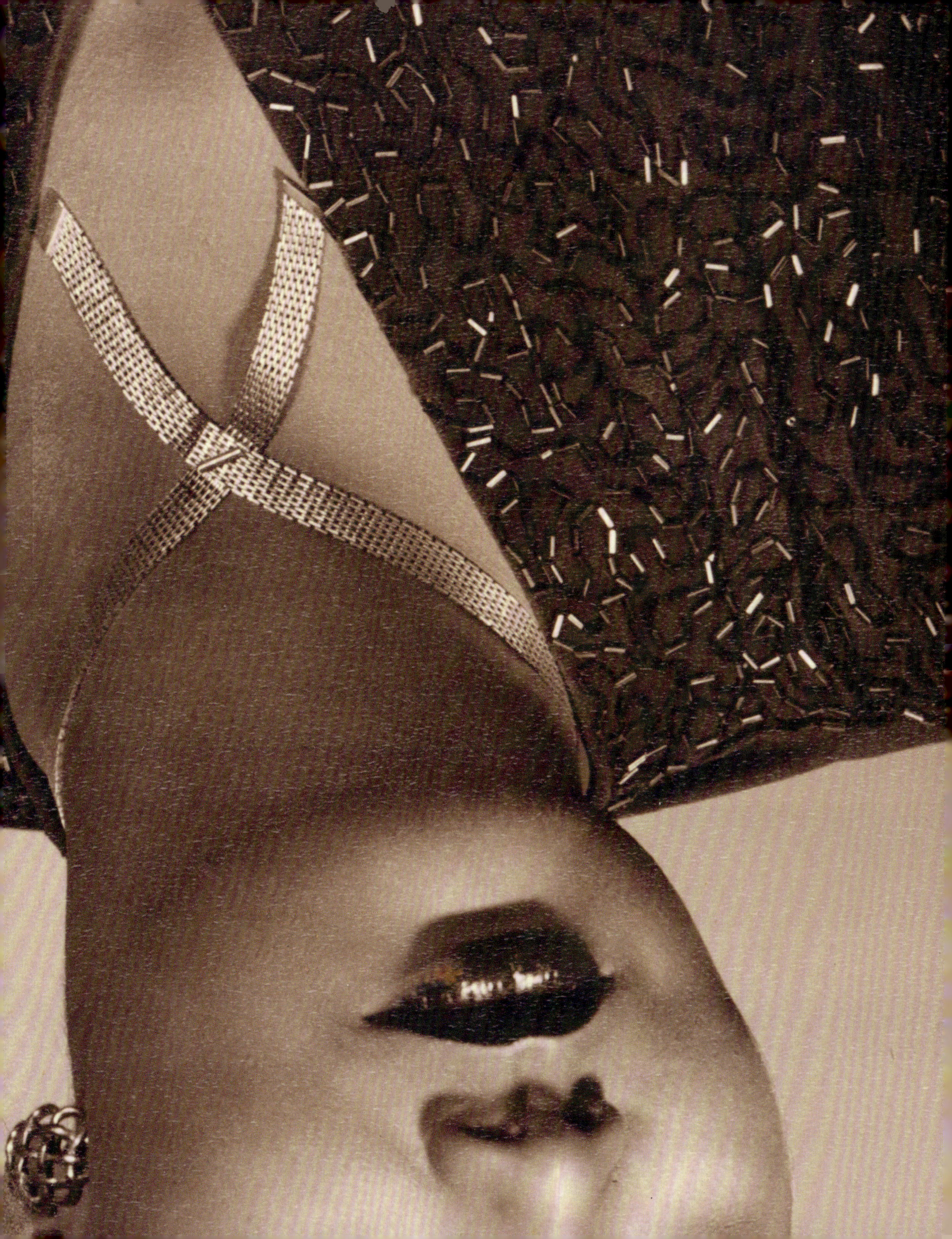

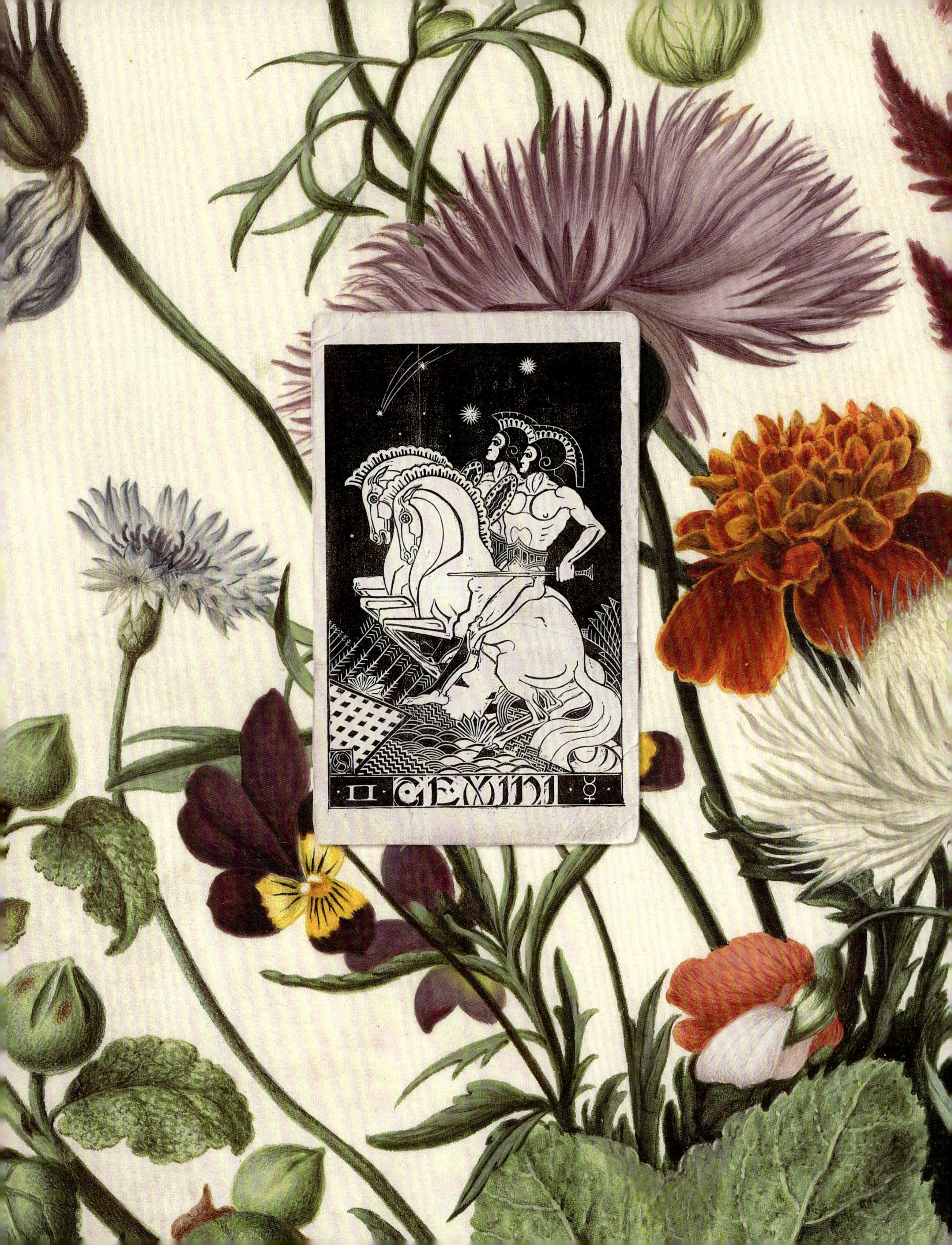
GEMINI

Kommunikation

Berührung

Gedanken

Ideen

In Kontakt bleiben

Intelligenz

Lokale Gemeinschaft

Verbundenheit

Haus Drei:

Verbindungen

Zwillinge (Luft)

Offenheit

Nähe

Gewohnheiten

Ritual

Teilen

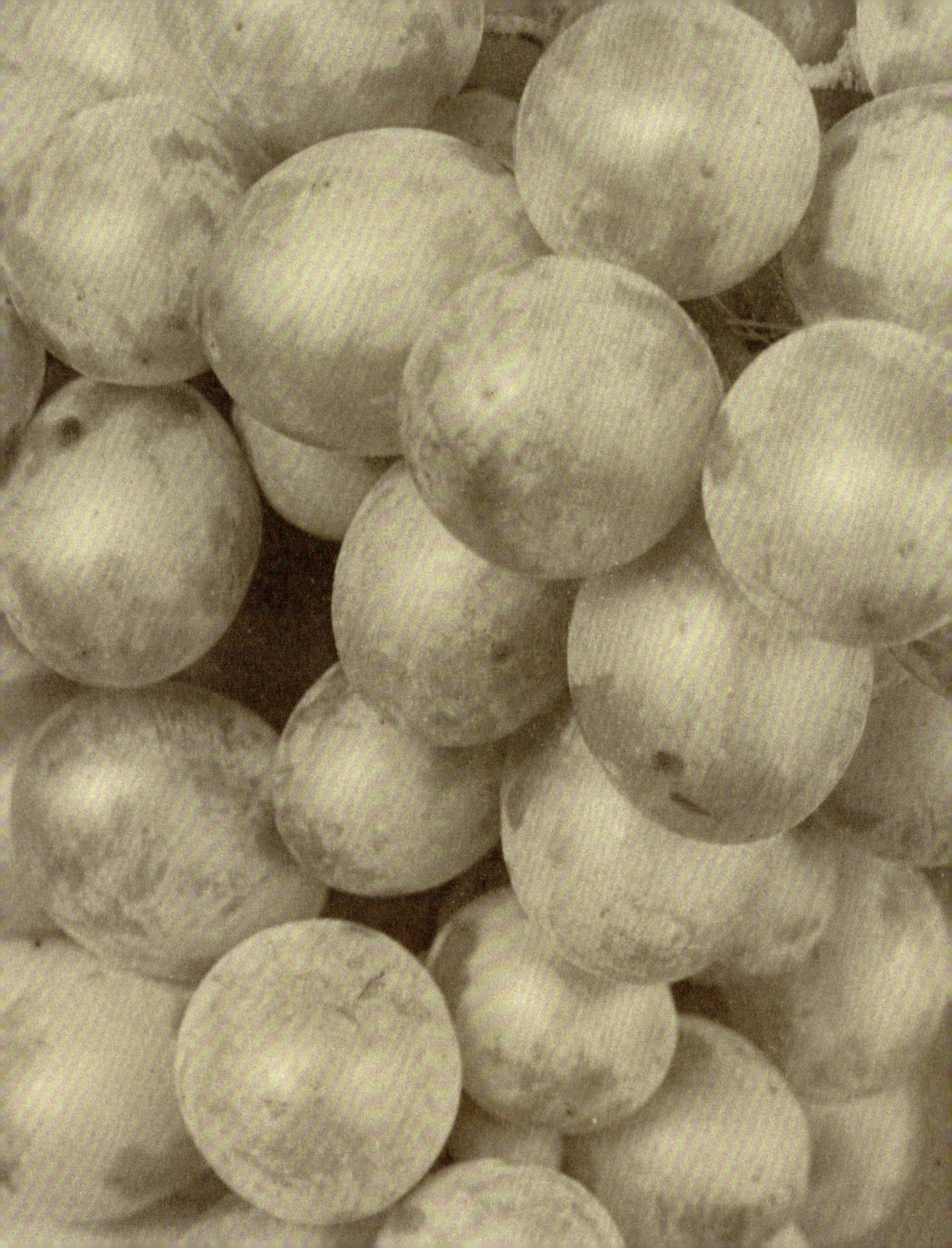

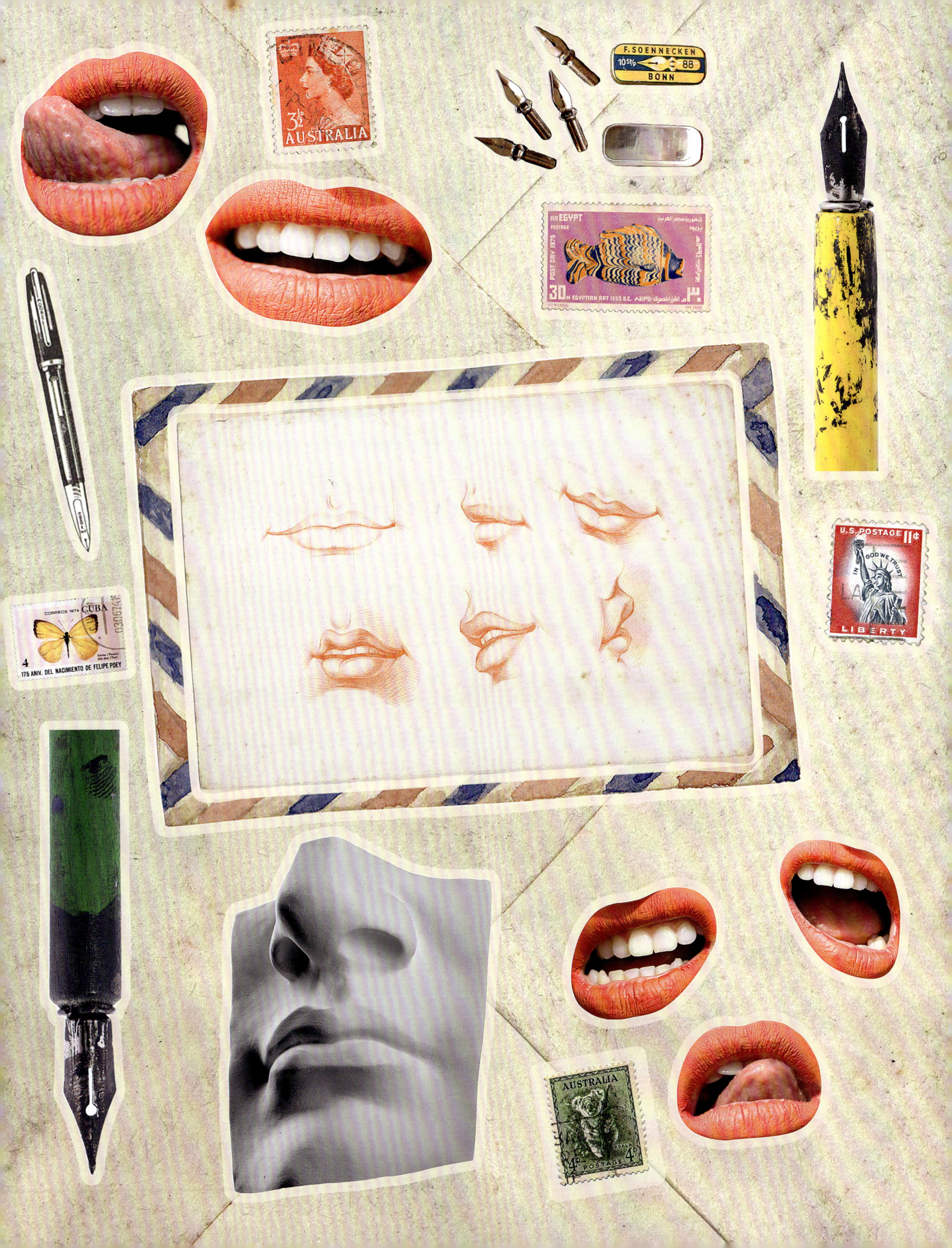
AUSTRALIA
F. SOENNECKEN
BONN
EGYPT
EGYPTIAN ART
U.S. POSTAGE 11¢
IN GOD WE TRUST
LIBERTY
CORREOS 1974 CUBA
175 ANIV. DEL NACIMIENTO DE FELIPE POEY
AUSTRALIA
POSTAGE

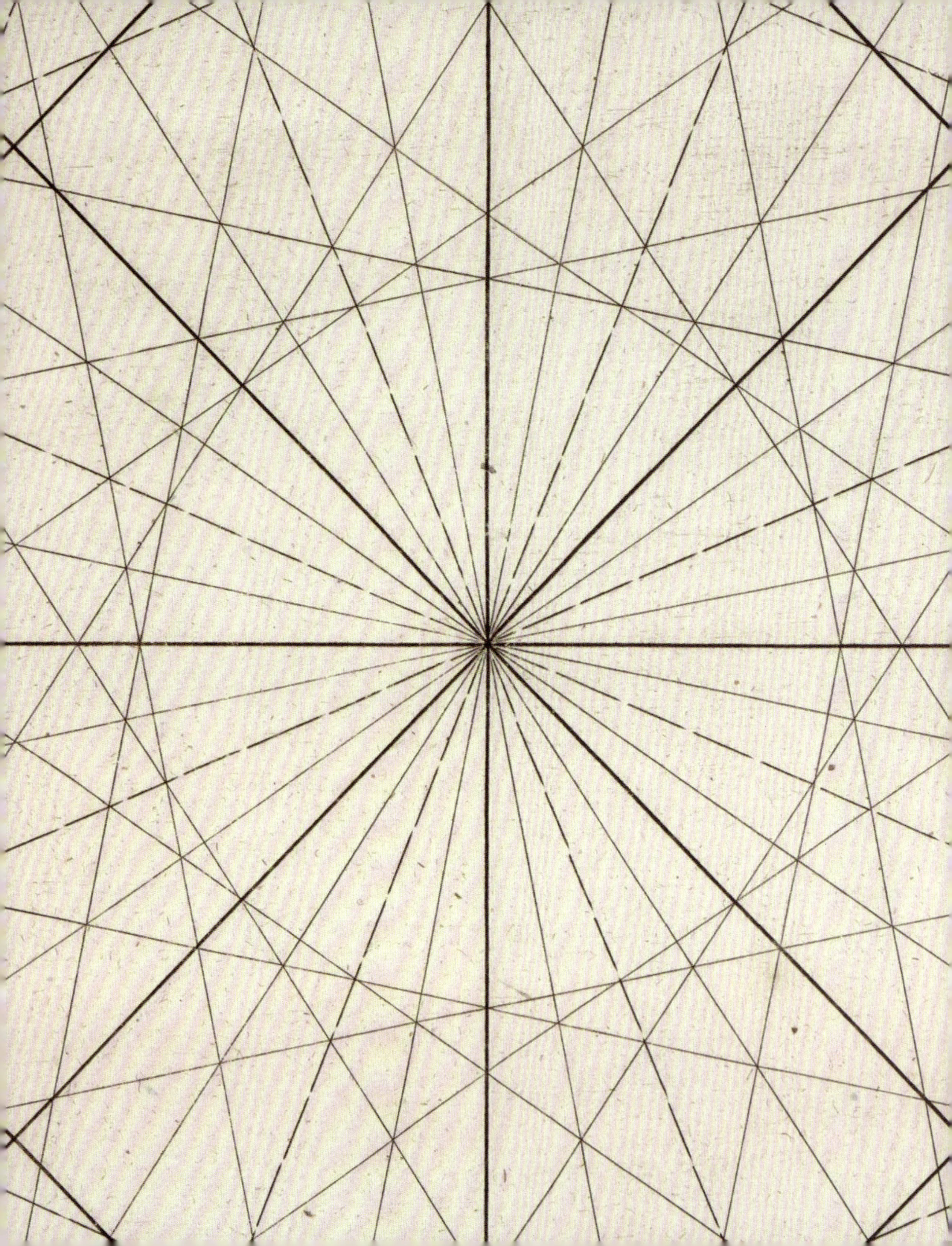

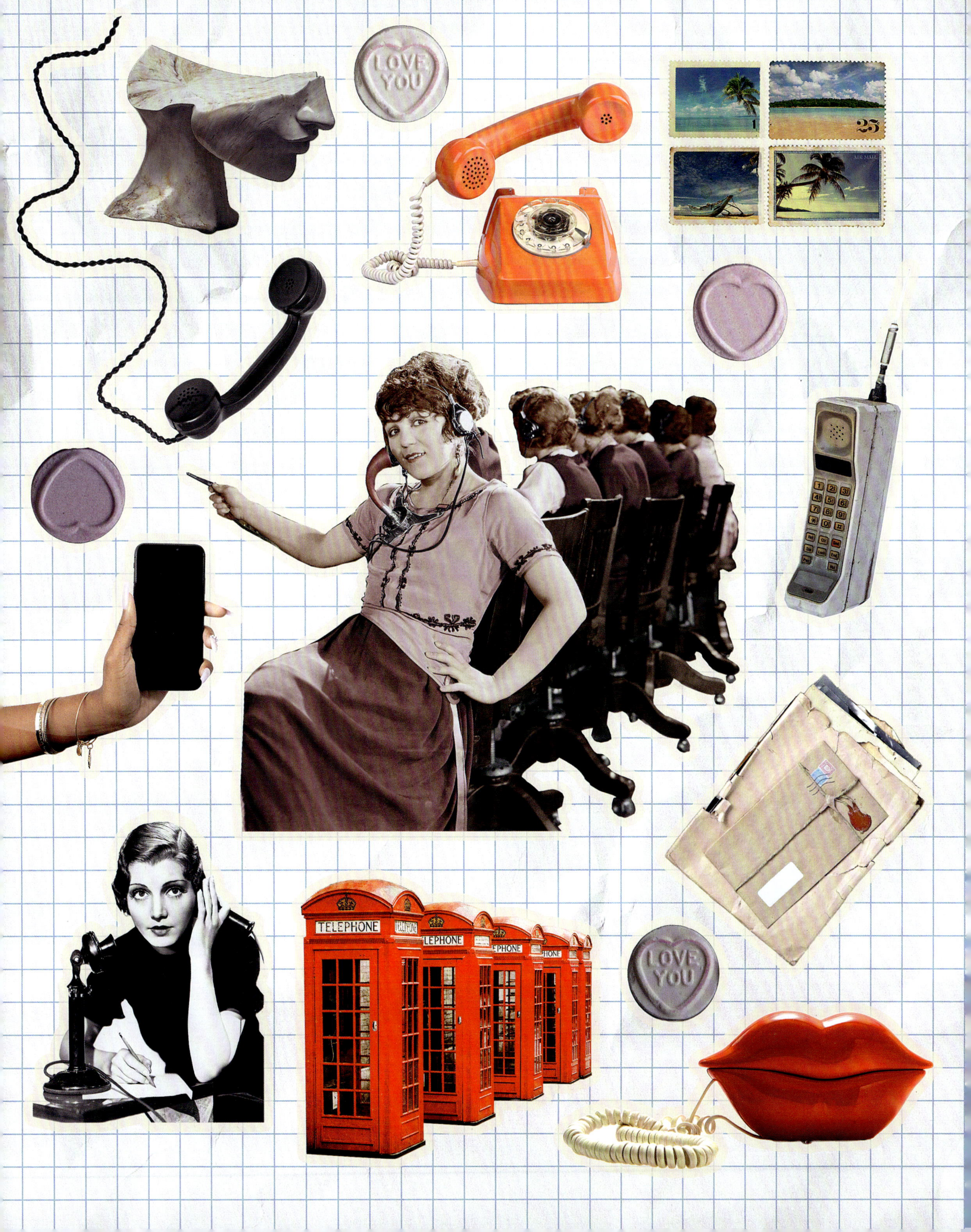
LOVE YOU
TELEPHONE
LOVE YOU

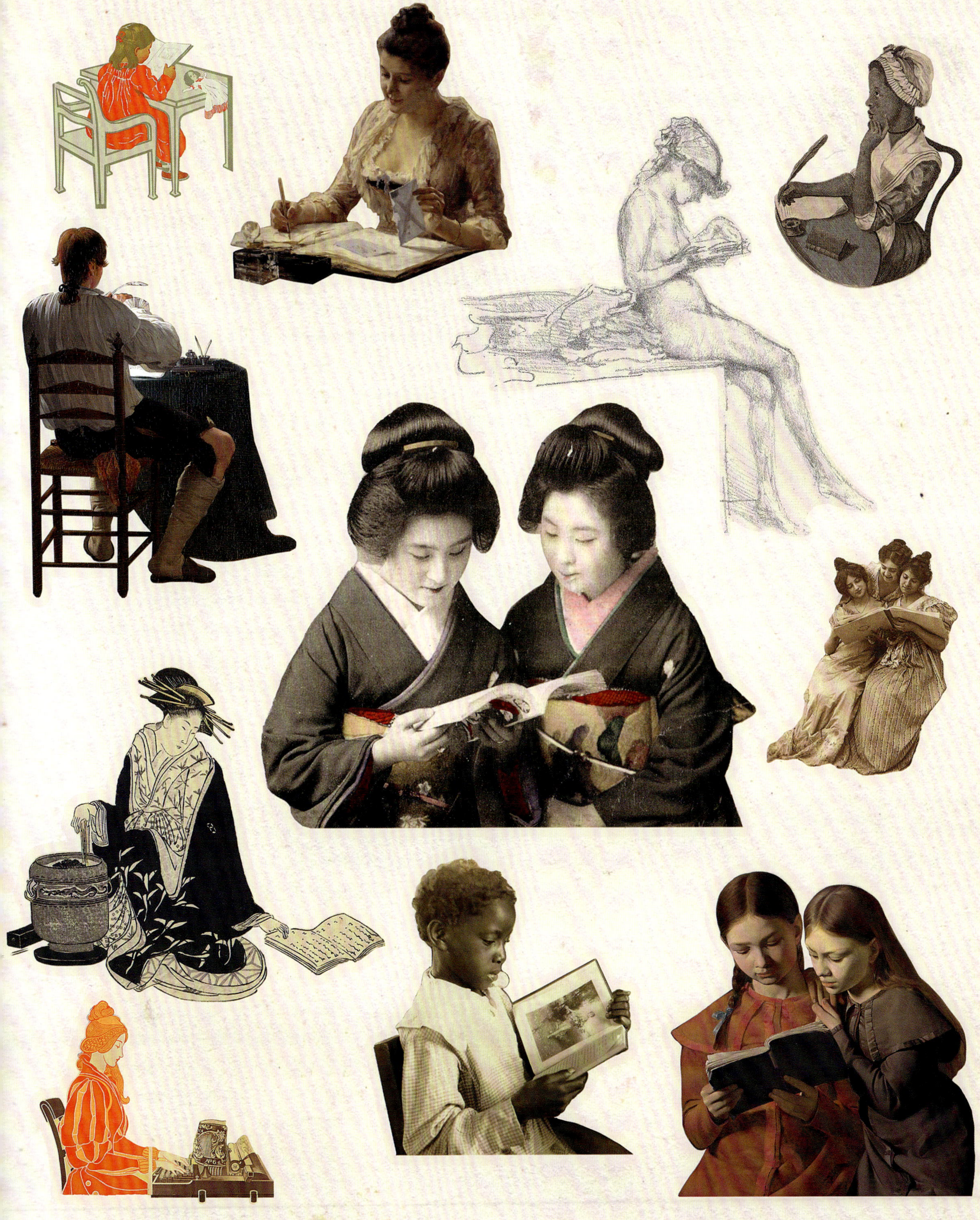

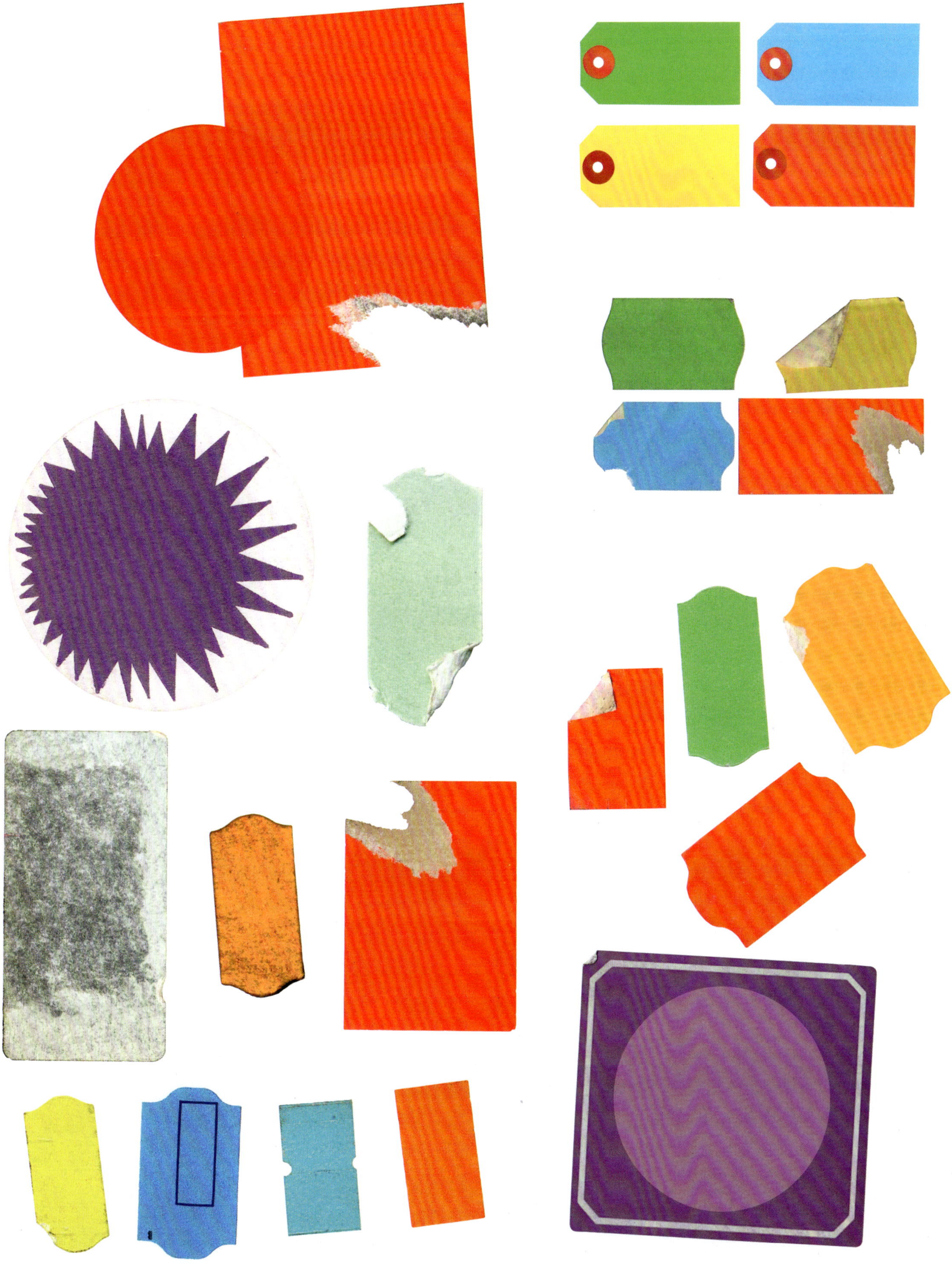

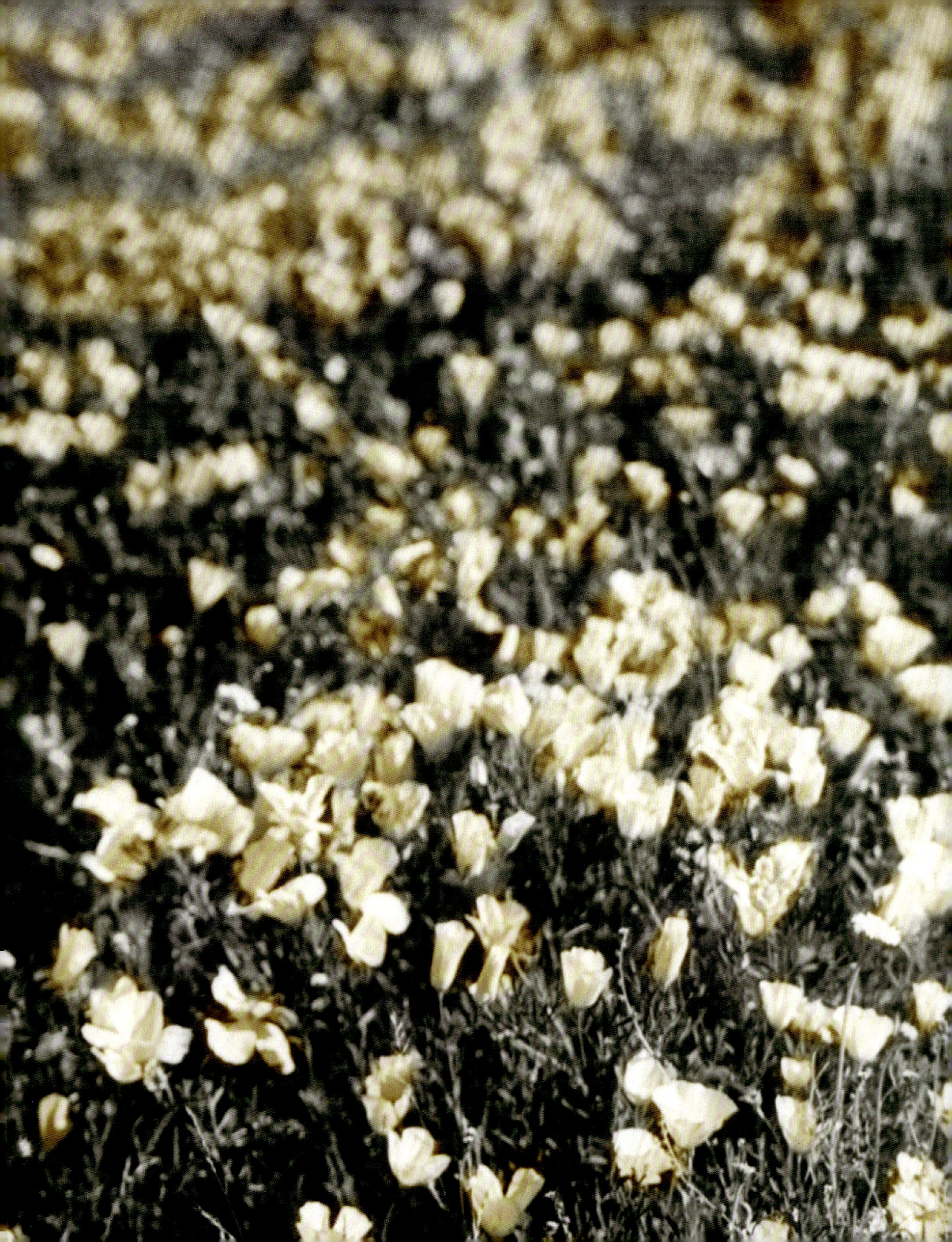

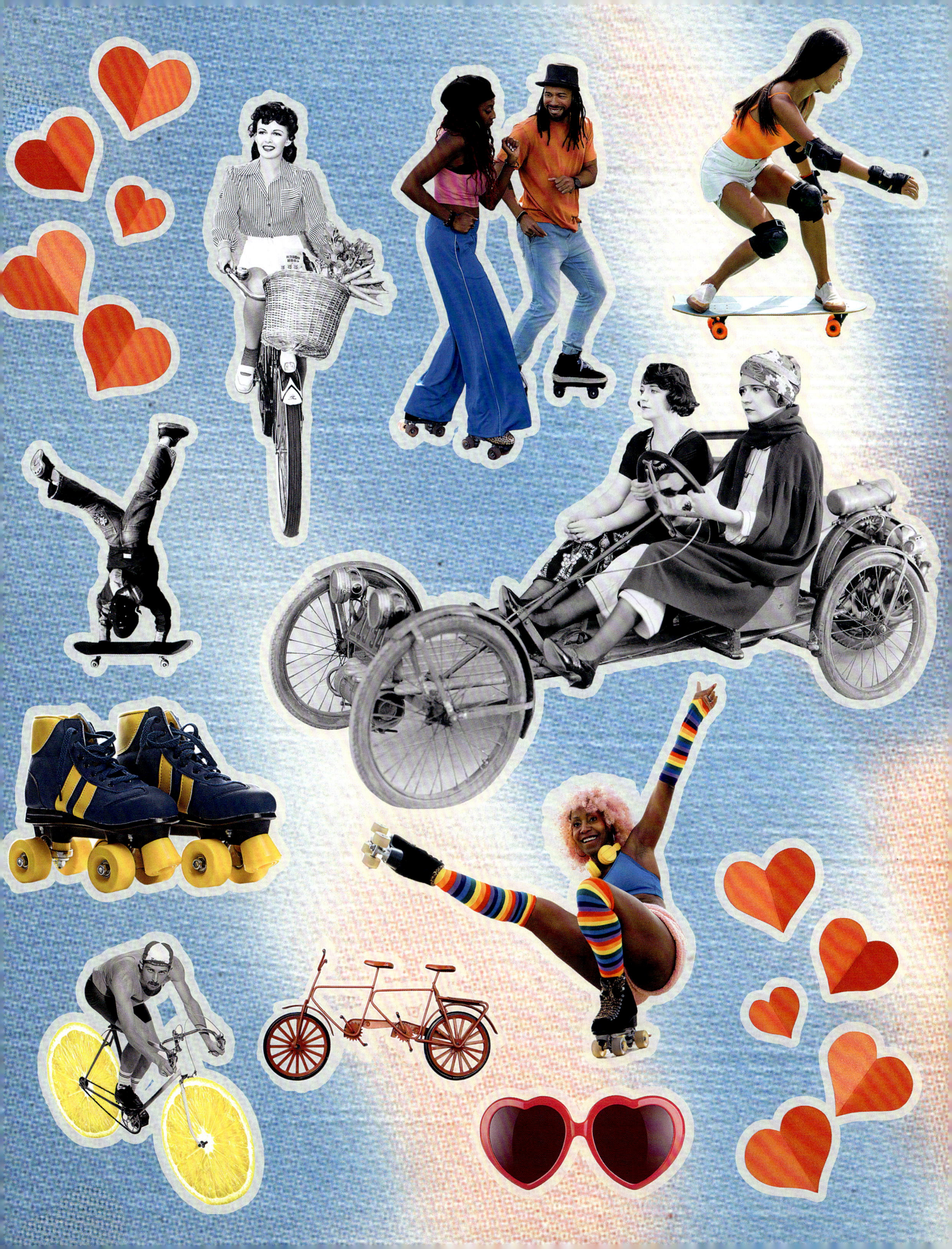

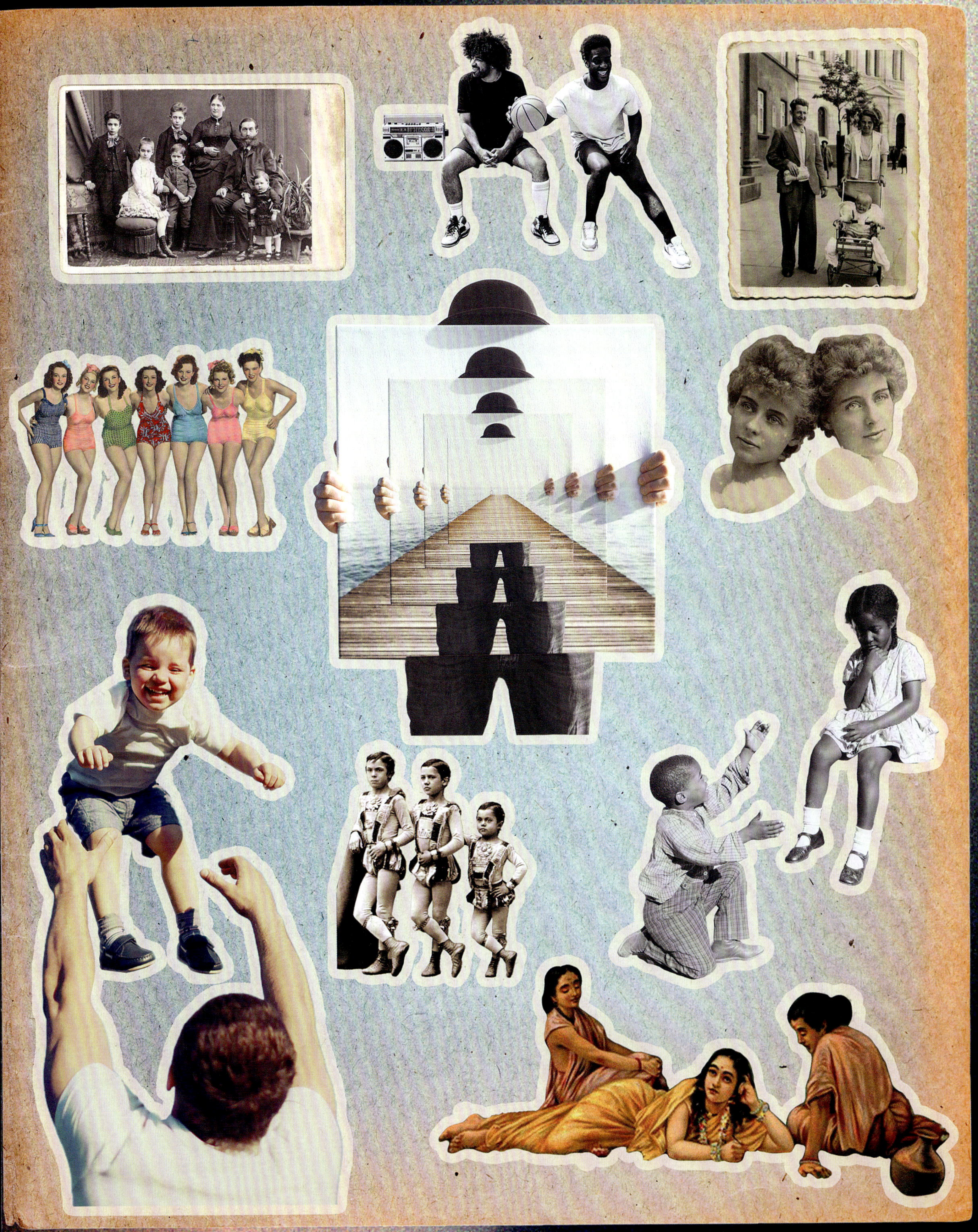

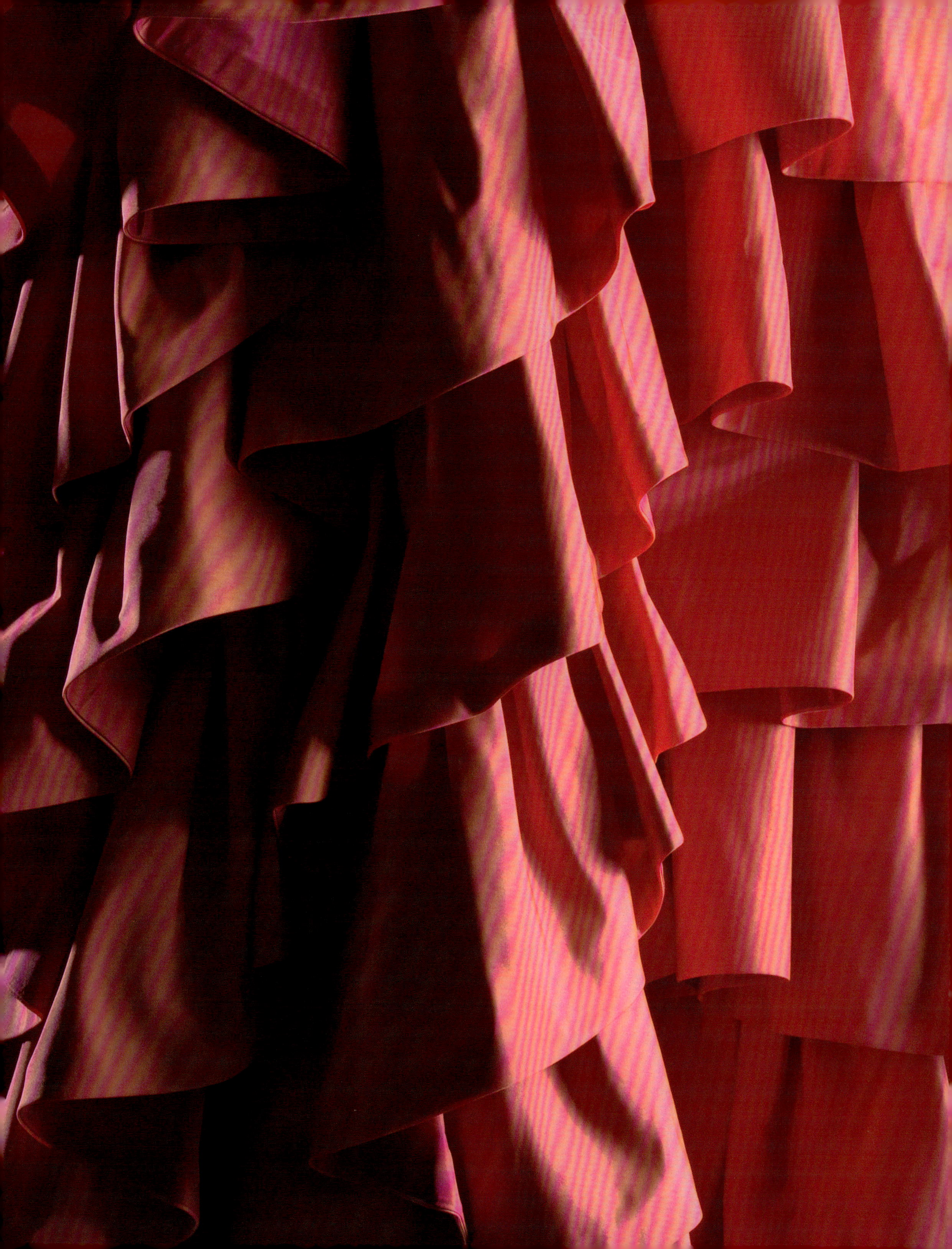

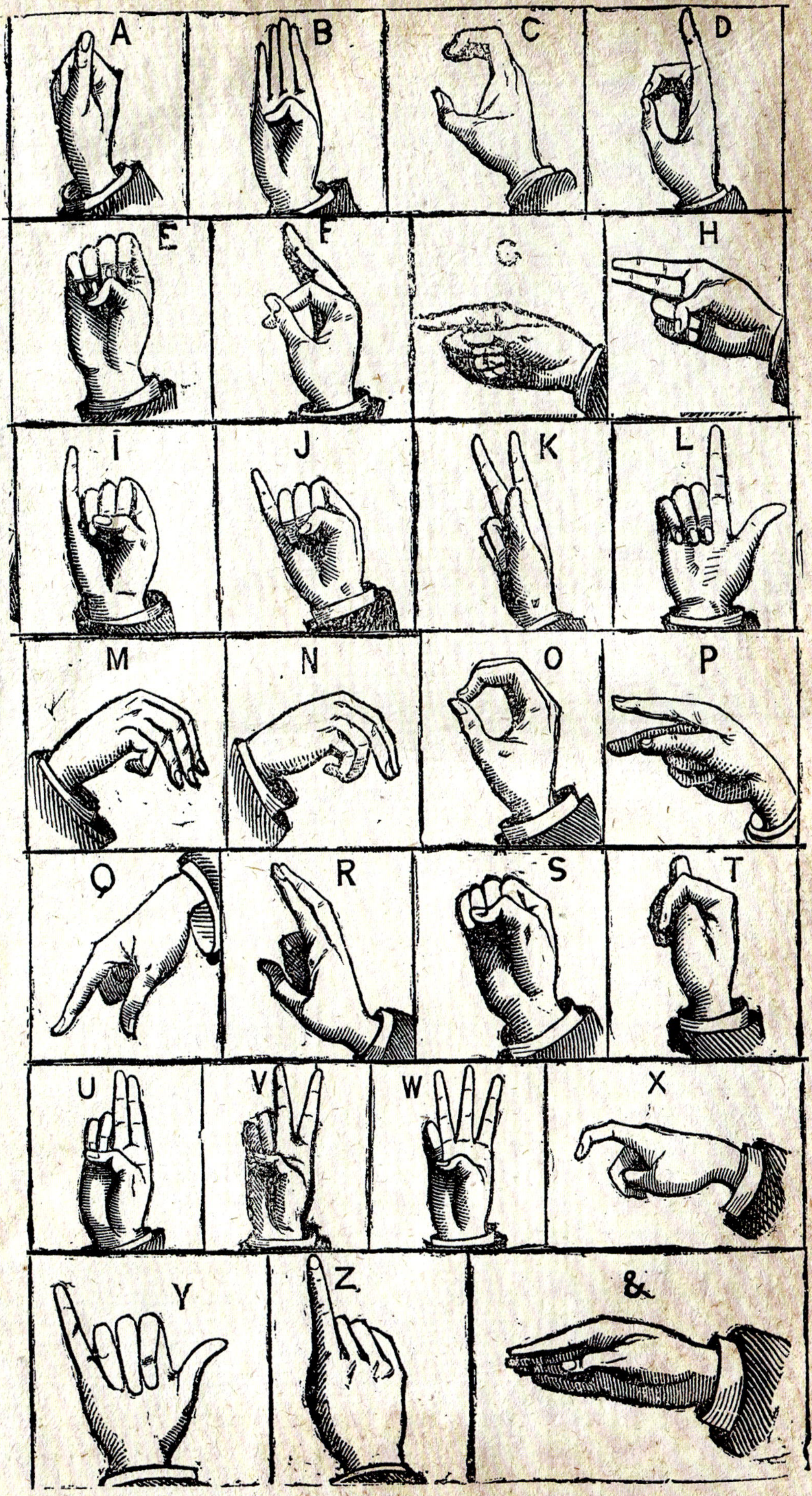
A
B
C
D
E
F
G
H
I
J
K
L
M
N
O
P
Q
R
S
T
U
V
W
X
Y
Z
&

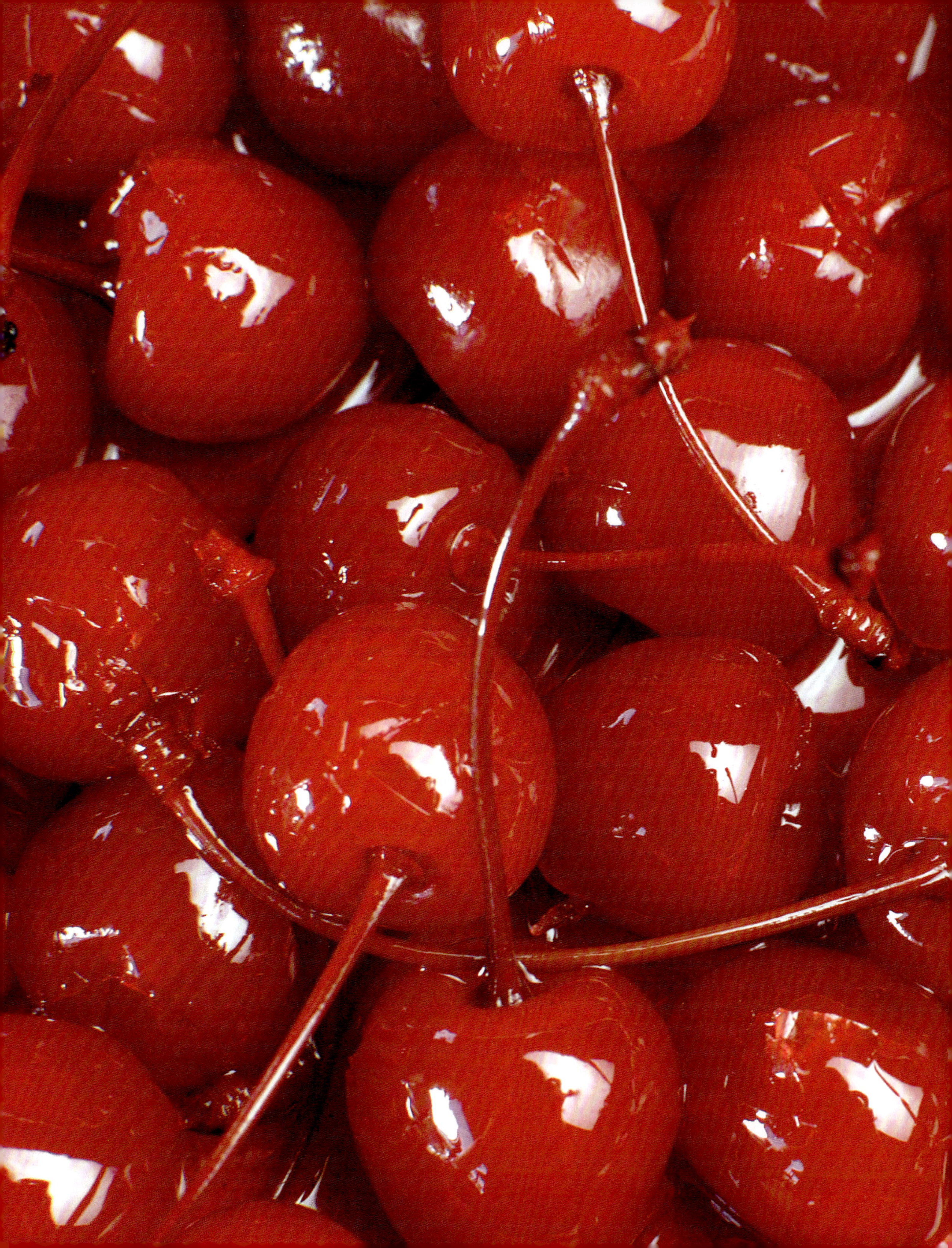

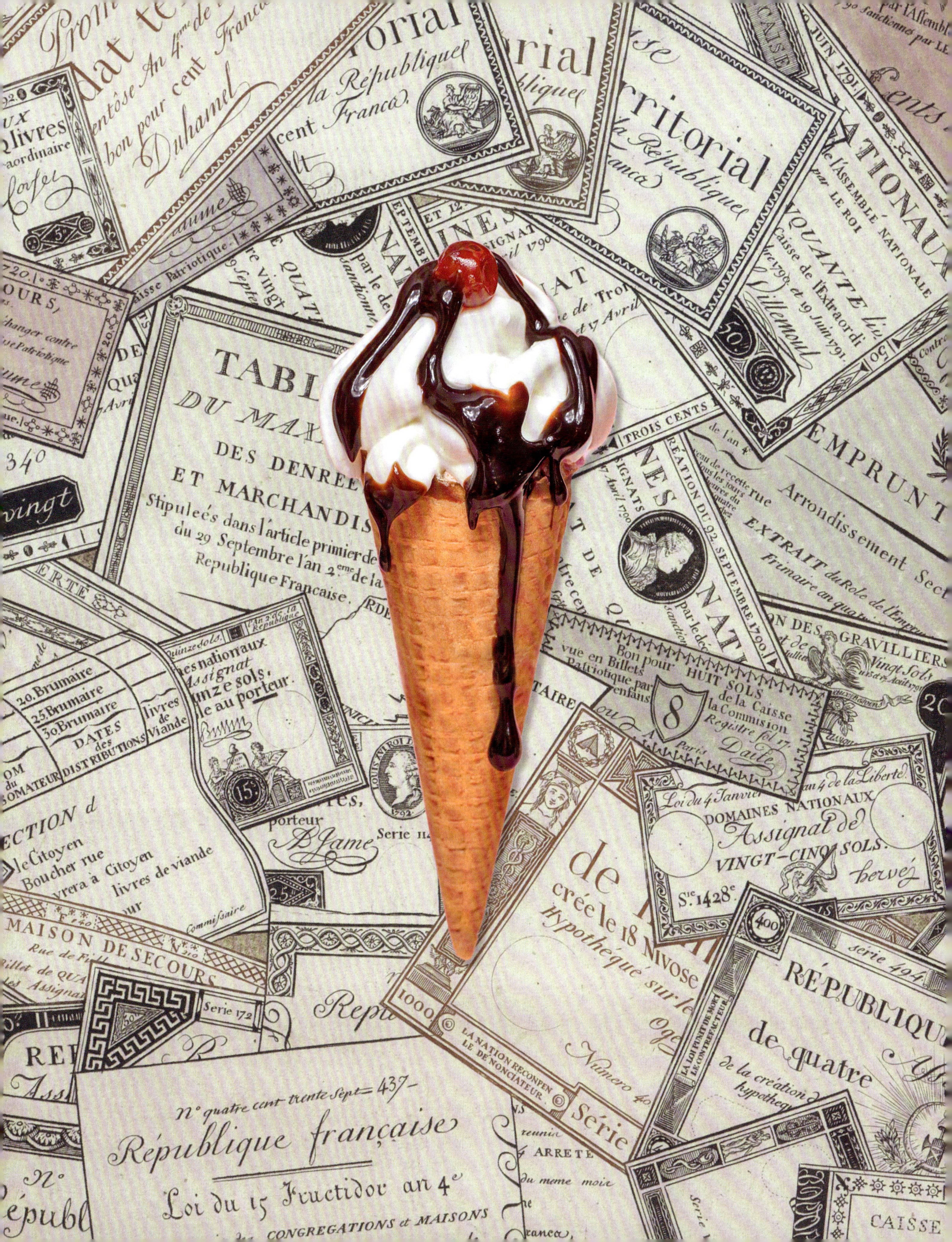

TABL
DU MAX
DES DENREE
ET MARCHANDIS
Stipuleés dans l'article primier de
du 29 Septembre l'an 2ème de la
Republique Francaise.
République française
Loi du 15 Fructidor an 4e
CONGREGATIONS et MAISONS
Nº quatre cent-trente Sept= 437-
DOMAINES NATIONAUX
Assignat de
VINGT-CINQ SOLS.
RÉPUBLIQUE
de quatre
de
créé le 18 Nivose
Hypothequé sur le
EMPRUNT
Arrondissement
EXTRAIT du Role de l'Emp
MAISON DE SECOURS
Bon pour HUIT SOLS
de la Caisse
20.Brumaire
25.Brumaire
30.Brumaire
DATES des DISTRIBUTIONS
livres de Viande
CAISSE

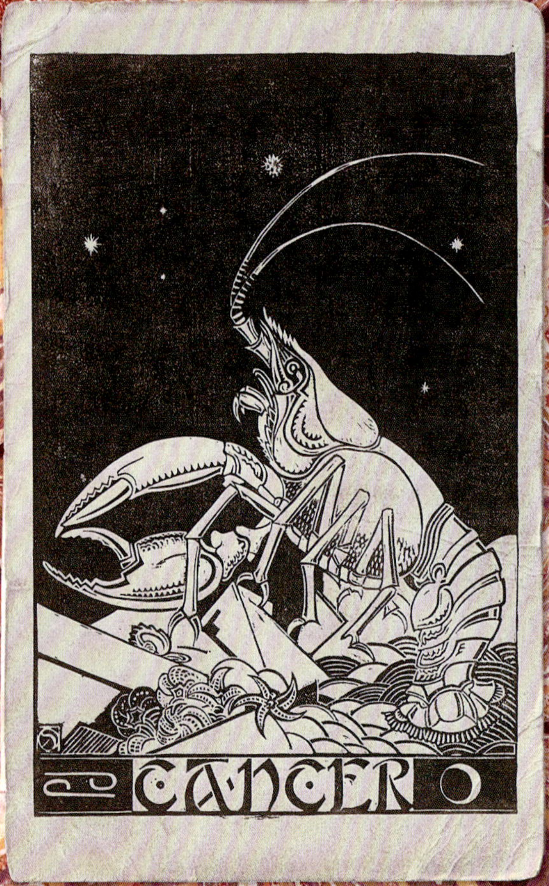
CANCER

Familie

Schutz

Komfort

Traditionen

Behaglichkeit

Pflege

Haus Vier:

Zuhause

Krebs (Wasser)

Emotionale Sicherheit

Gefühle

Wurzeln

Fürsorge

Zuneigung

Hygge

Sicherheit

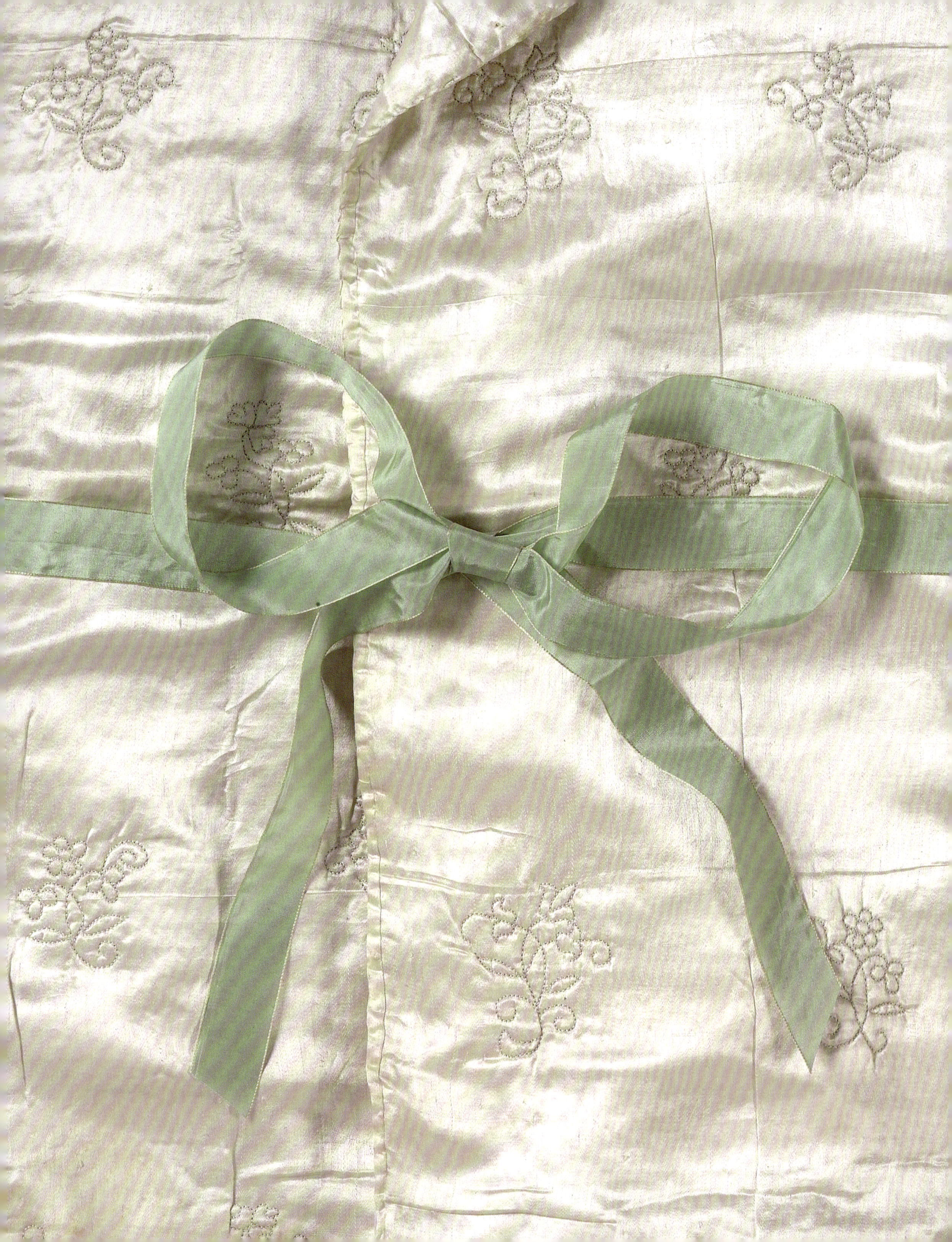

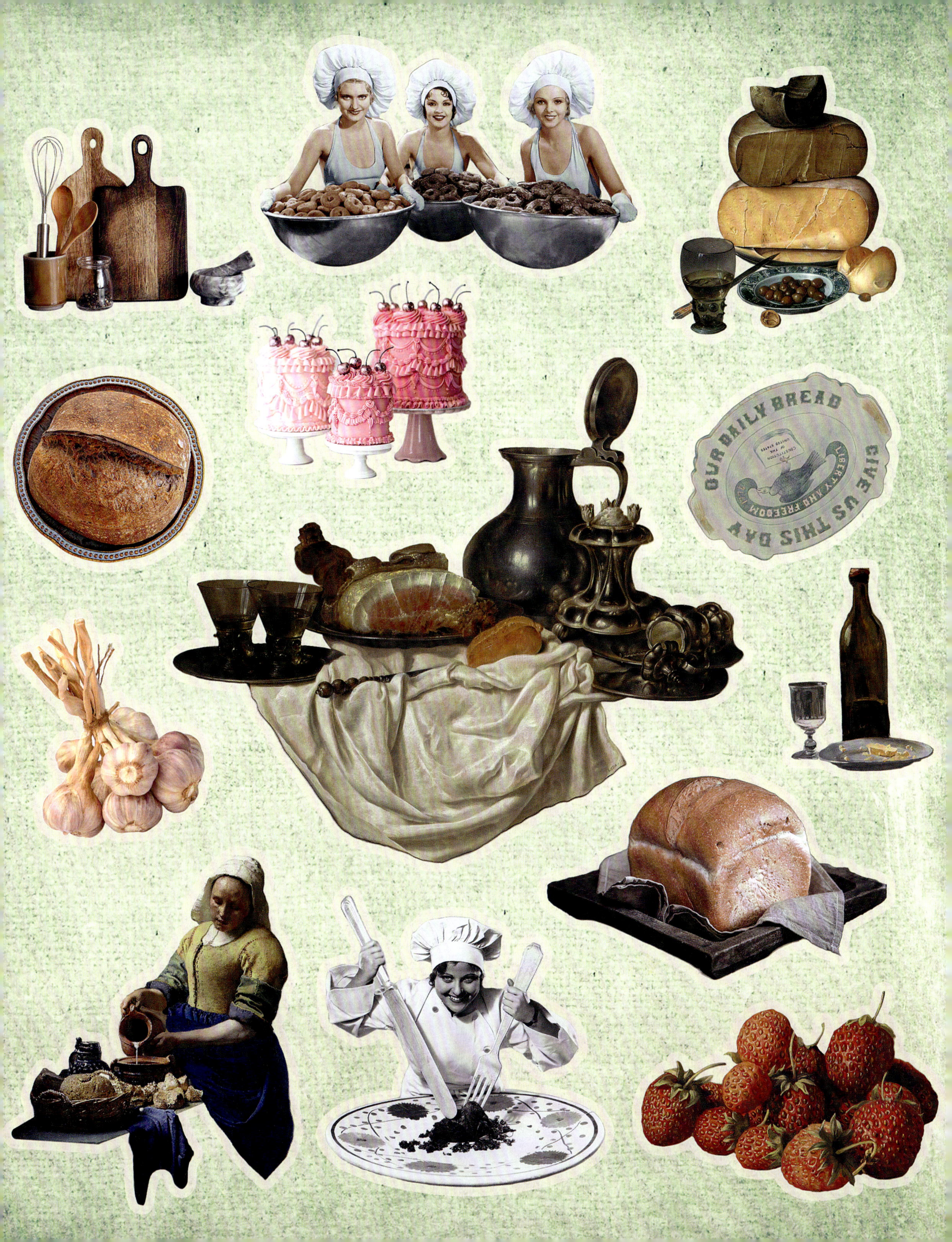
OUR DAILY BREAD
GIVE US THIS DAY
LIBERTY AND FREEDOM

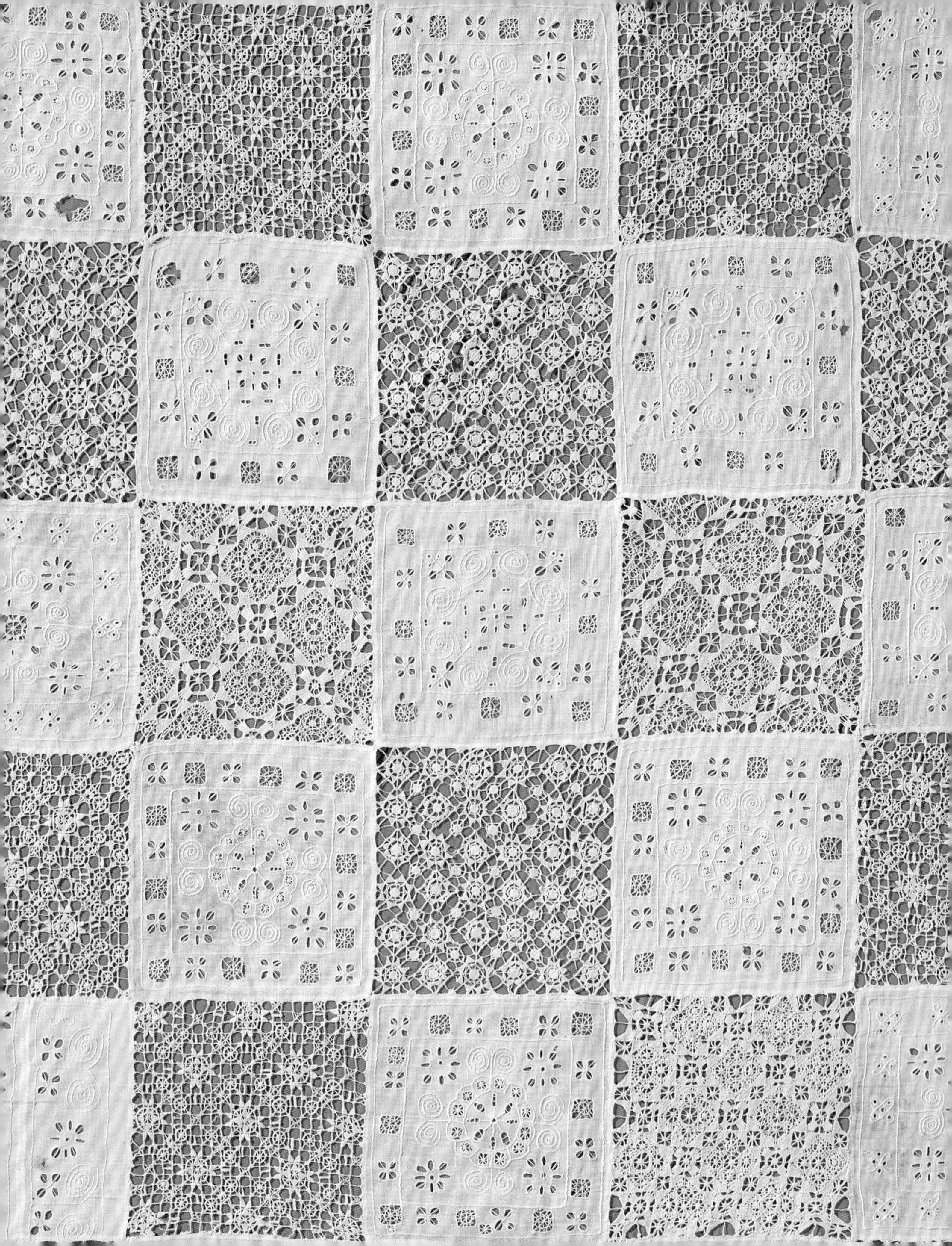

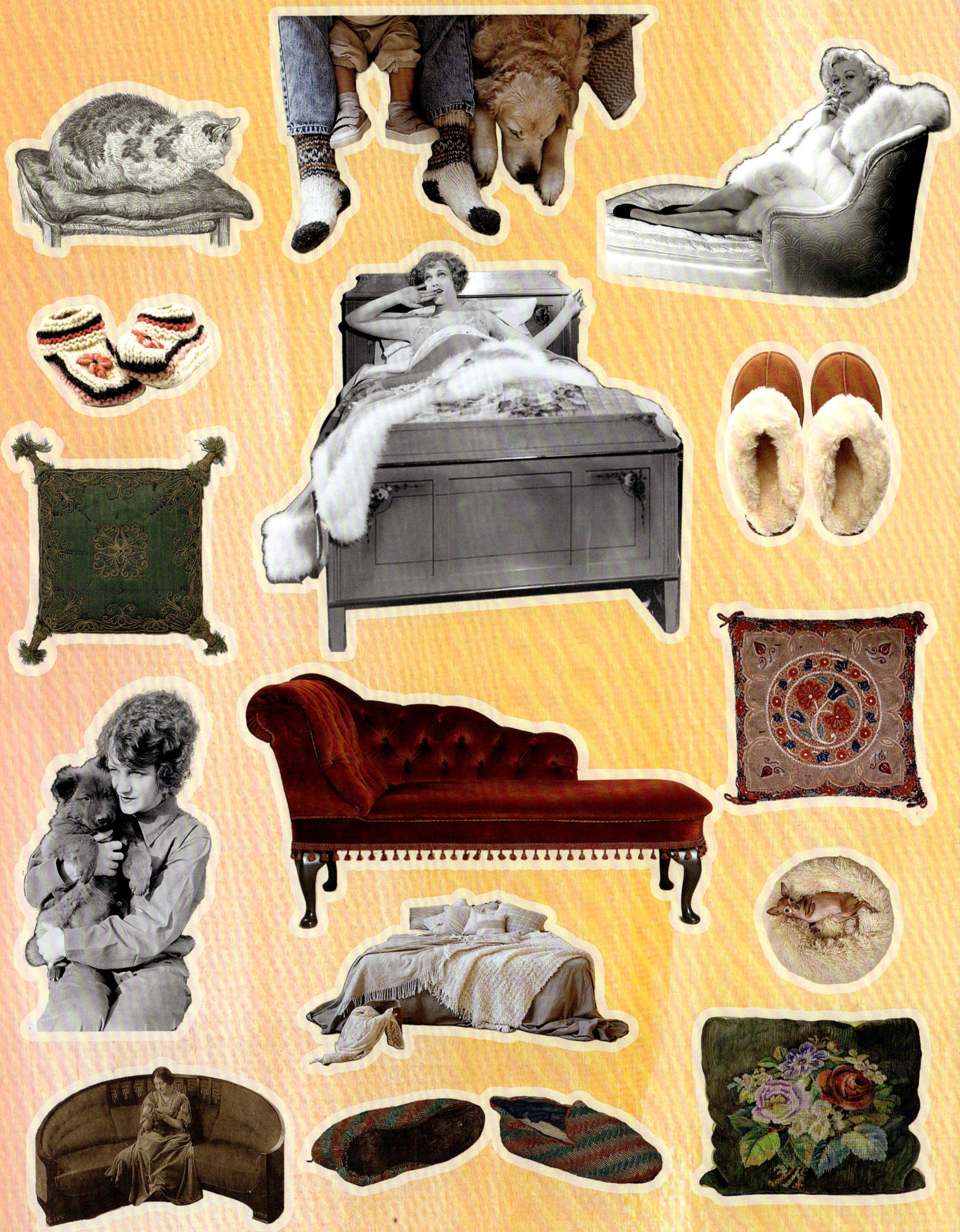

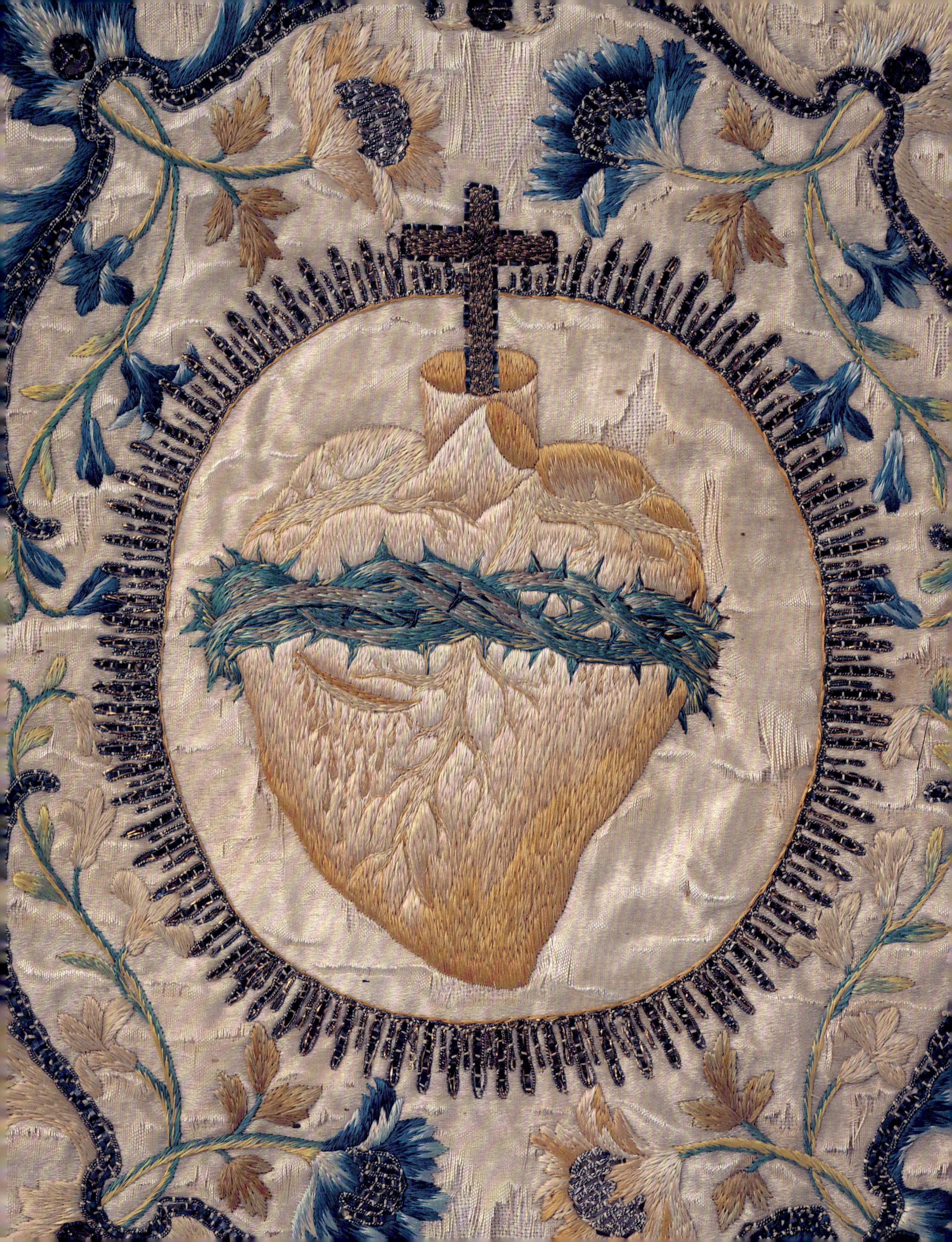

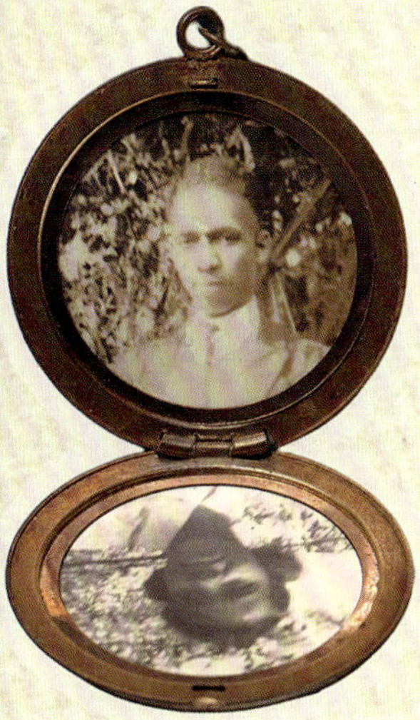
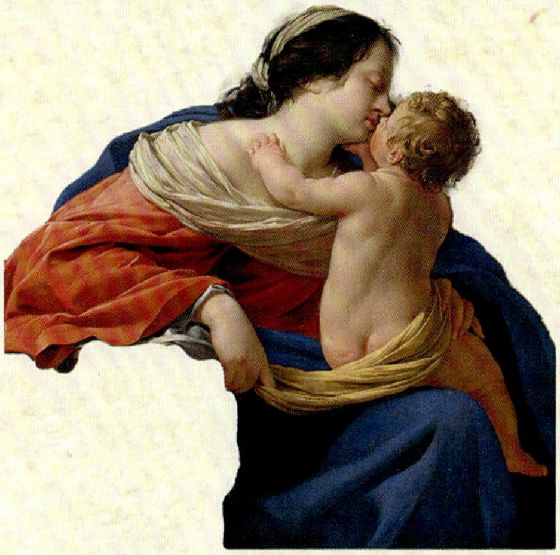
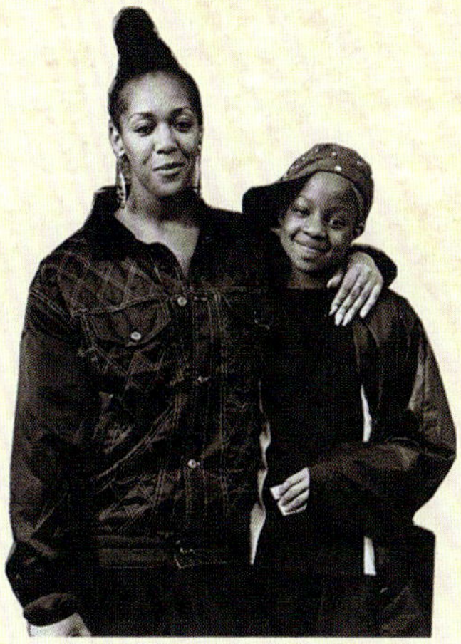
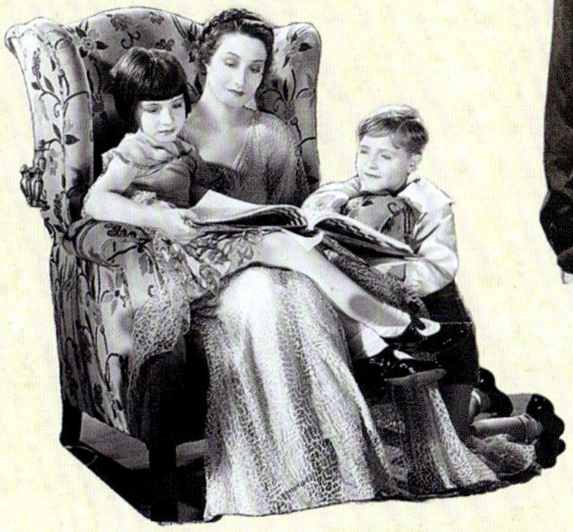
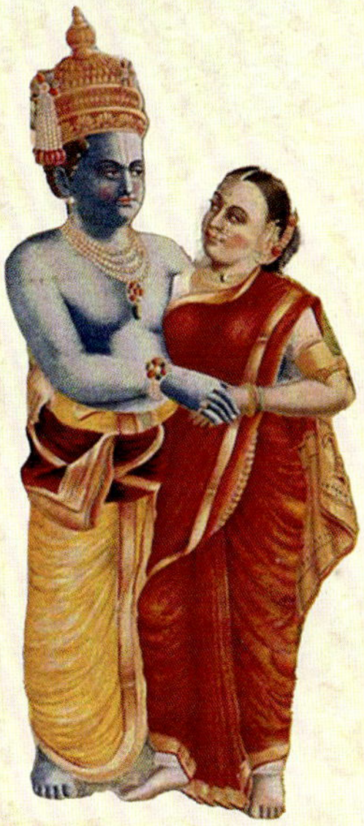
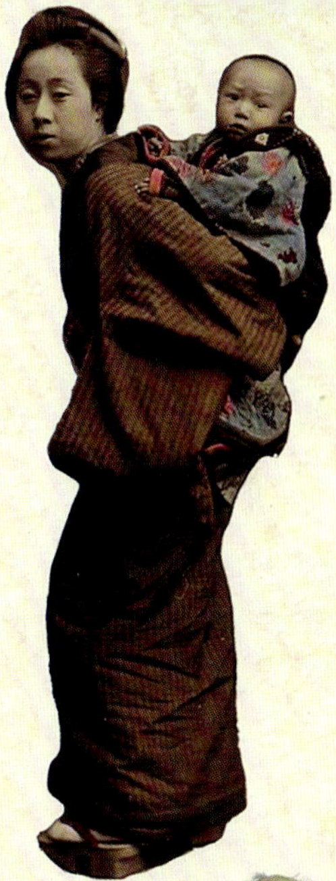
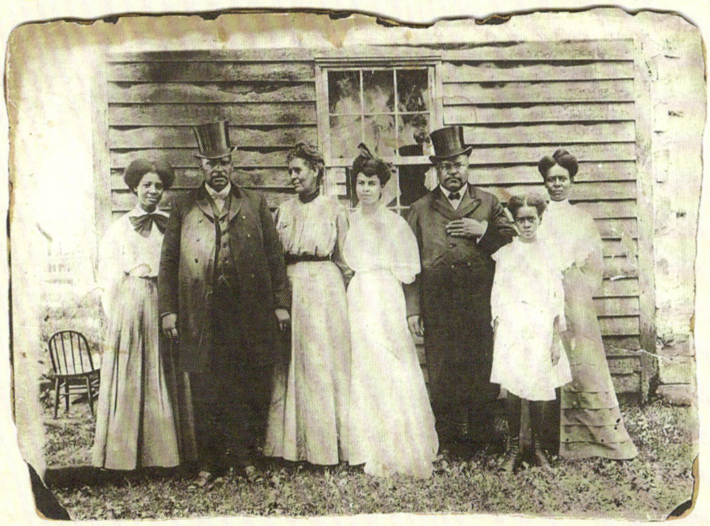
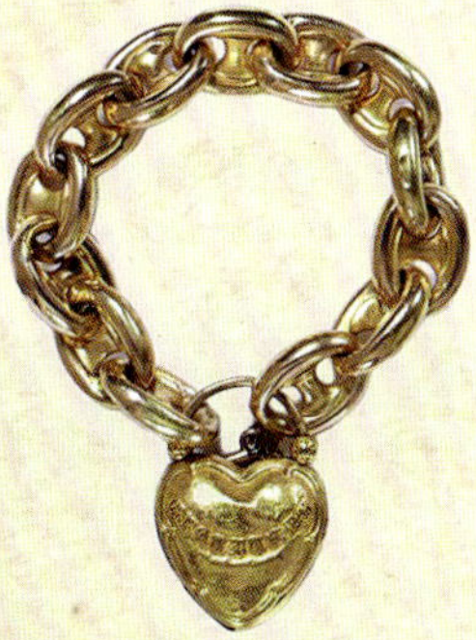
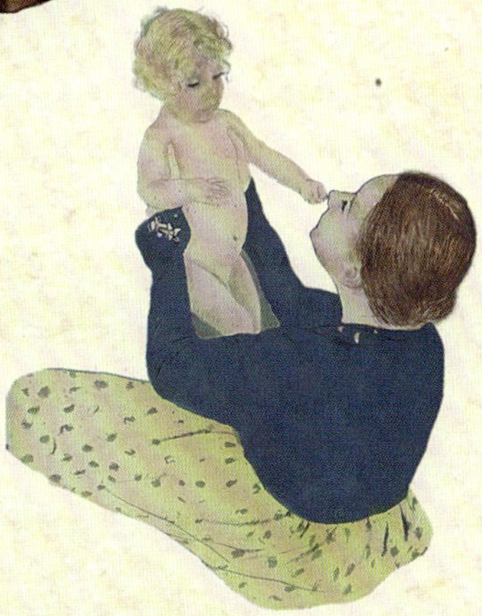
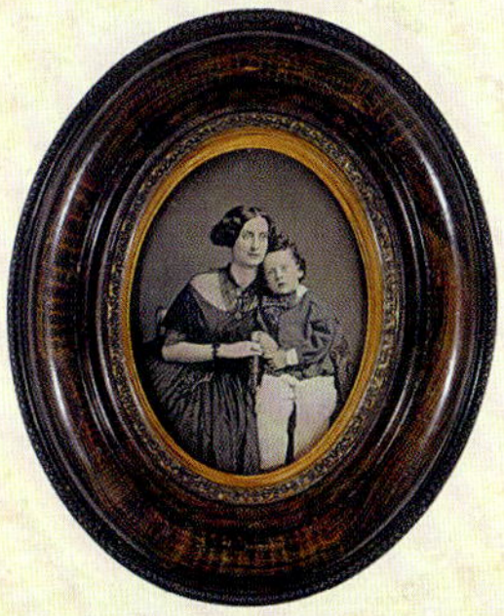
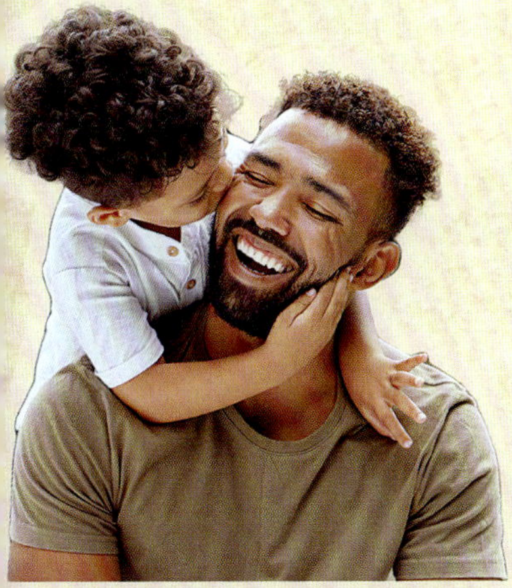
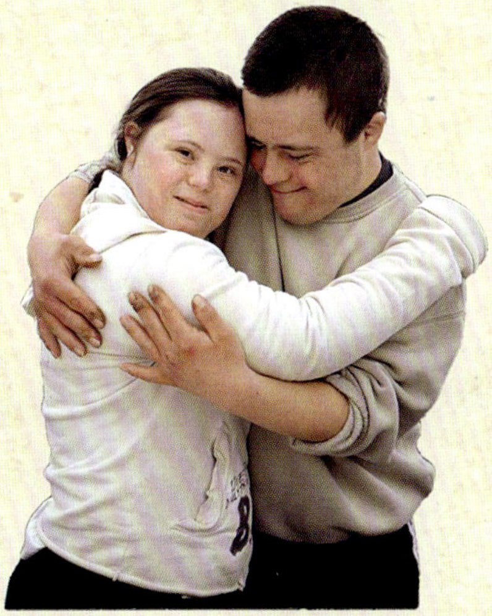
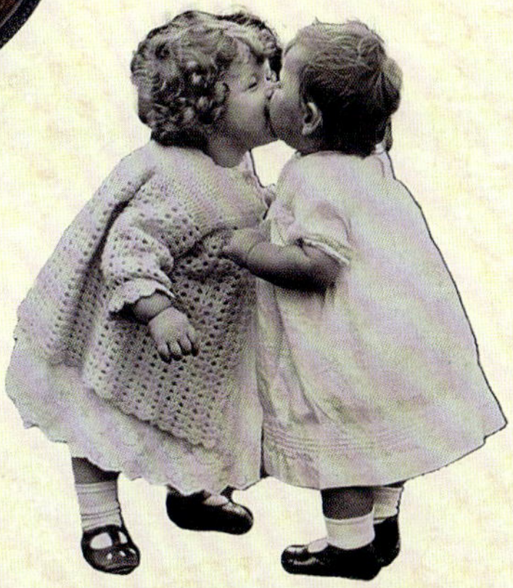

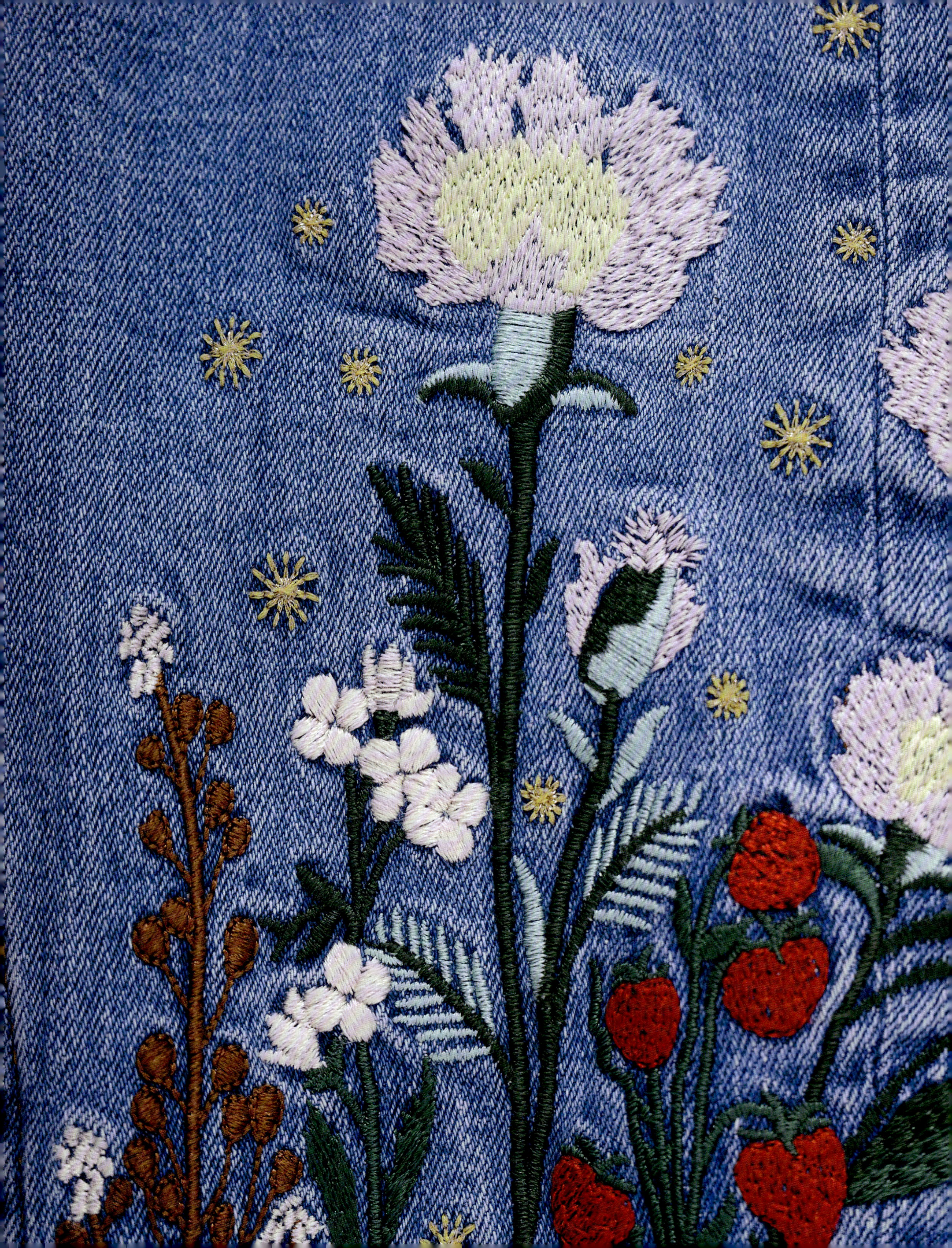

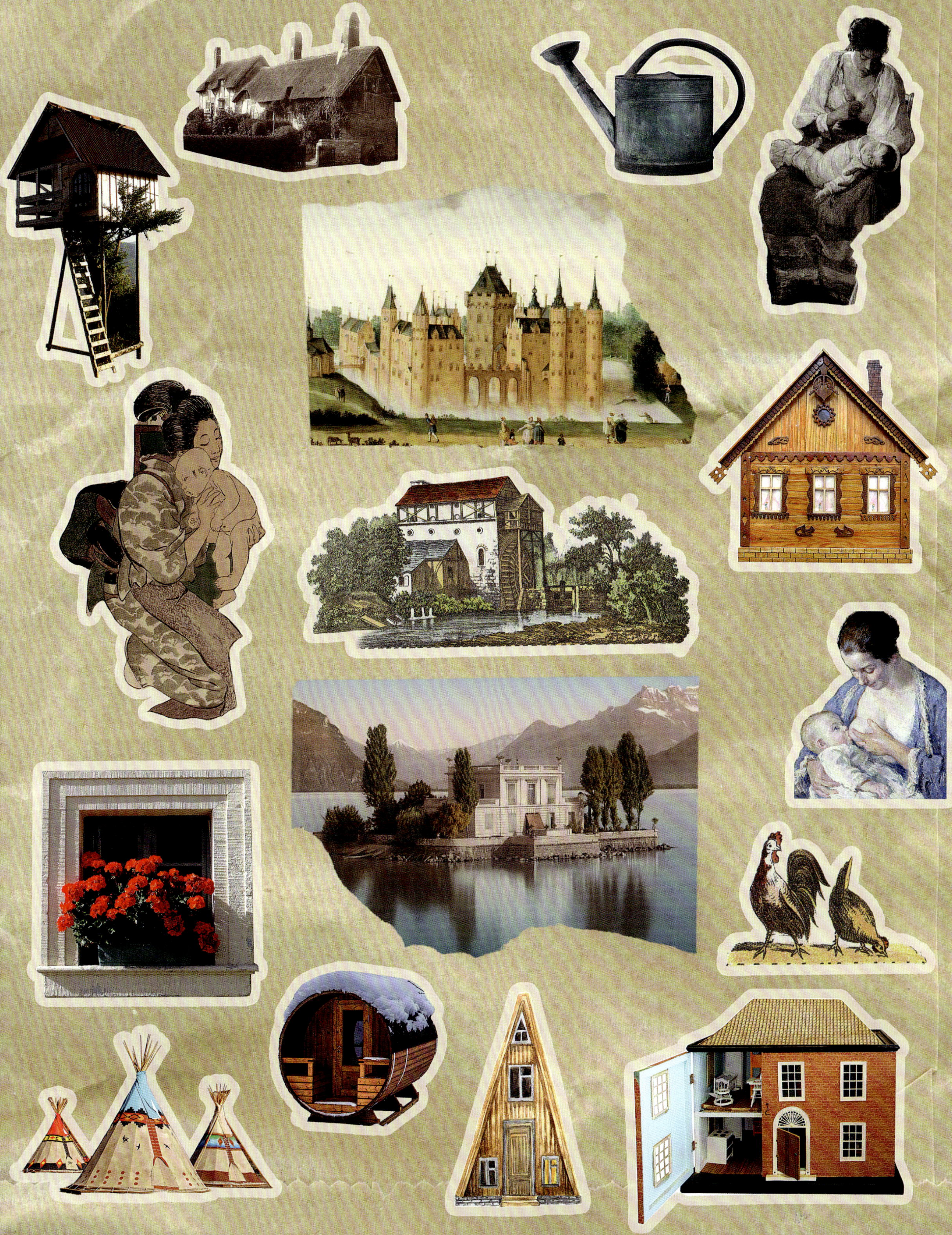

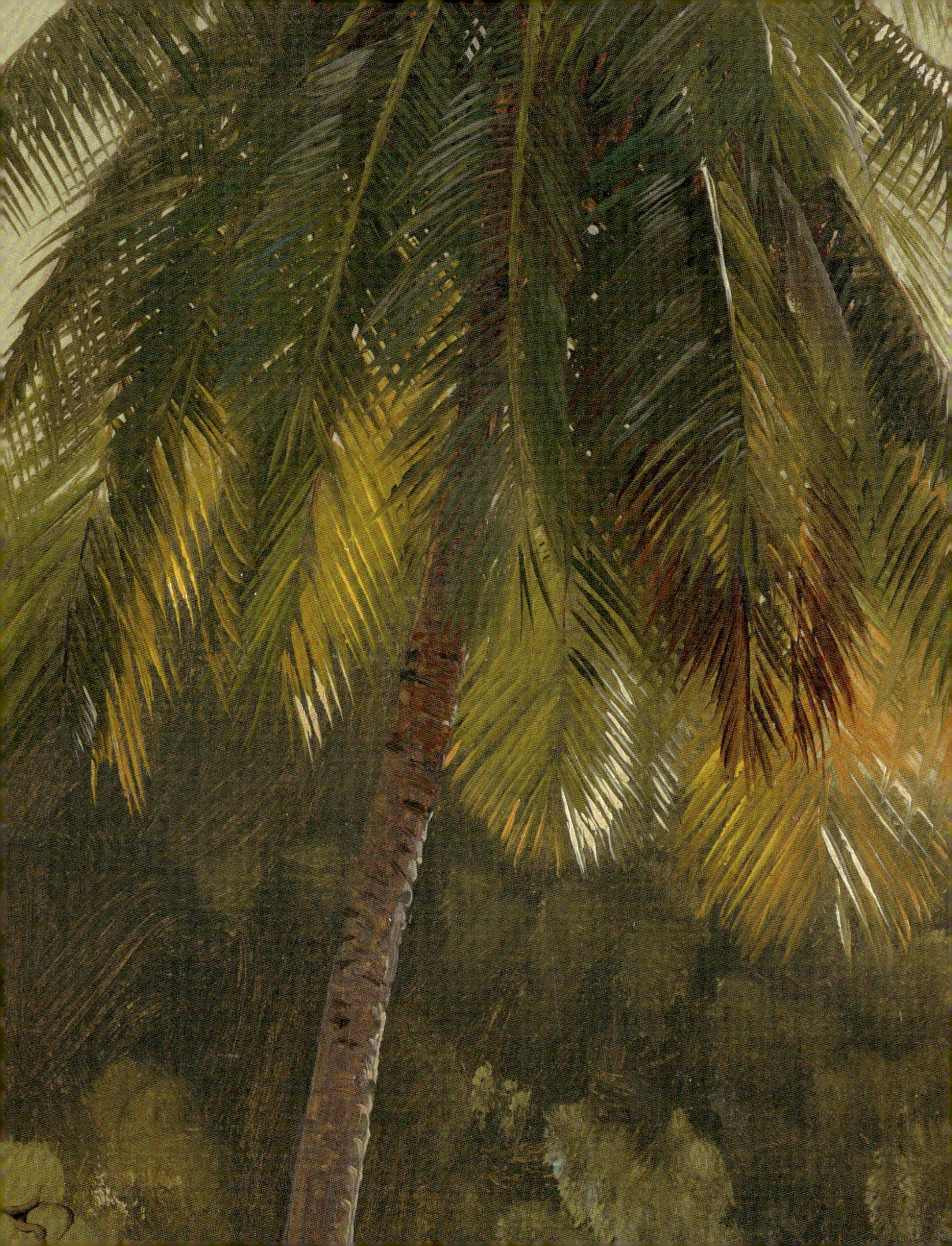

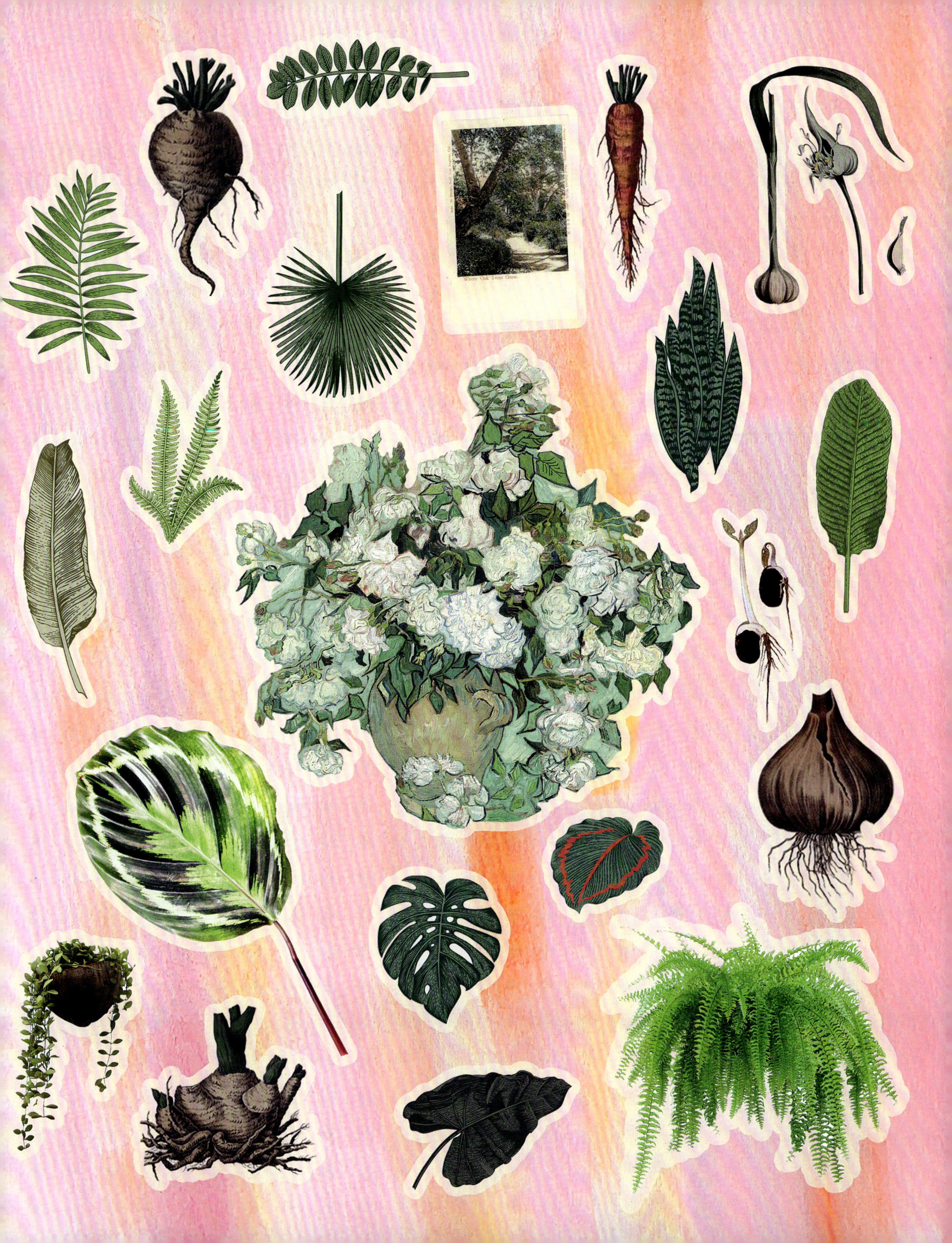
Where Oak Trees Grow.

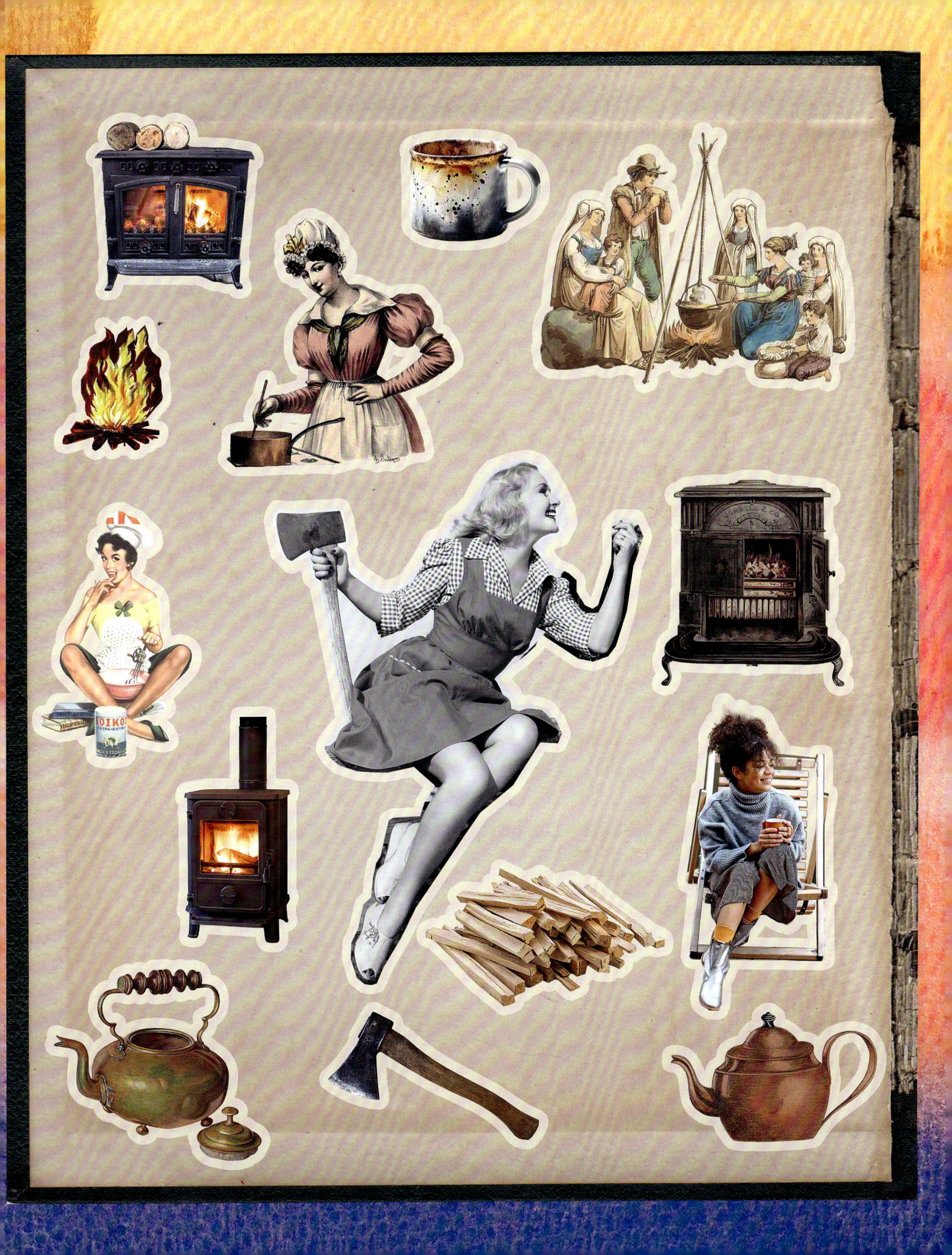

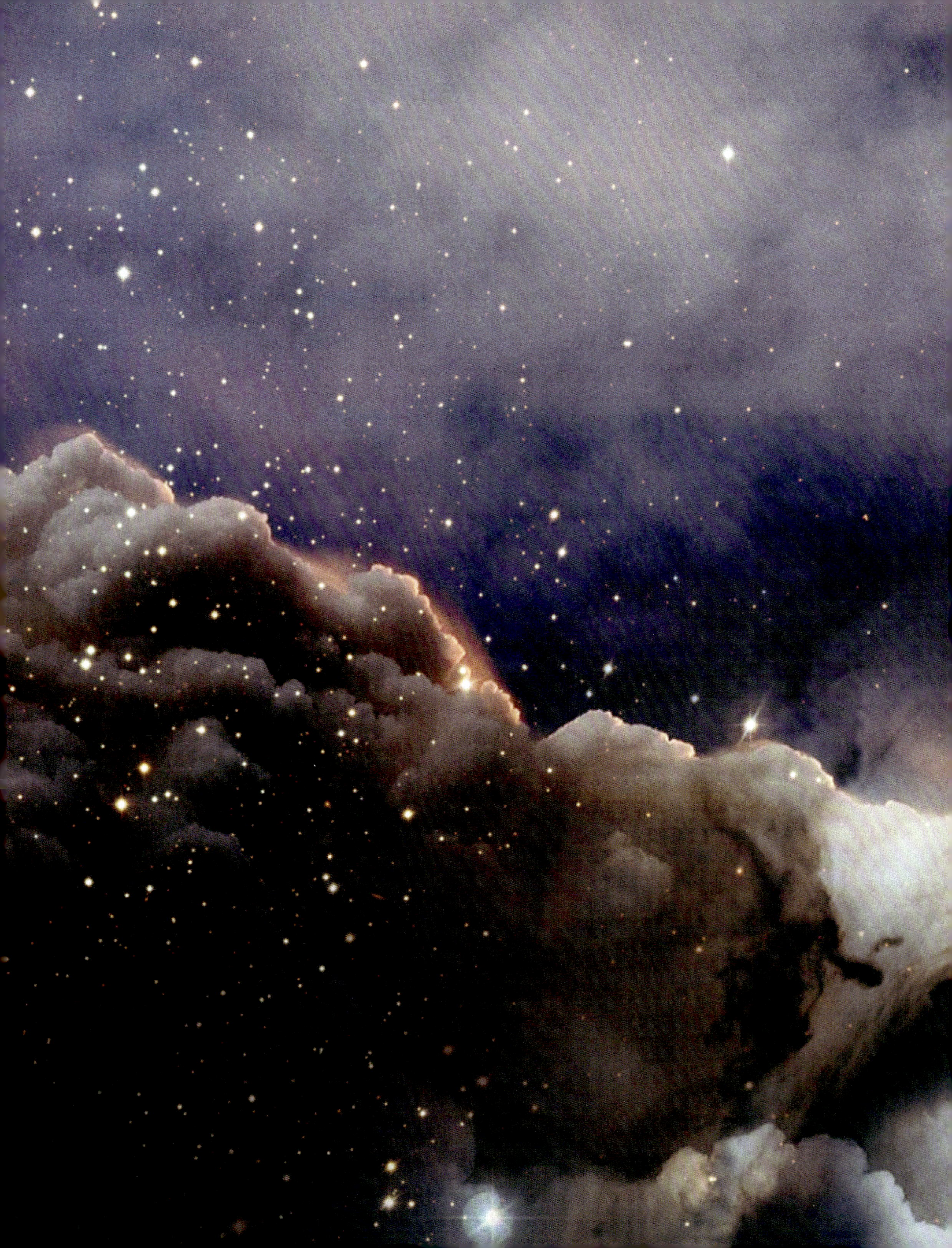

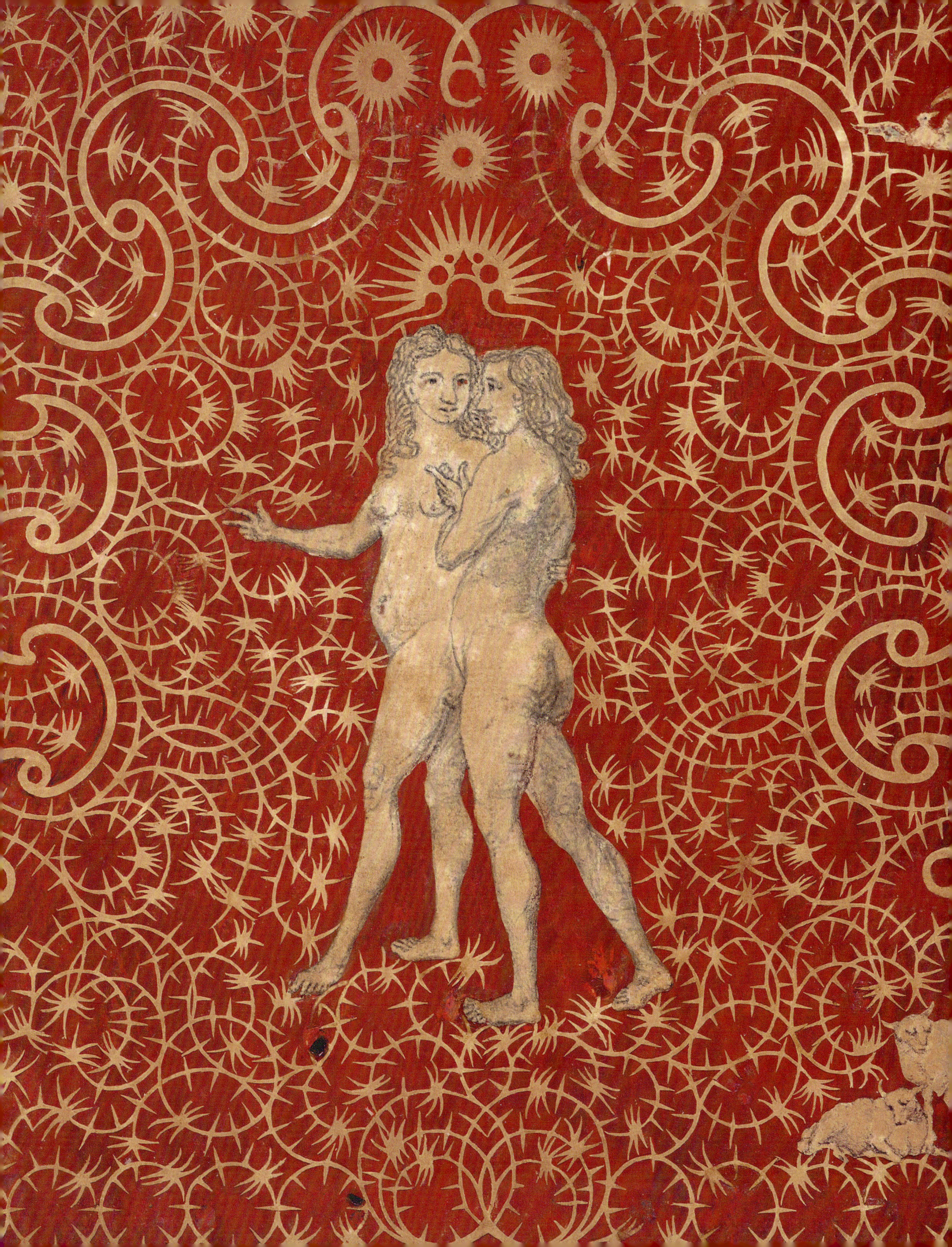

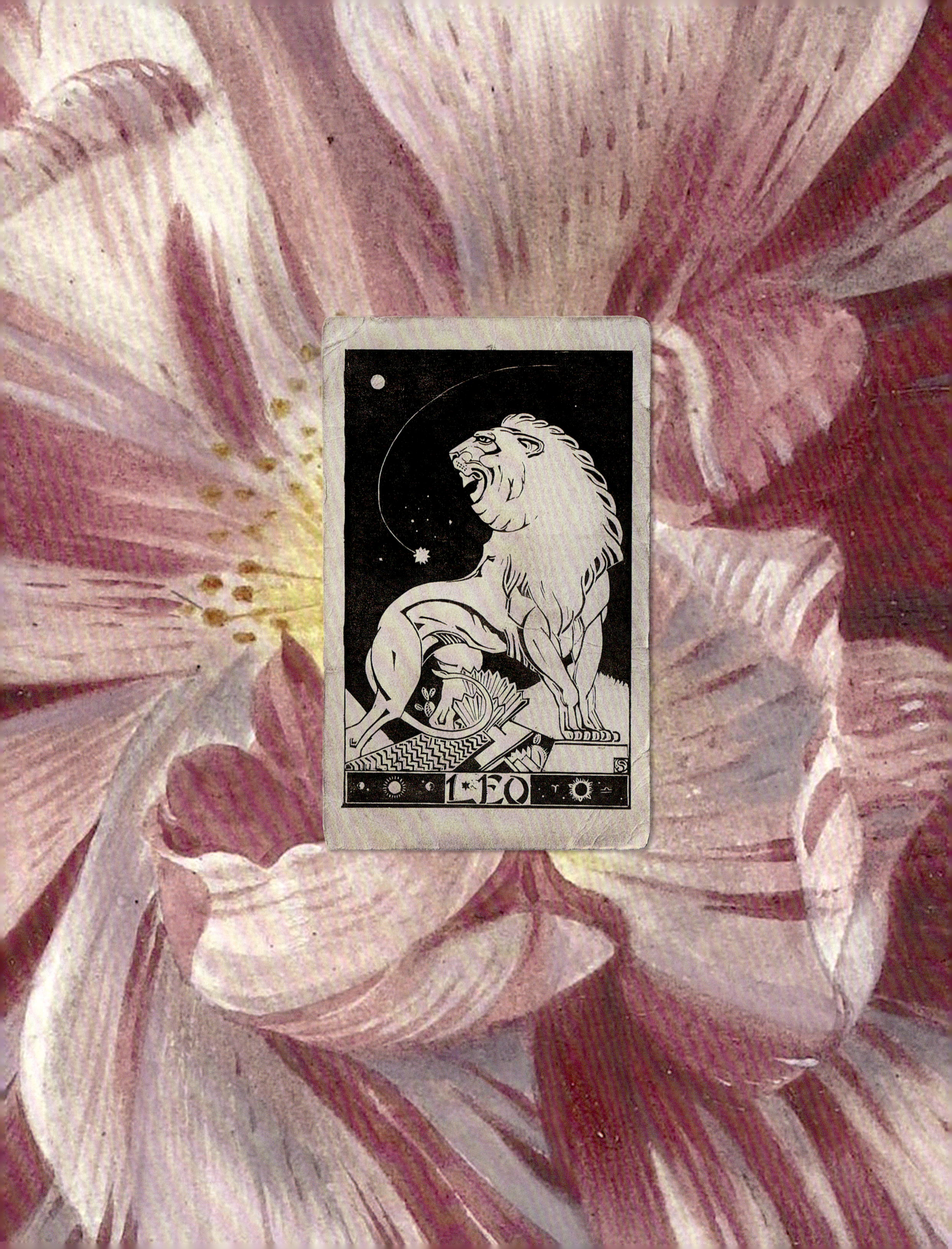
LEO

Zuneigung

Spaß

Unterhaltung

Spiel

Glück

Kreativität

Ausdruck

Haus Fünf:

Freude

Löwe (Feuer)

Lust

Neue Anfänge

Drama

Leidenschaft

Kunst

Romantik

Sicherheit

Risiko

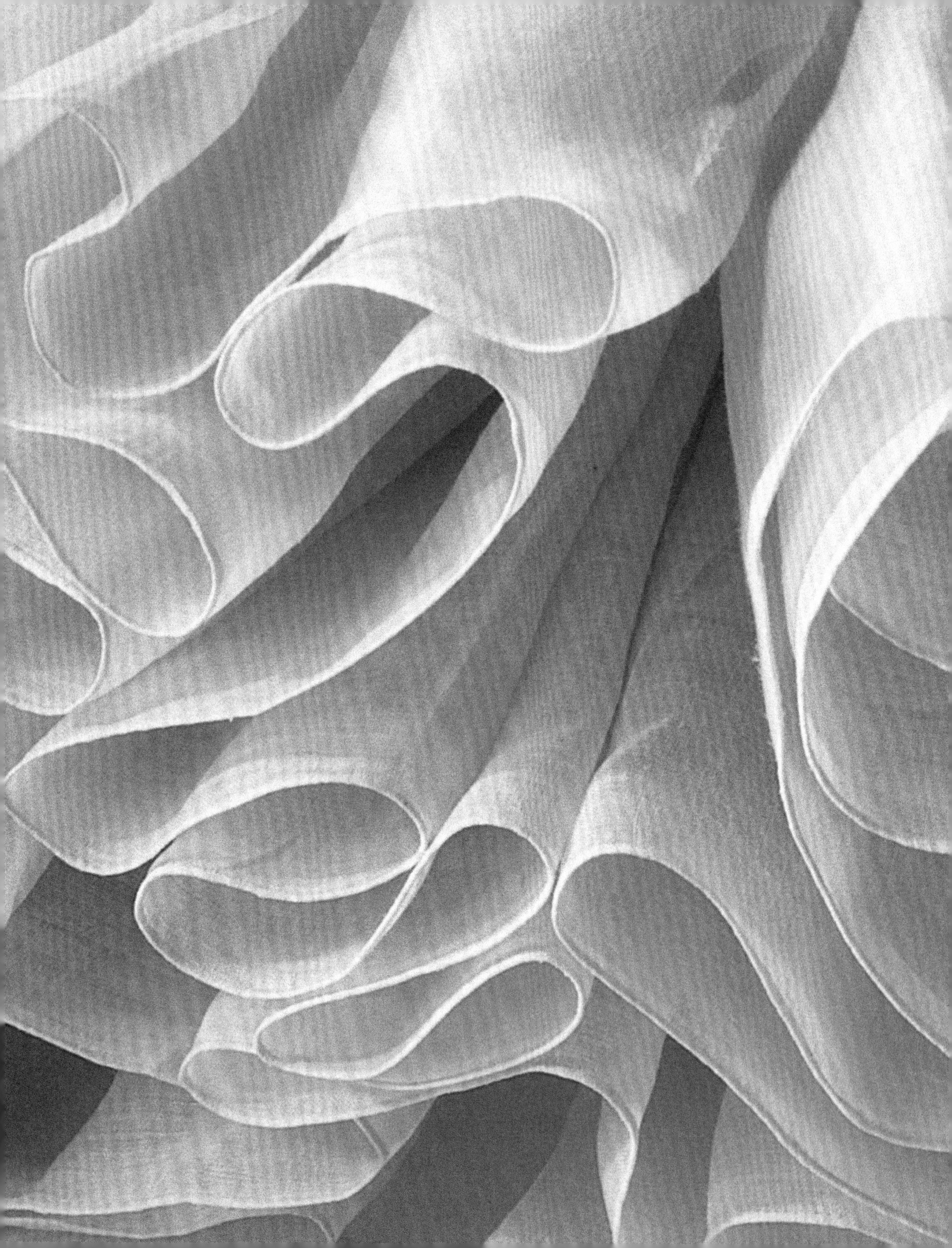

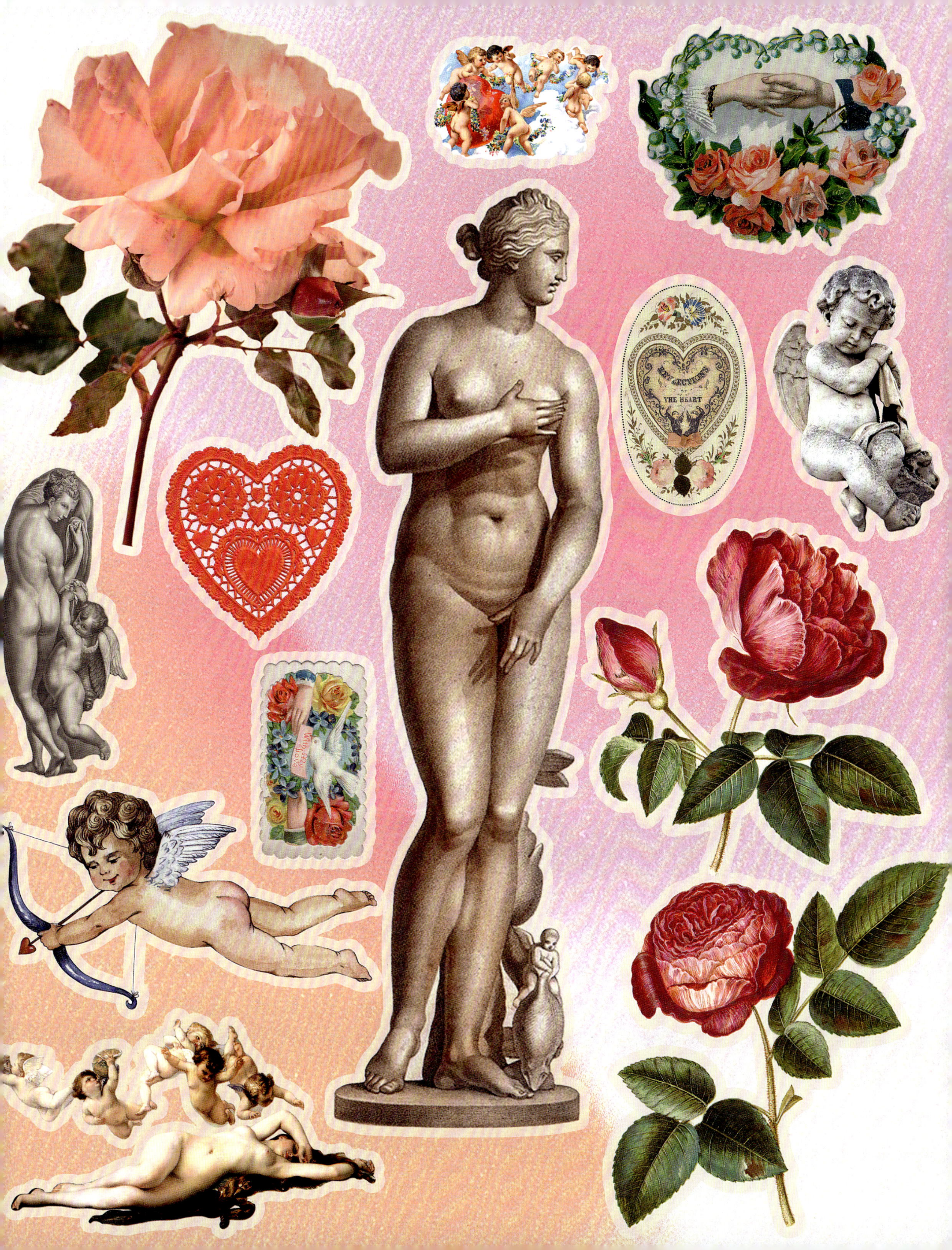
THE HEART

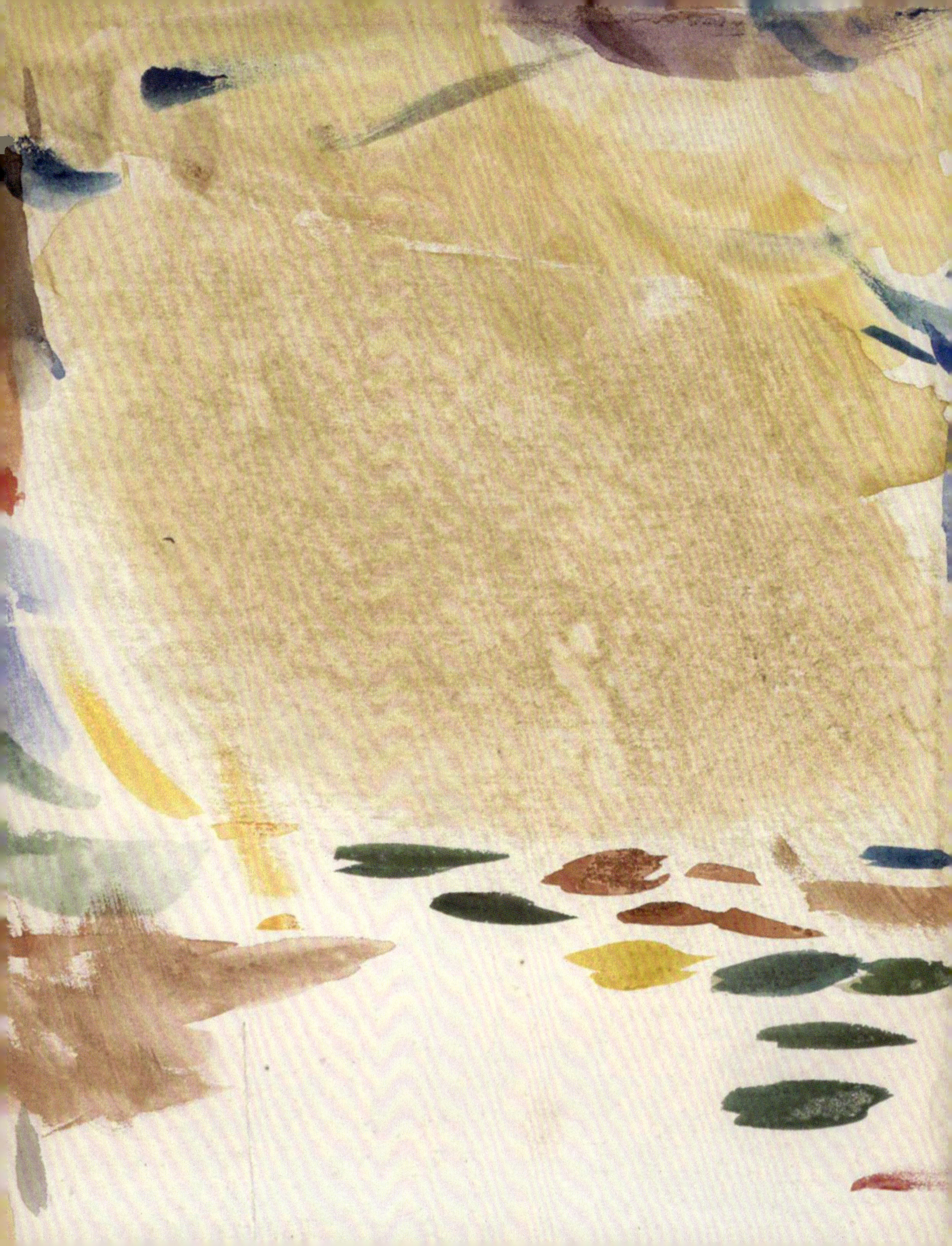

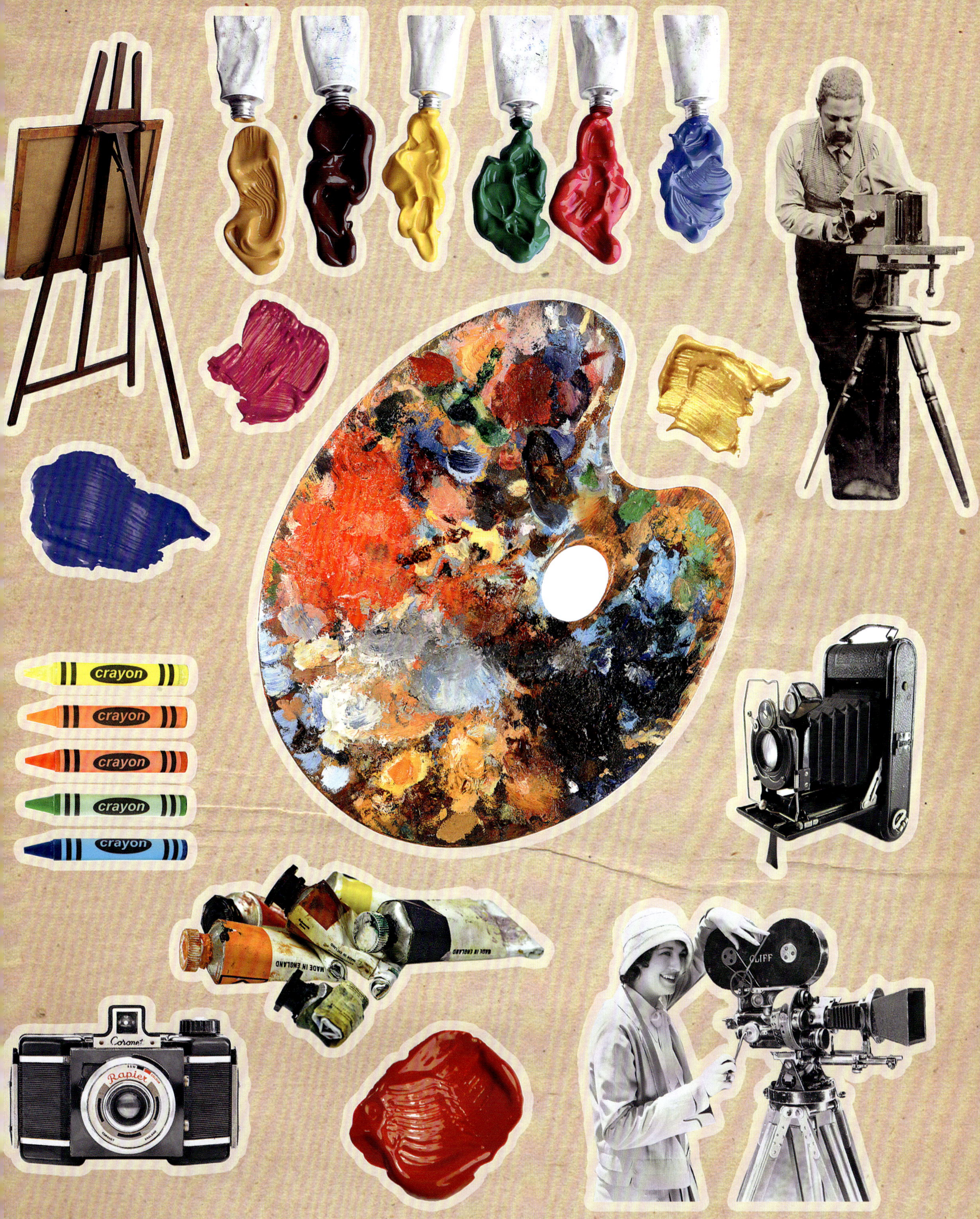
crayon
crayon
crayon
crayon
crayon
MADE IN ENGLAND
Coronet
Rapier
CLIFF

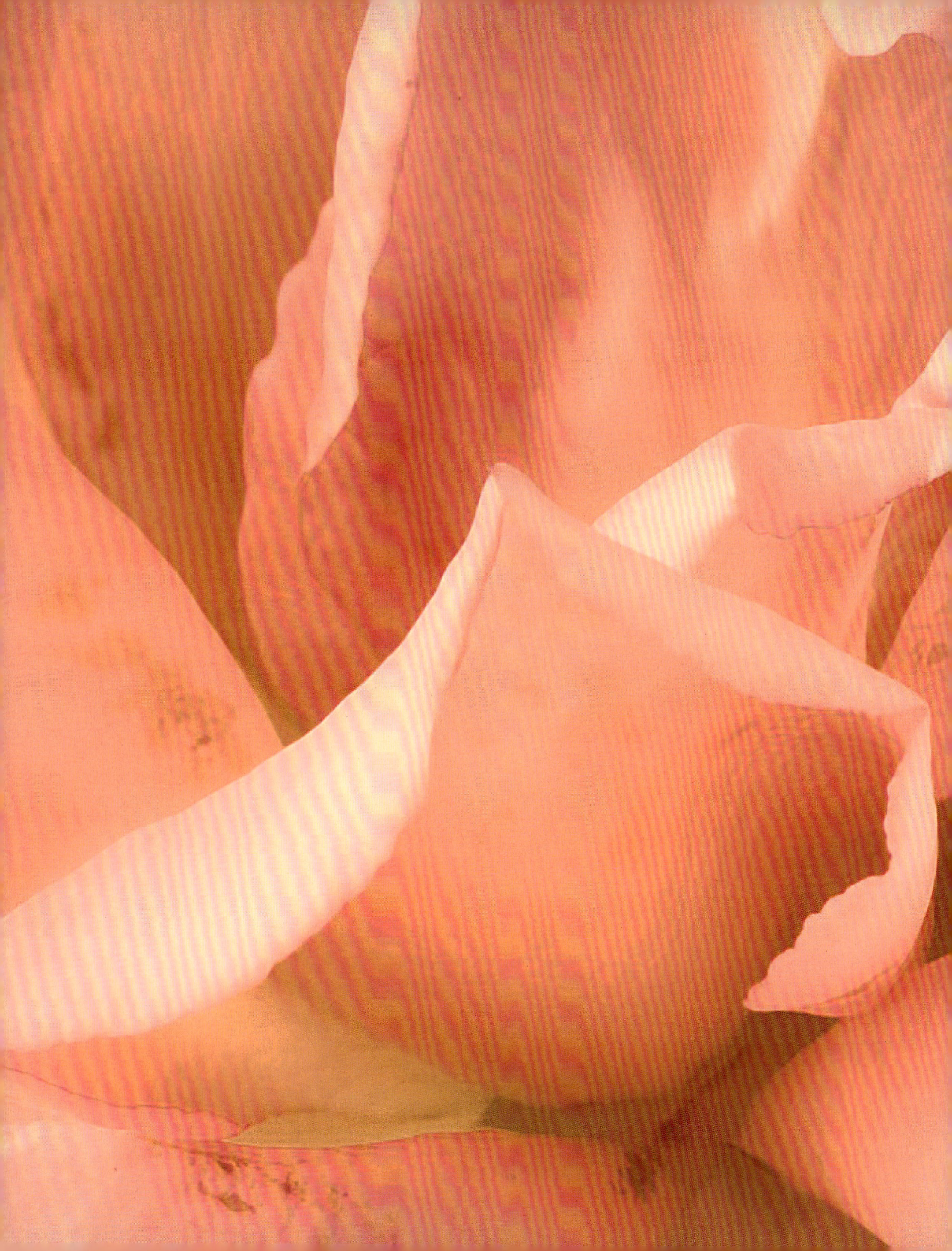

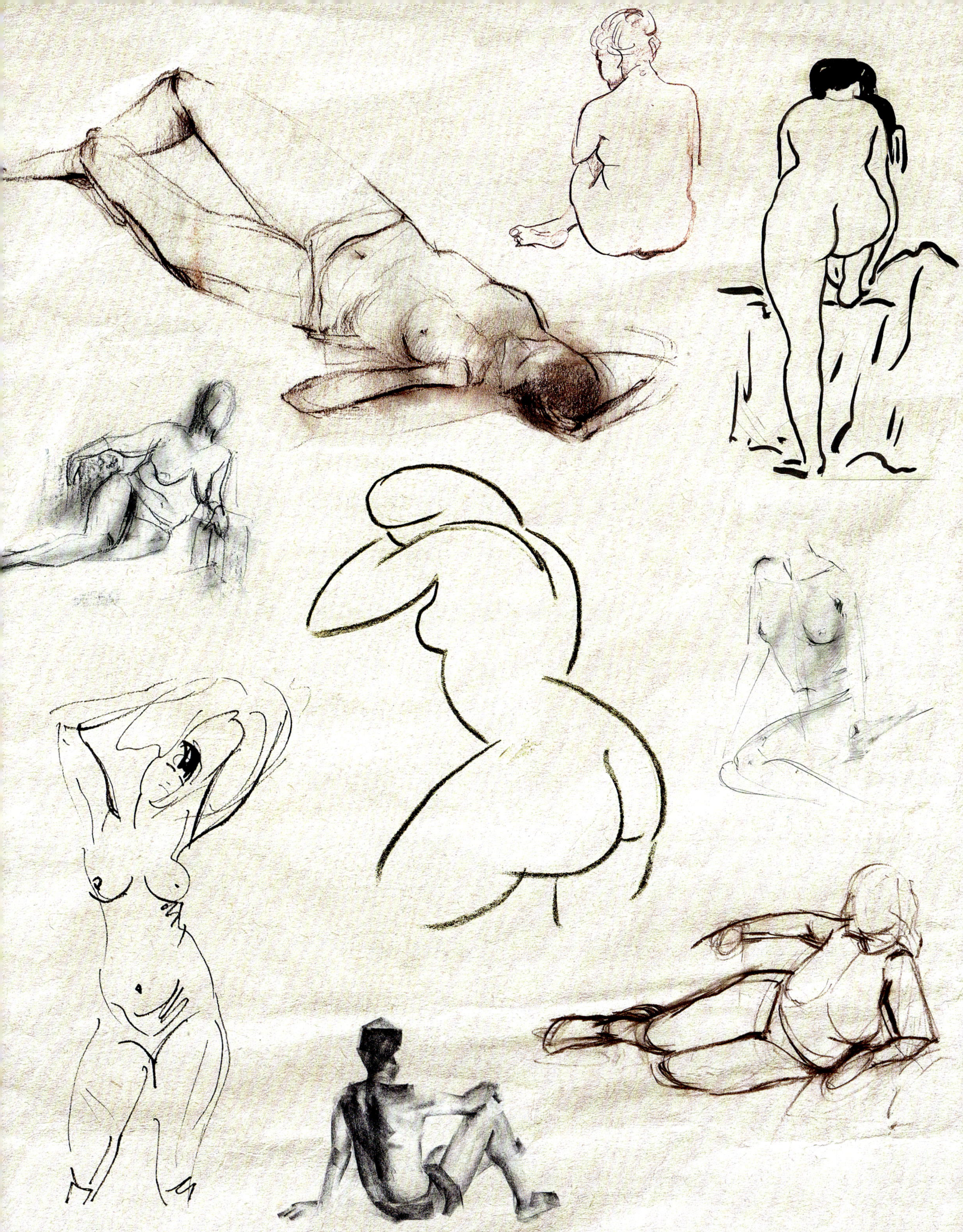

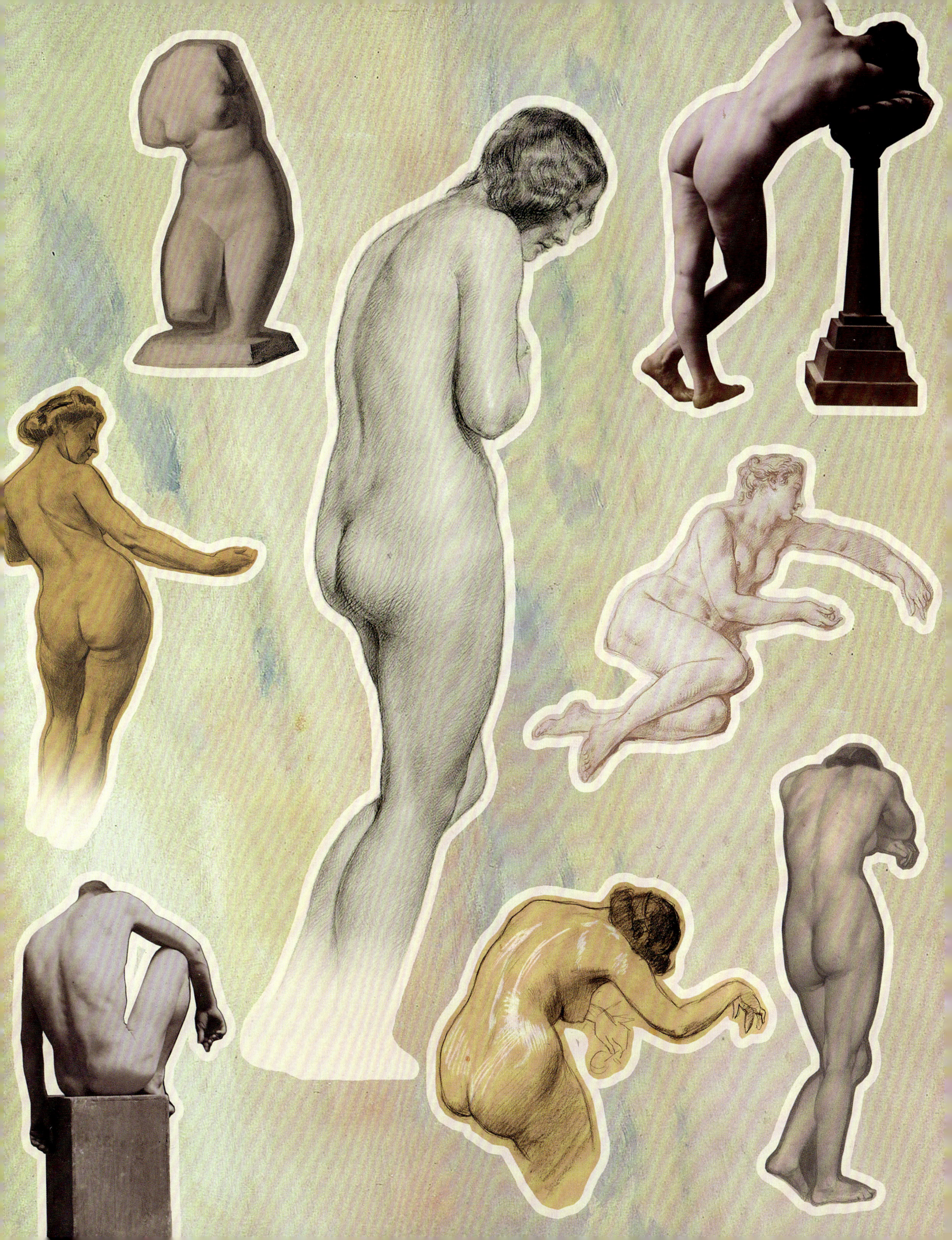

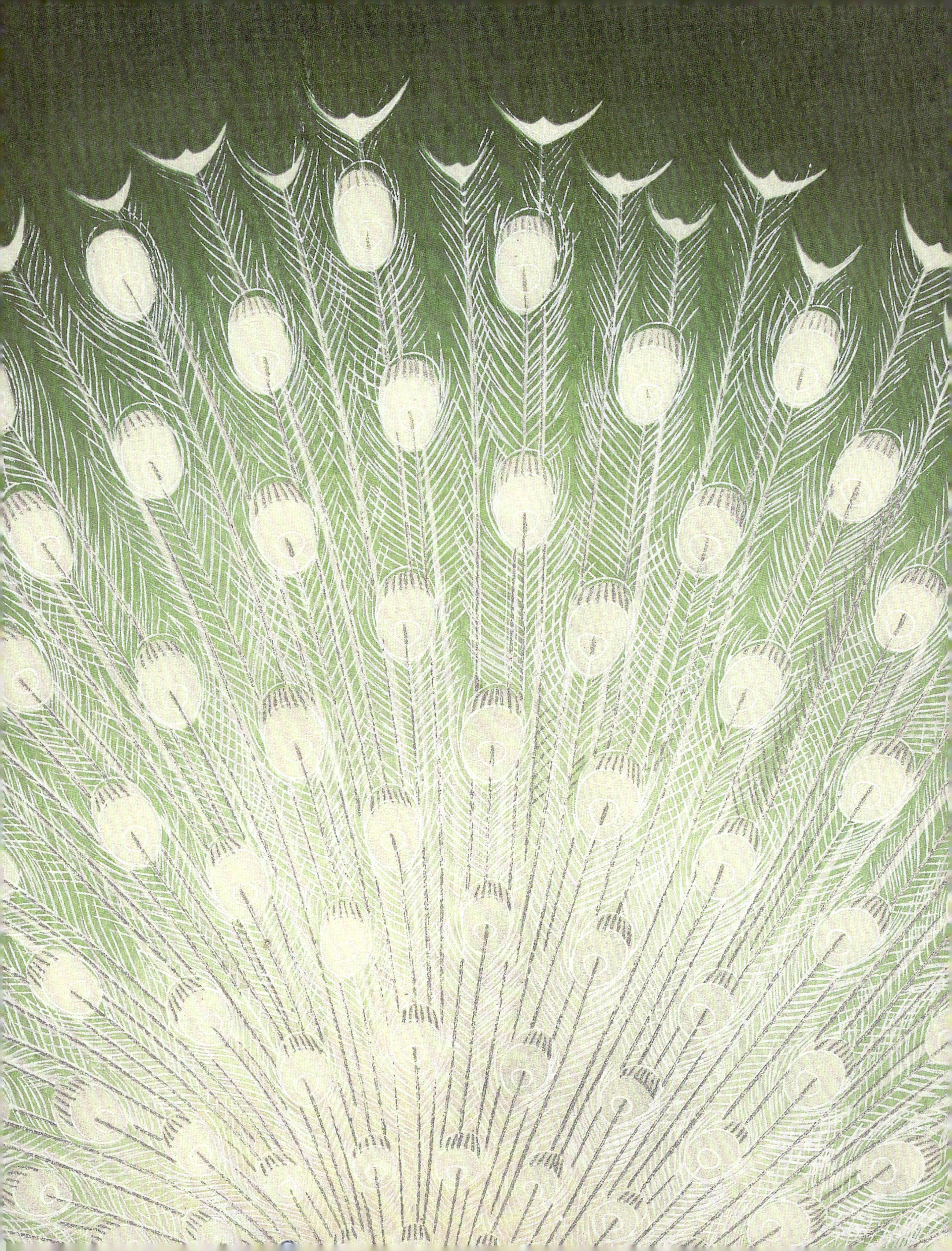

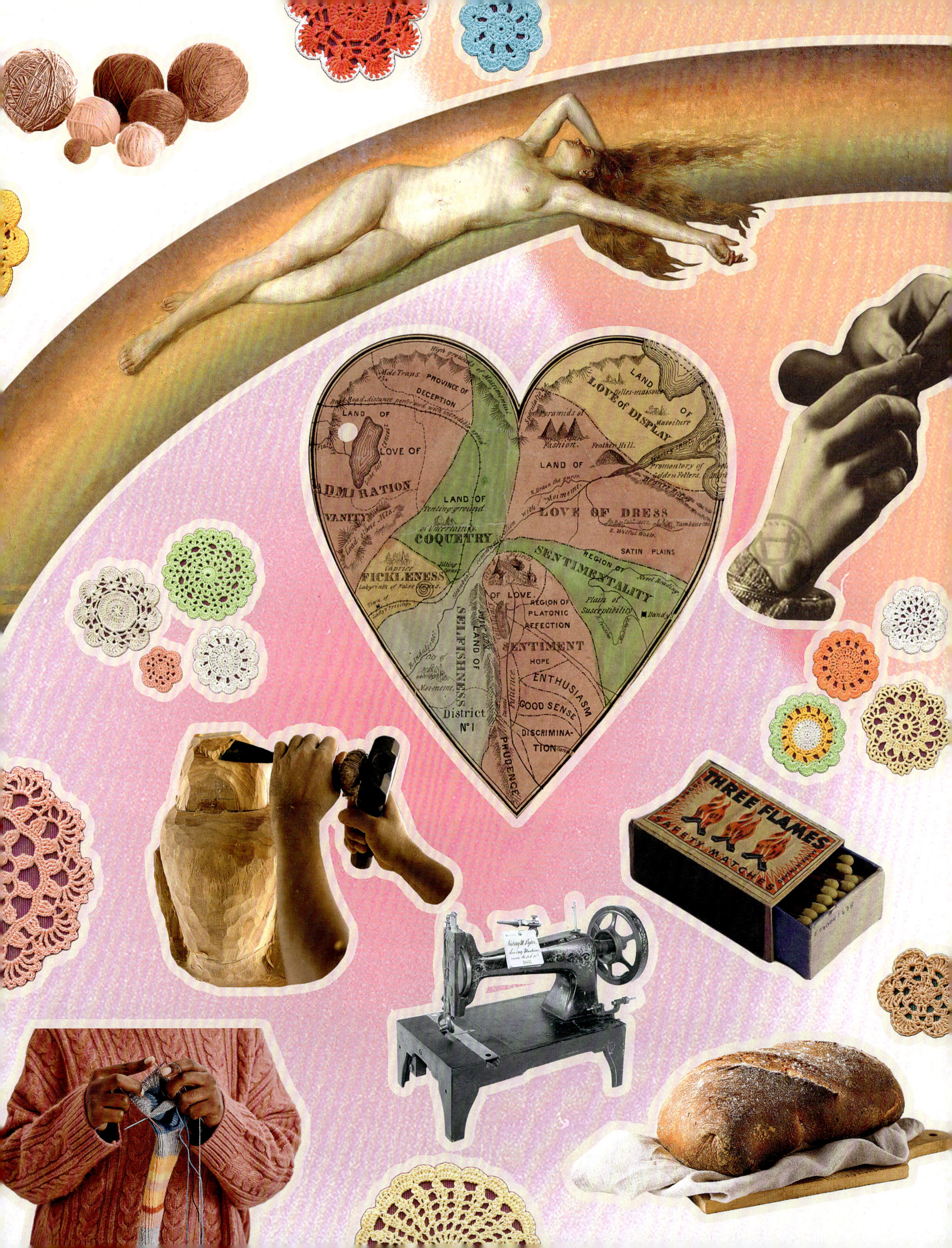
PROVINCE OF
DECEPTION
Mole Traps.
LAND OF
LOVE OF
ADMIRATION
VANITY
LAND OF
COQUETRY
FICKLENESS
Labyrinth of False
LAND
LOVE OF DISPLAY
OF
Pyramids of
Fashion.
Feather Hill.
LAND OF
LOVE OF DRESS
Promontory of
Golden Fetters.
SATIN PLAINS
REGION OF
SENTIMENTALITY
Plain of
Susceptibility
OF LOVE.
REGION OF
PLATONIC
AFFECTION
LAND OF
SELFISHNESS
District
Nº1
Moi-meme.
SENTIMENT
HOPE
ENTHUSIASM
GOOD SENSE
DISCRIMINA-
TION
PRUDENCE
THREE FLAMES
SAFETY MATCHES

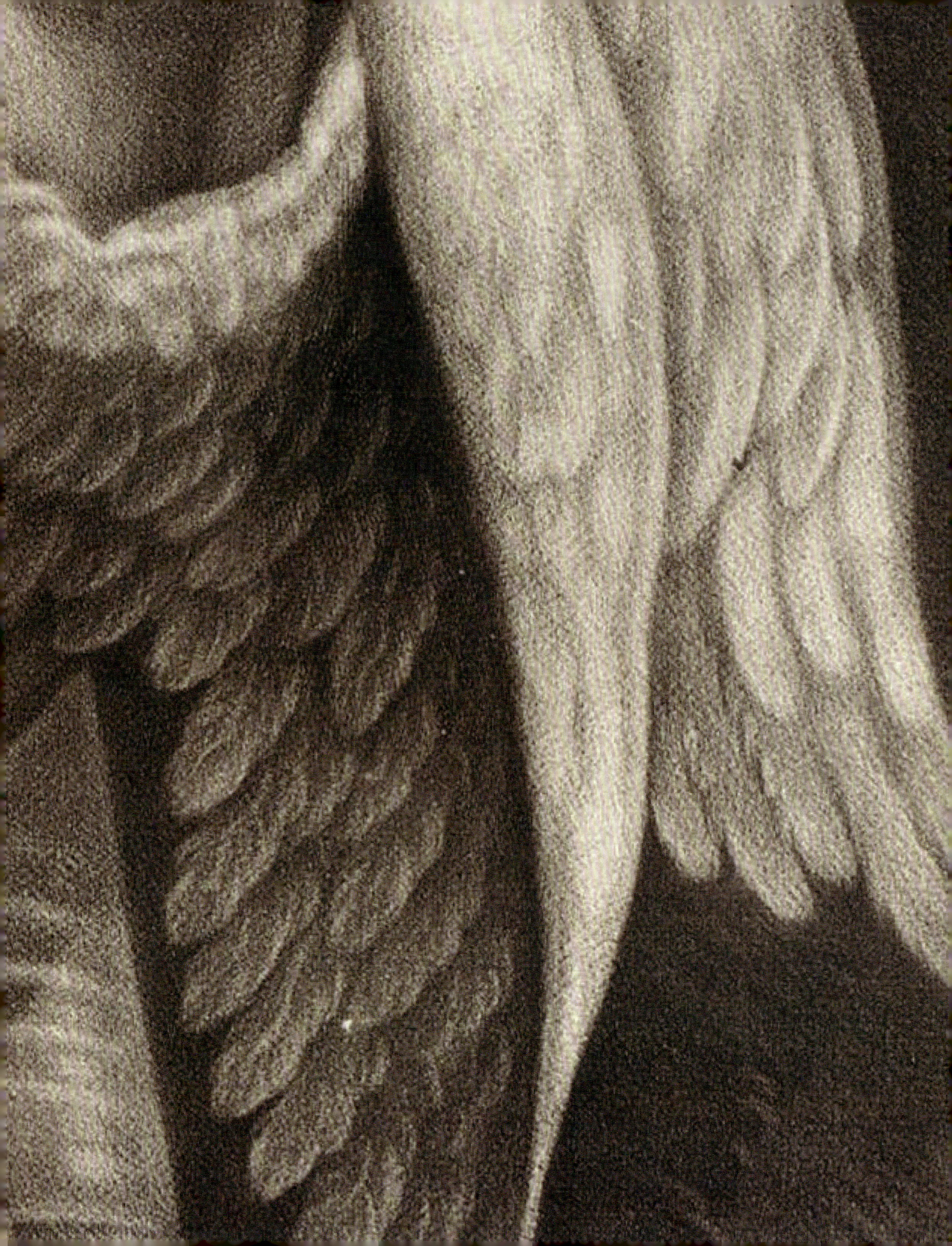

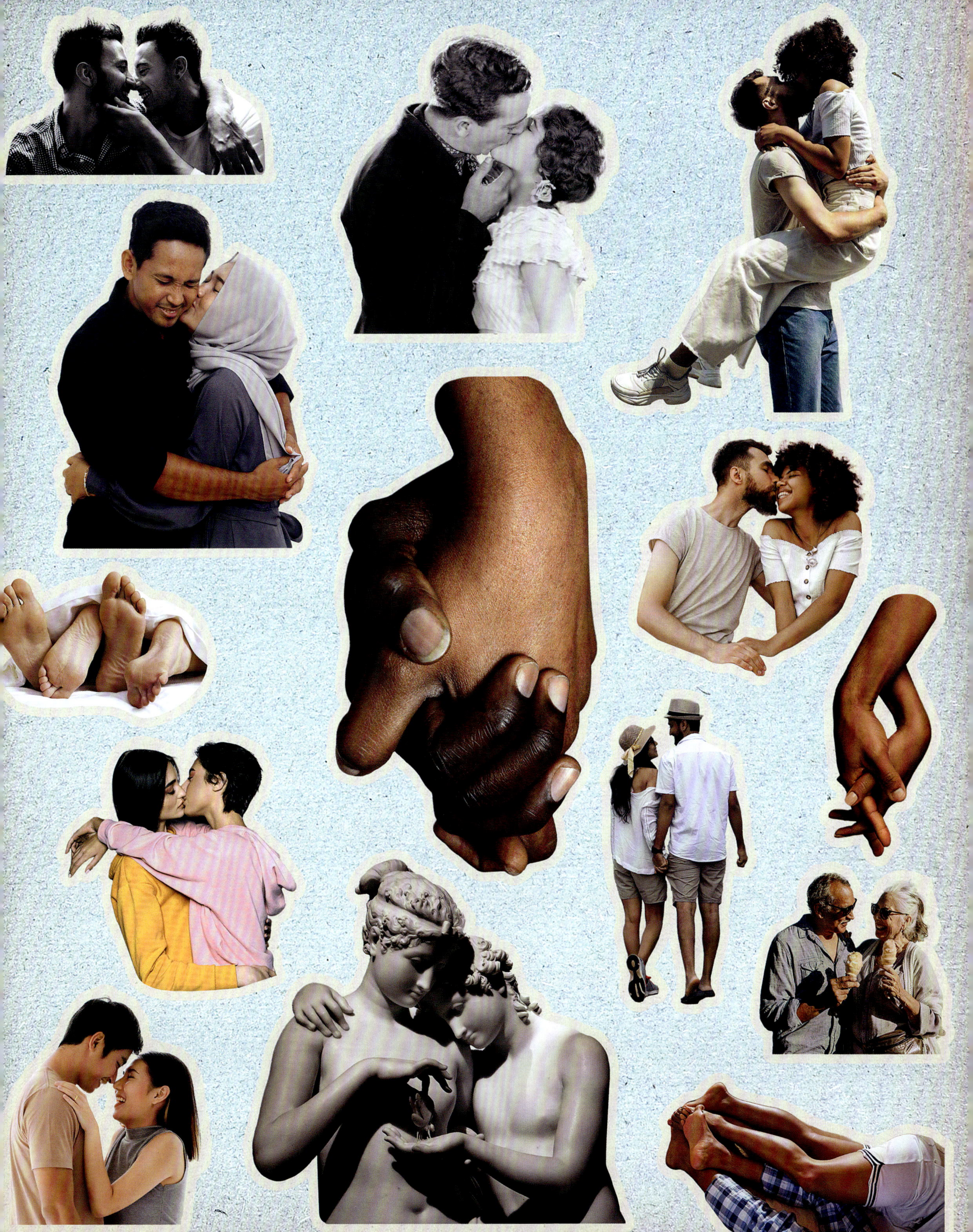

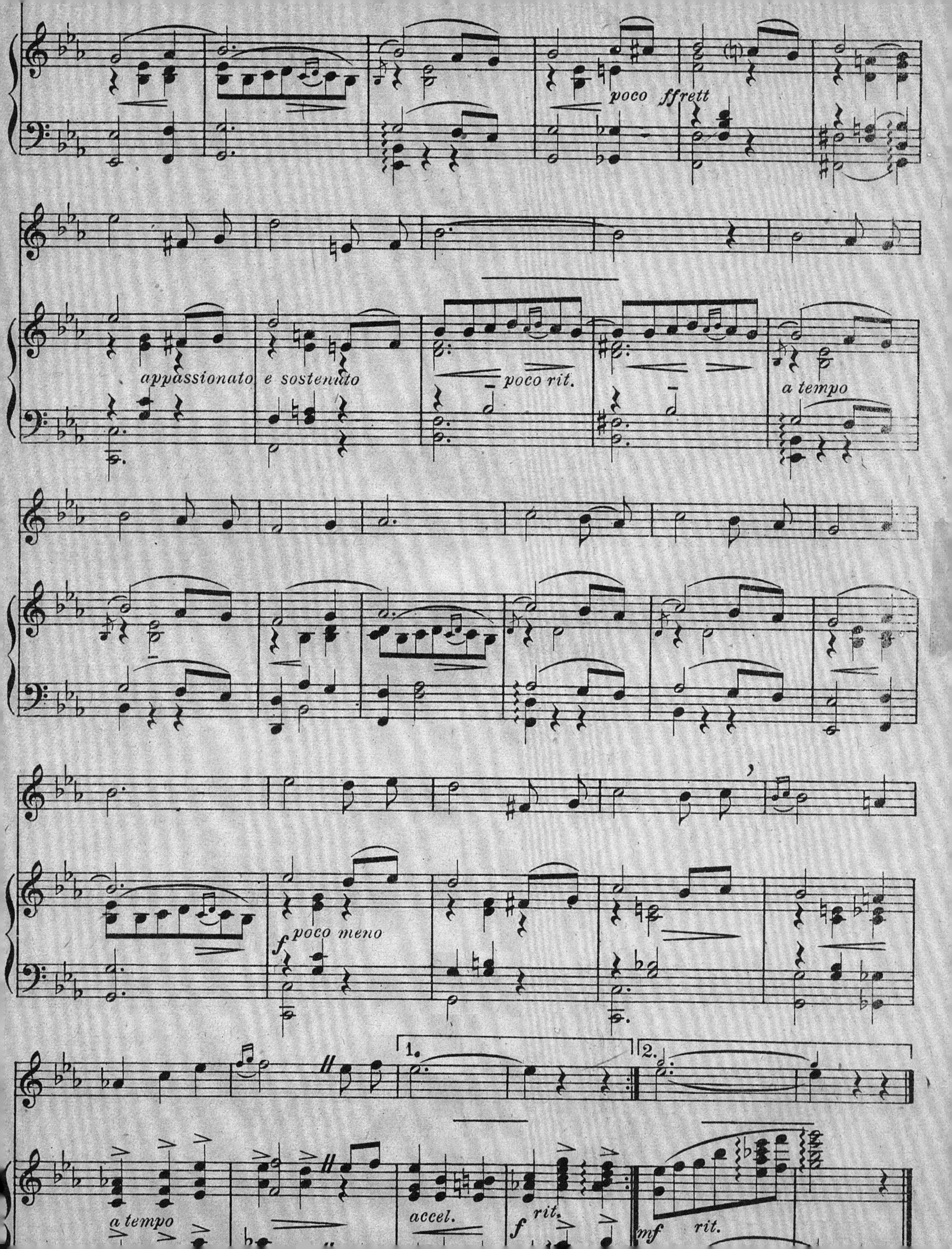
poco ffrett
appassionato e sostenuto
poco rit.
a tempo
poco meno
a tempo
accel.
rit.
rit.

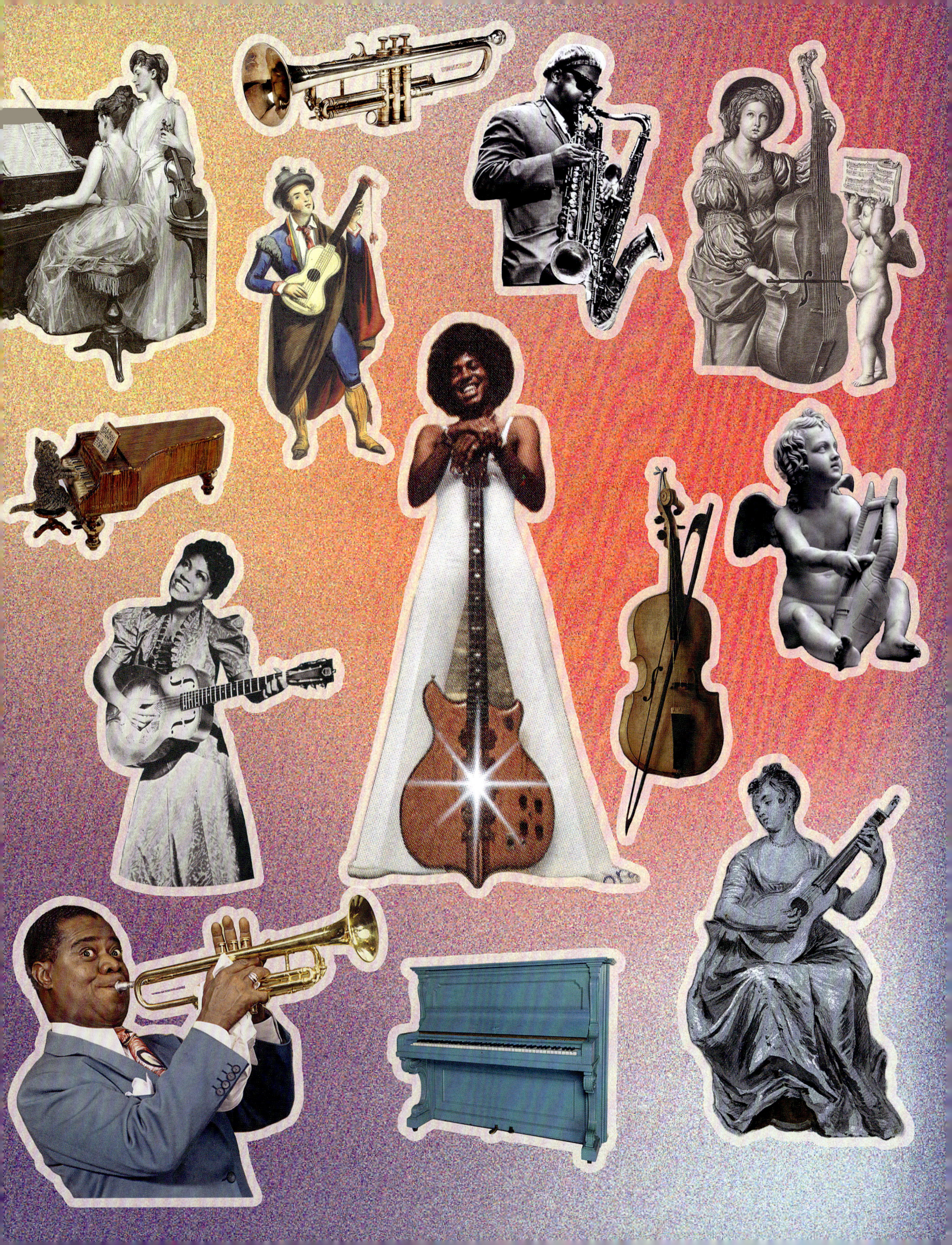

Arundo Bambos.

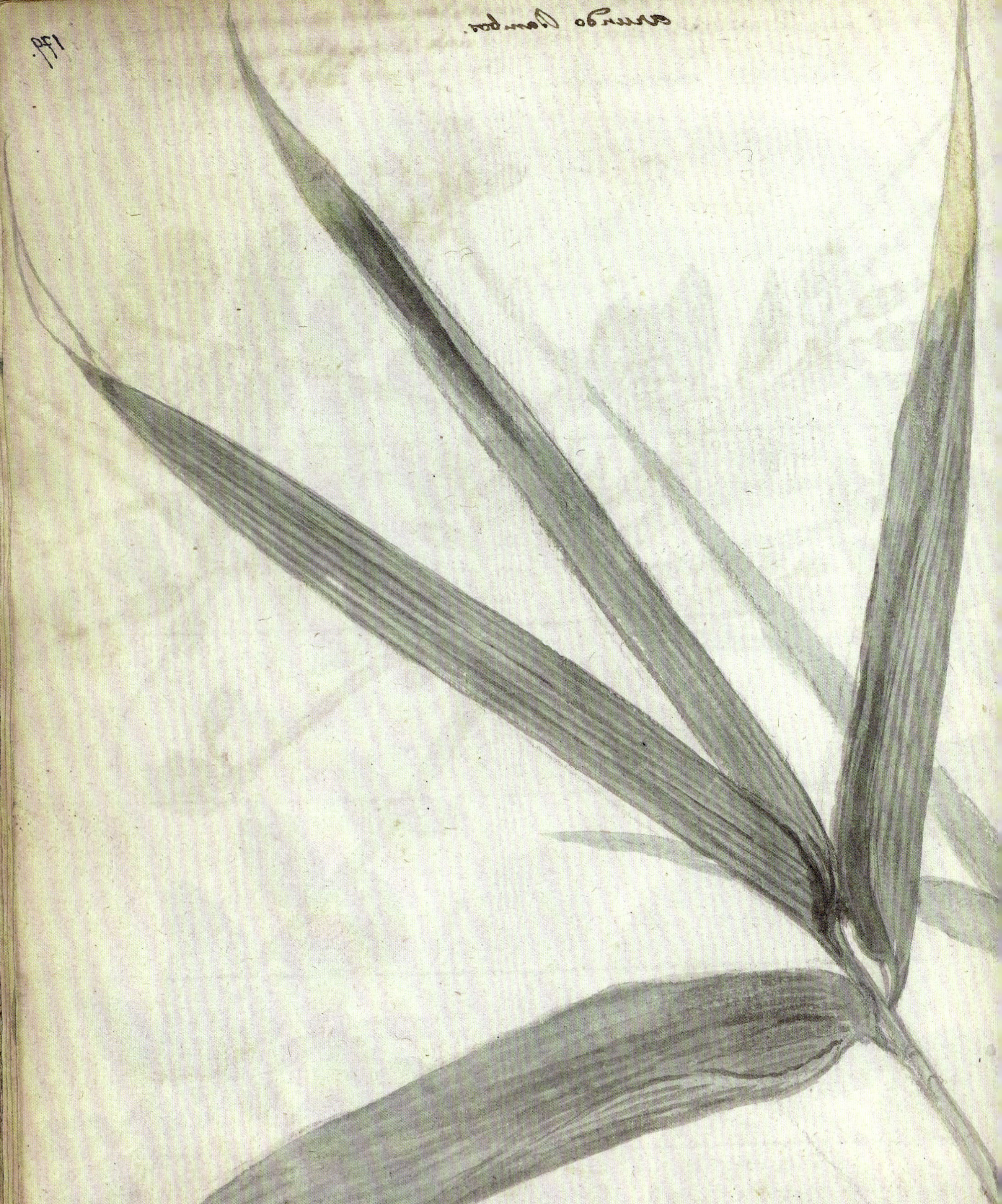

Het blad van Bamboesriet. Cabo Junii 25. 1786

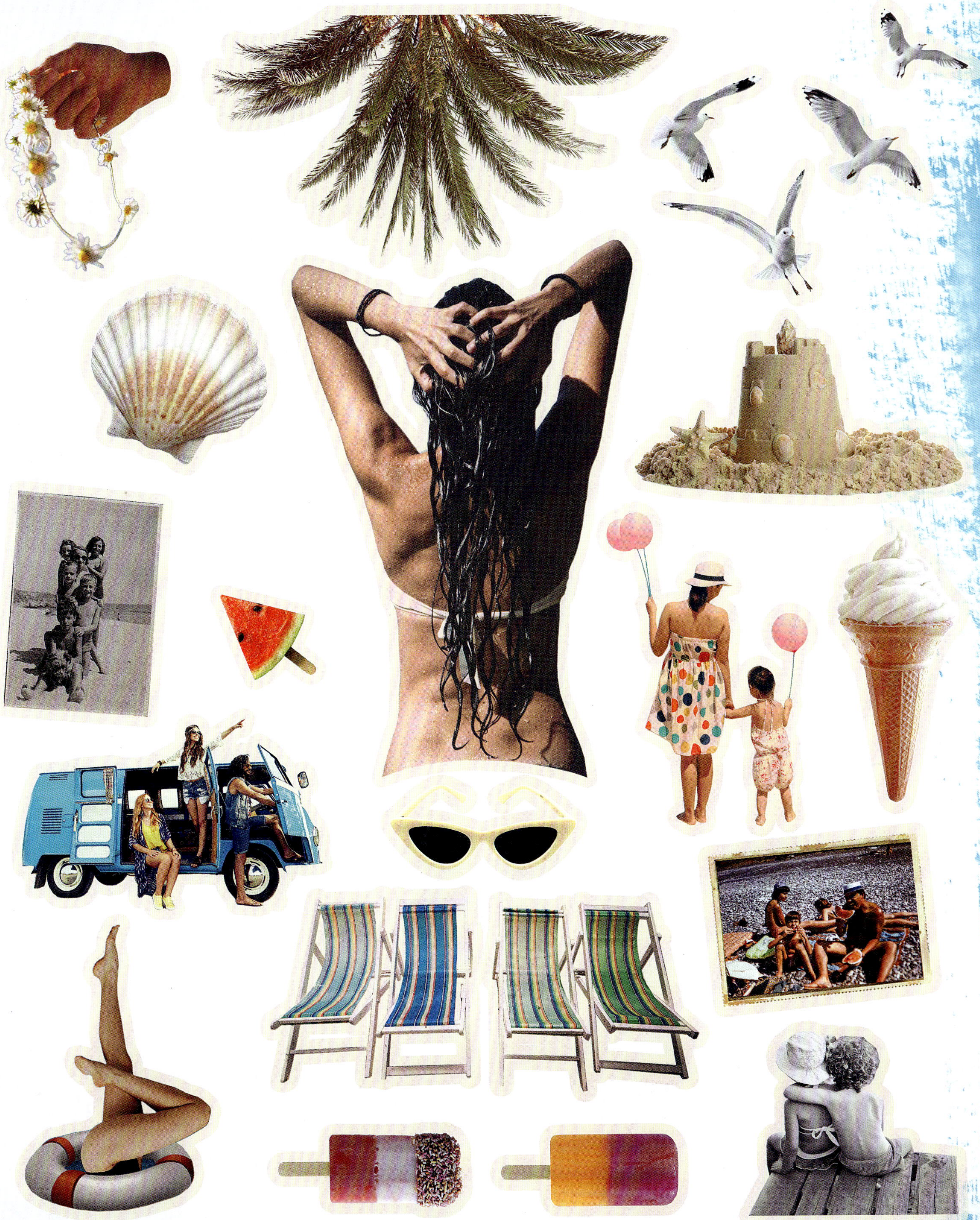

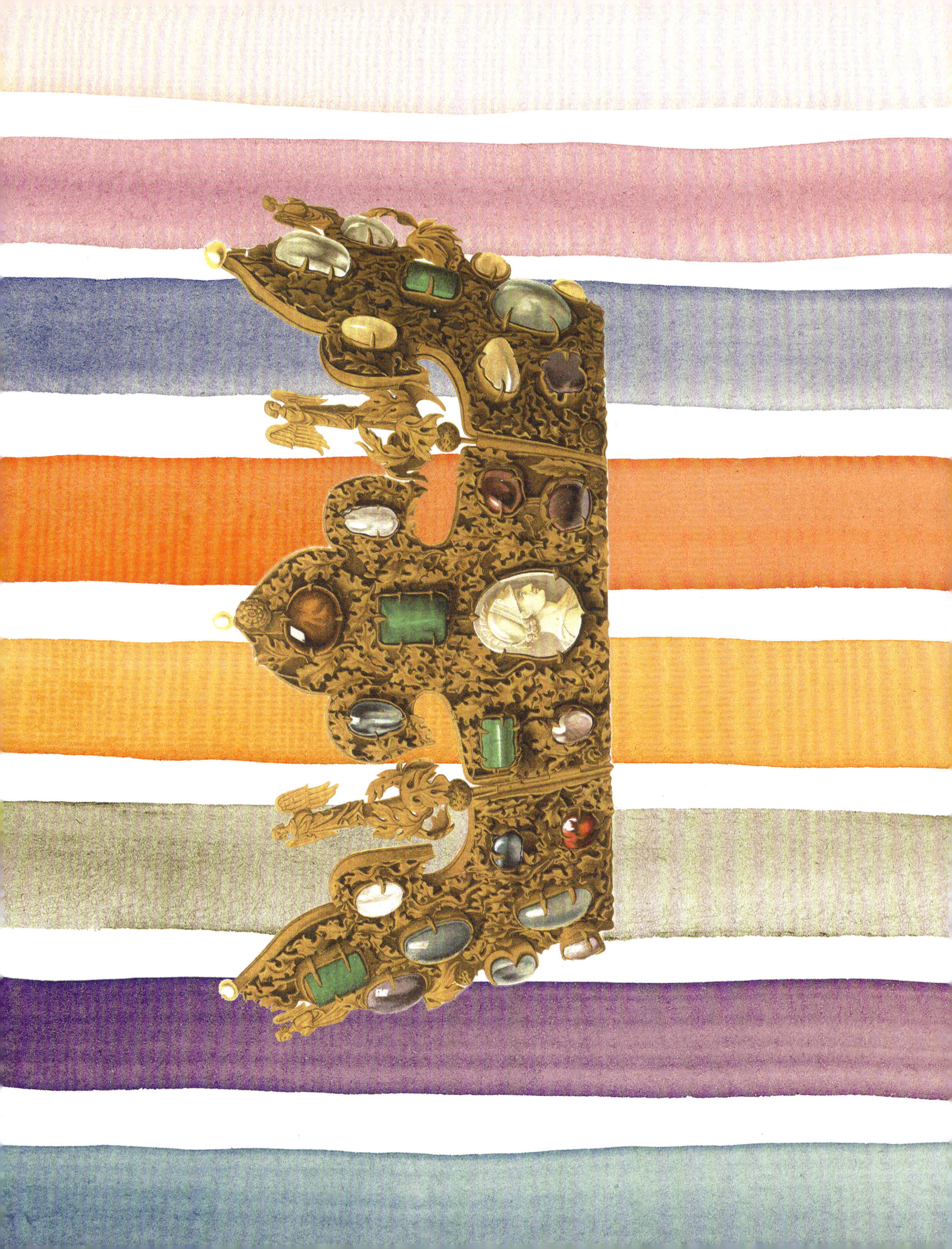

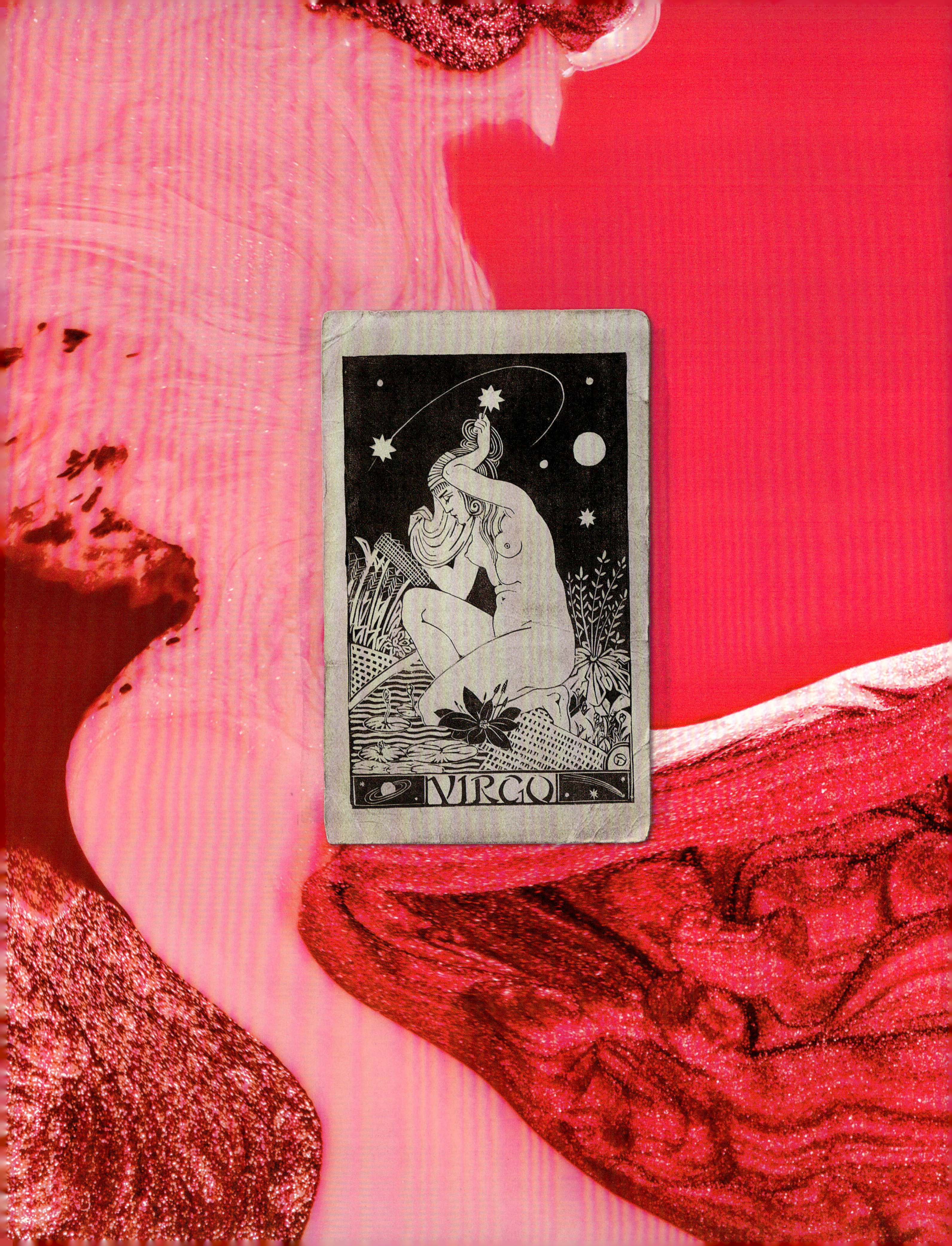
VIRGO

Gesundheit

Linderung

Entspannung

Heilung

Ruhe

Wohlergehen

Selbstentfaltung

Haus Sechs:

Vitalität

Jungfrau (Erde)

Höchstleistung

Klarheit

Flow

Fantasie

Das beste Ich

Kunst

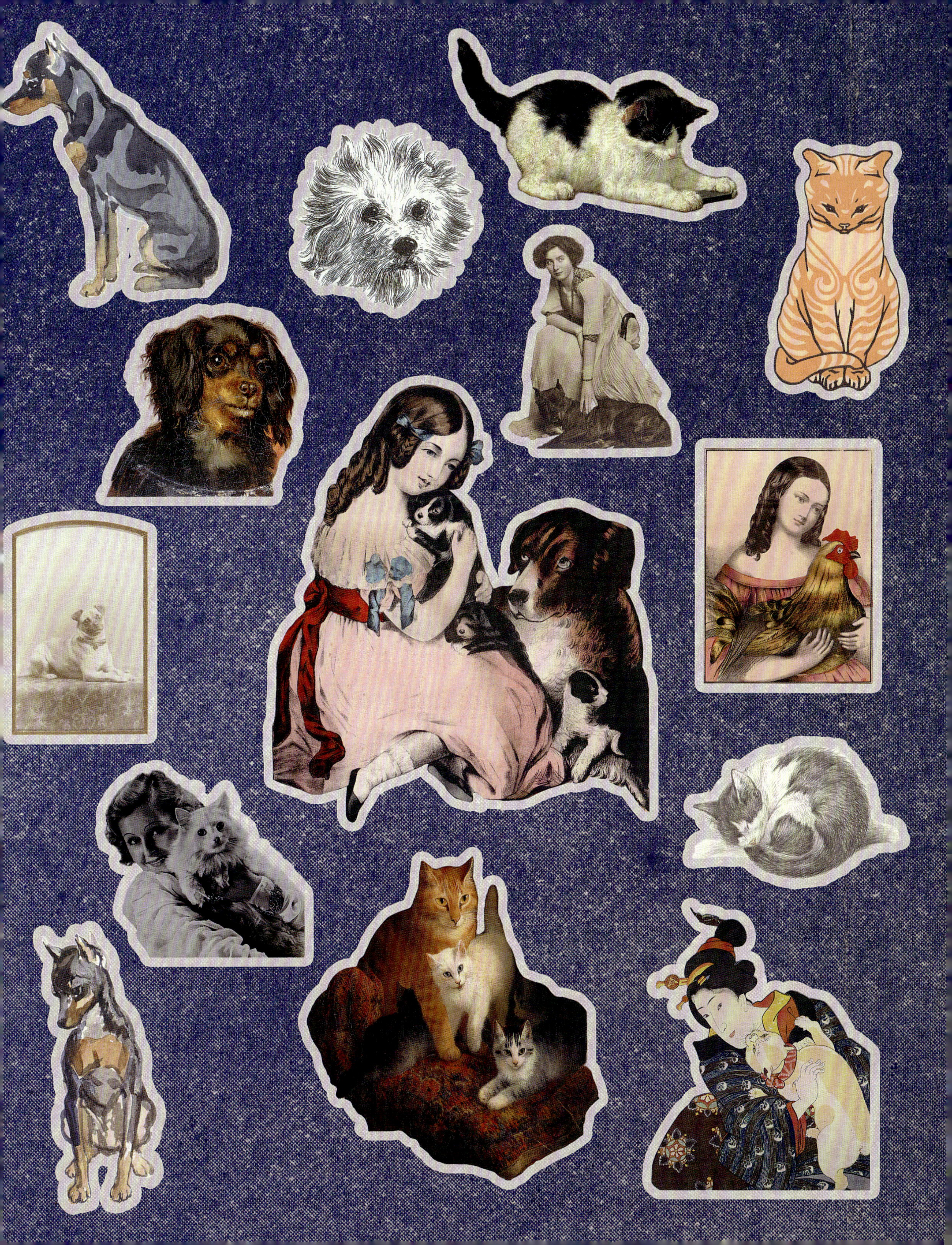

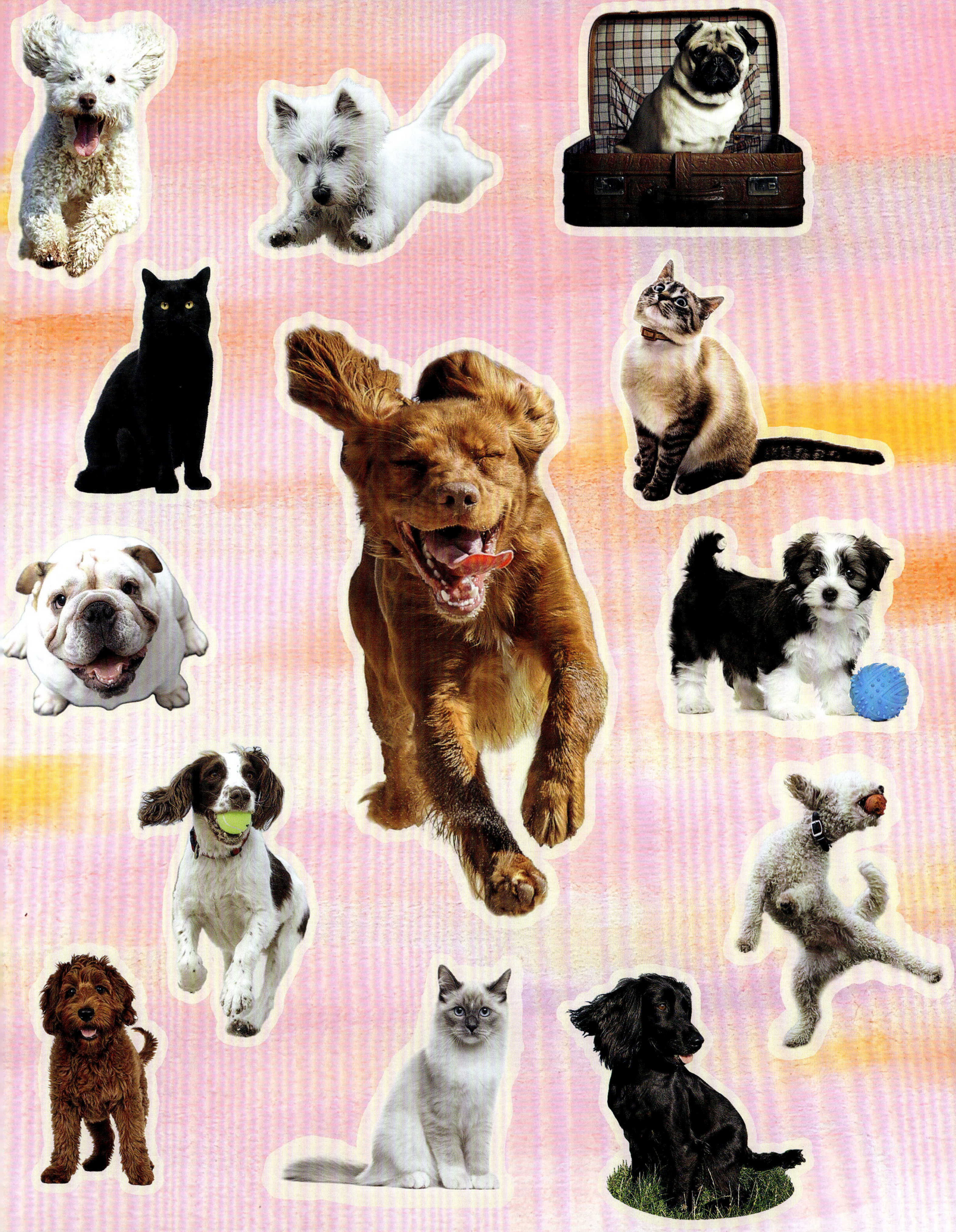

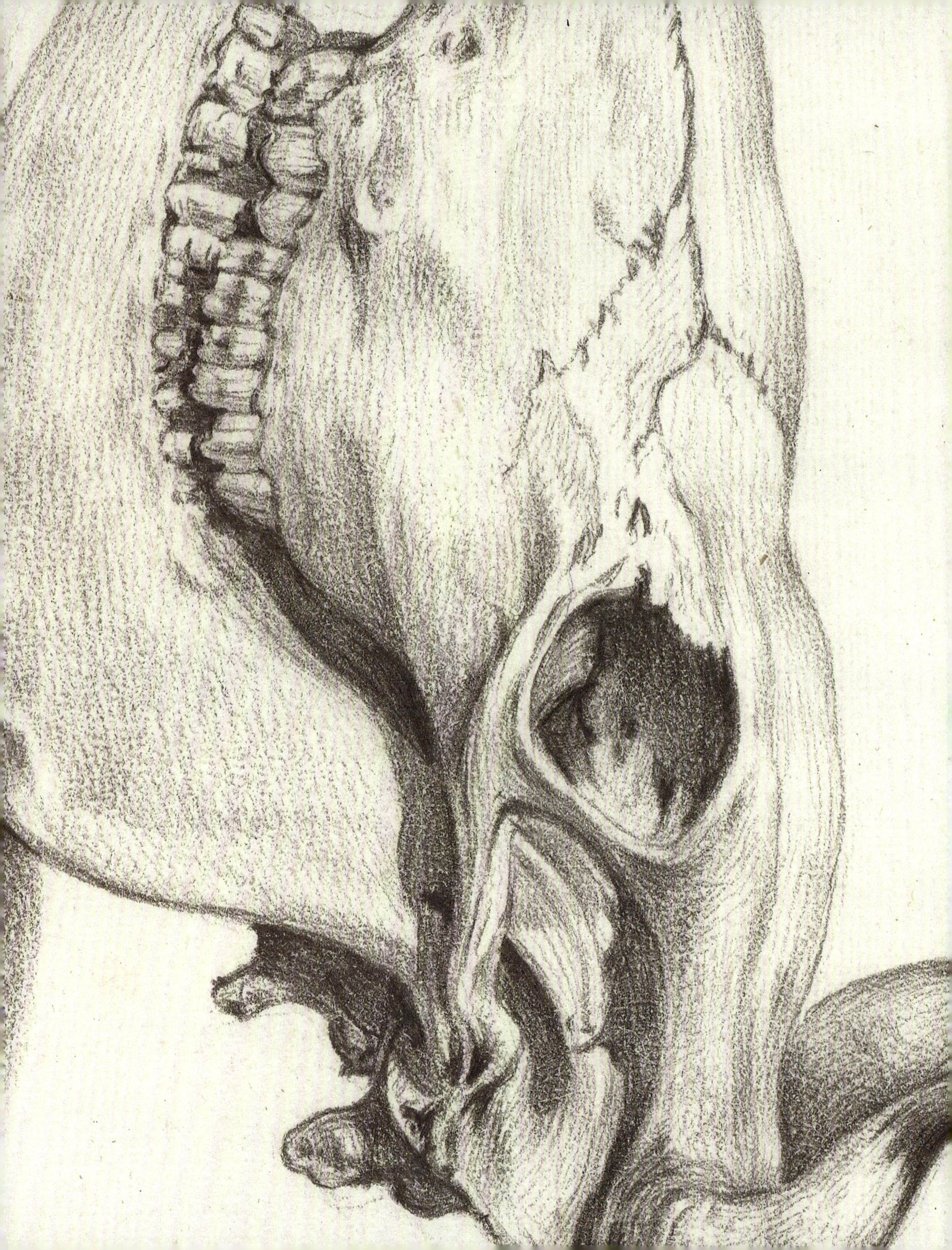

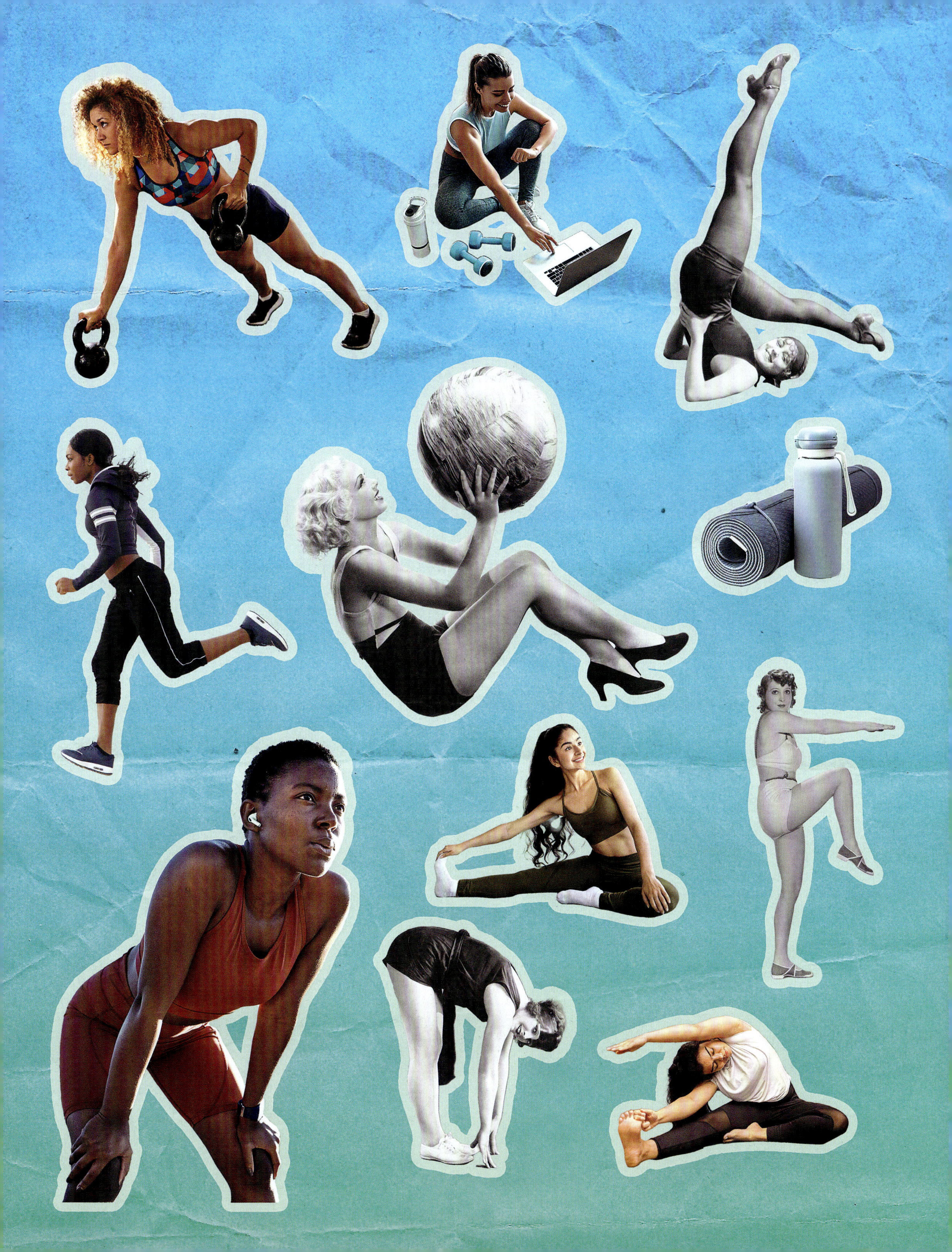

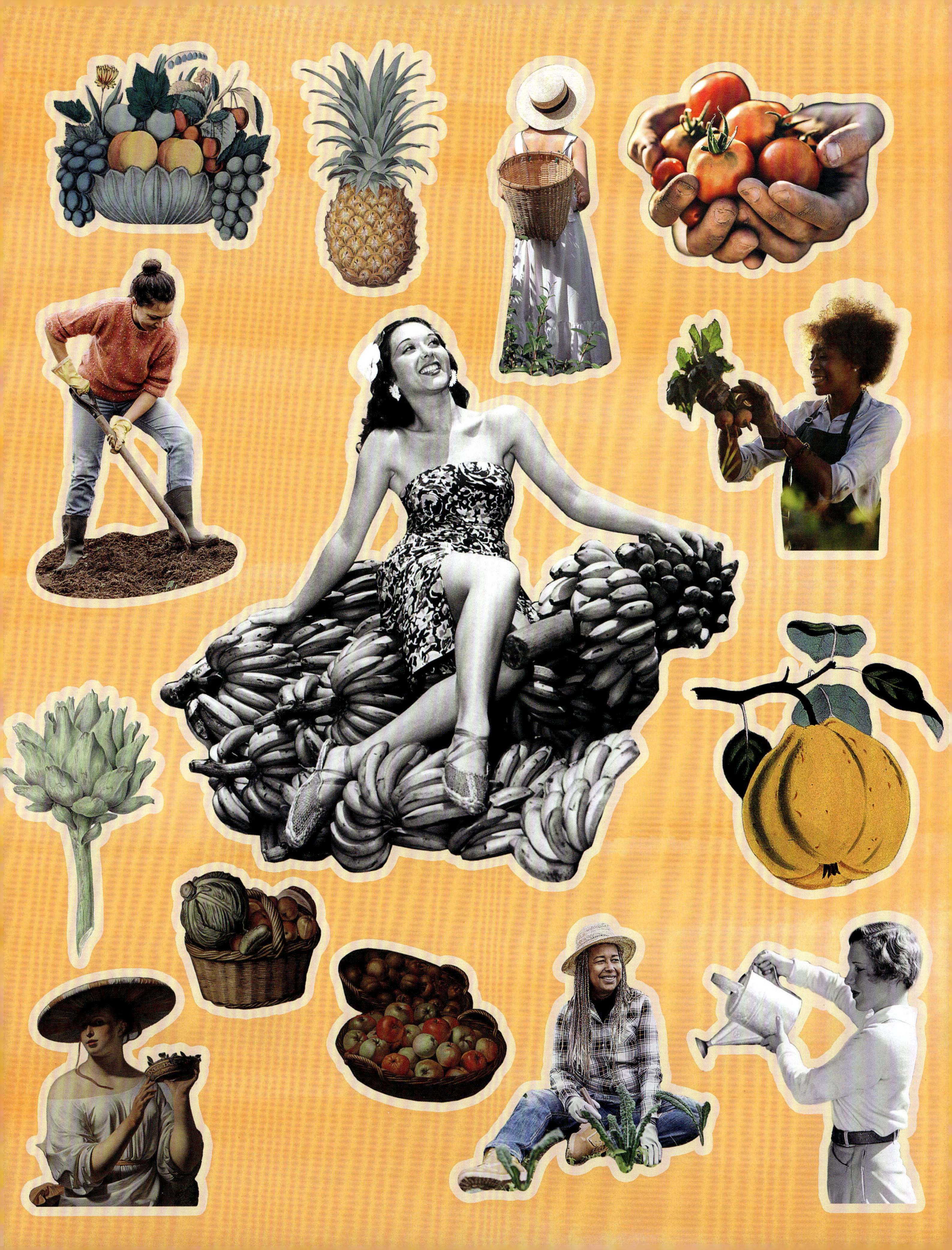

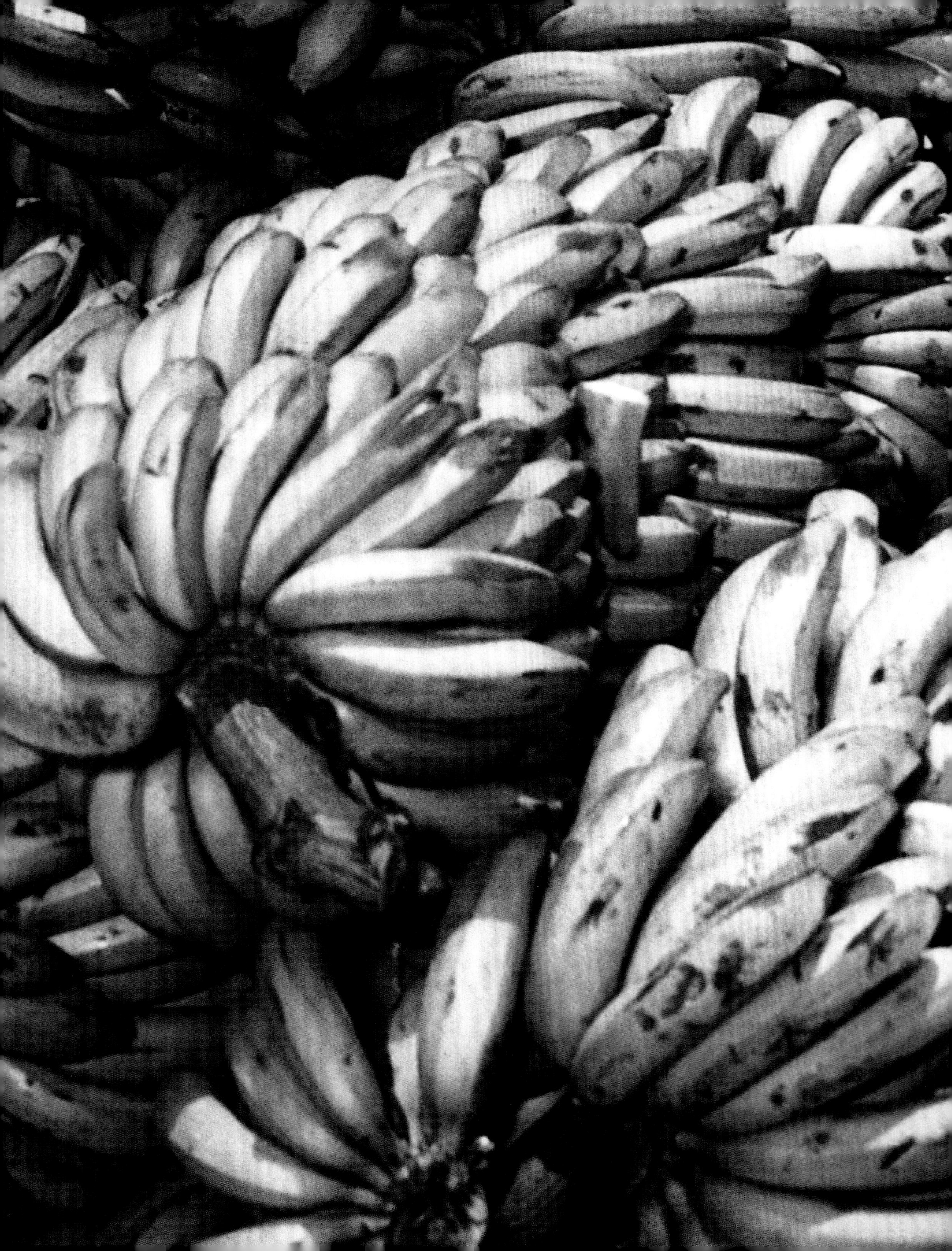

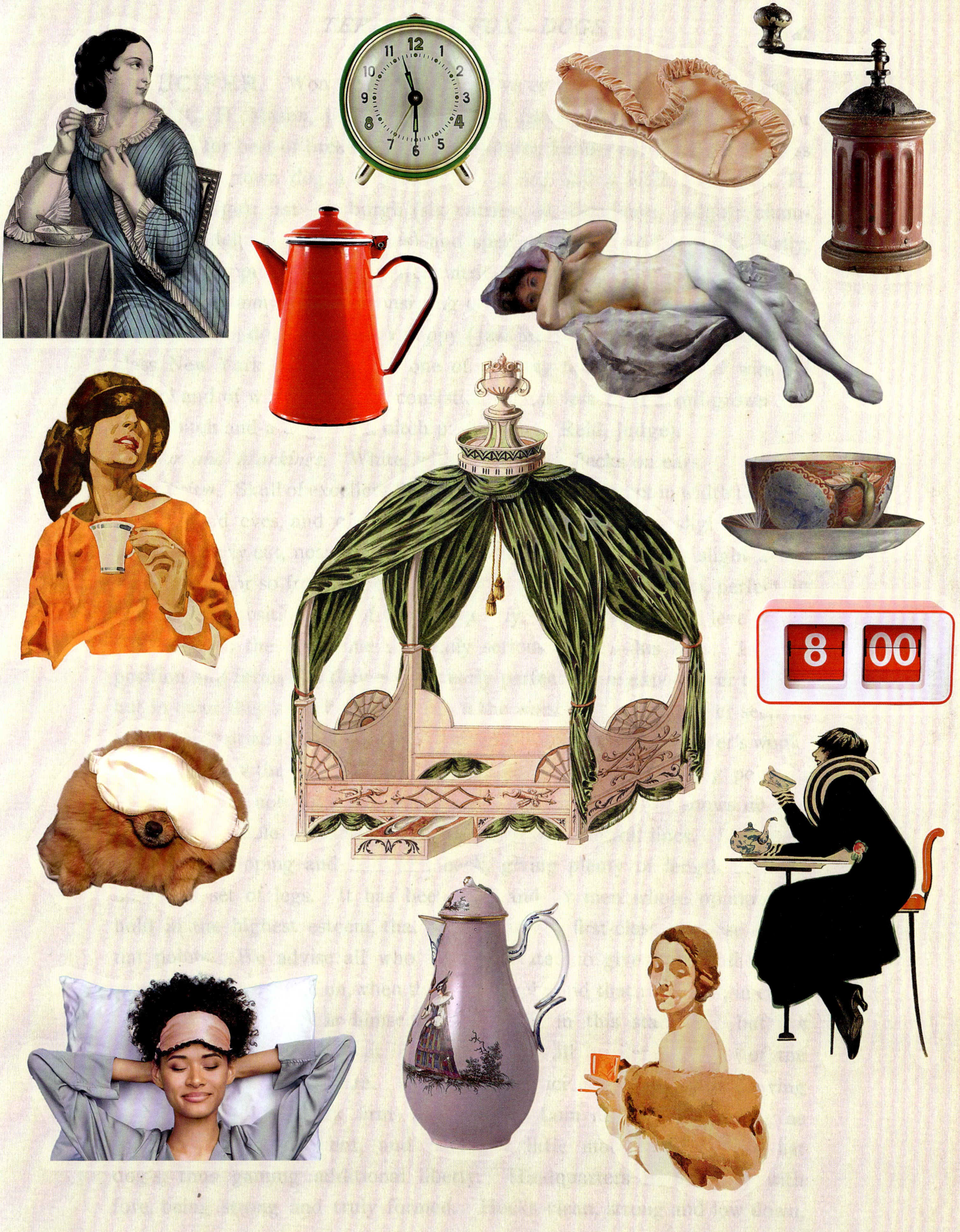
8 00

[illegible] but the same methods applied to comets are [illegible] to be illusory. No weighing machinery known to [illegible] is delicate enough to determine the weight of [illegible] All that we can accomplish in any [illegible] one heavenly body in comparison [illegible] to be almost imponderable when [illegible] as those of the earth, or any of the other [illegible] Of course, it will be understood that when [illegible] of a comet is inappreciable, we mean with [illegible] bodies of our system. Perhaps [illegible] a great comet must really weigh [illegible] tons are to be reckoned in [illegible] or in millions, the total seems [illegible] compared with the weight of a [illegible]

[illegible] mass of comets is also brought [illegible] way when we recall what [illegible] said [illegible] chapter on the important [illegible] We have there [illegible] our system, and we have [illegible] this depends upon certain [illegible] the planetary [illegible] invariably fulfil. [illegible] move nearly [illegible] orbits are all [illegible] same plane, and [illegible] in the same [illegible] The permanence [illegible] would be impaired if any one of these

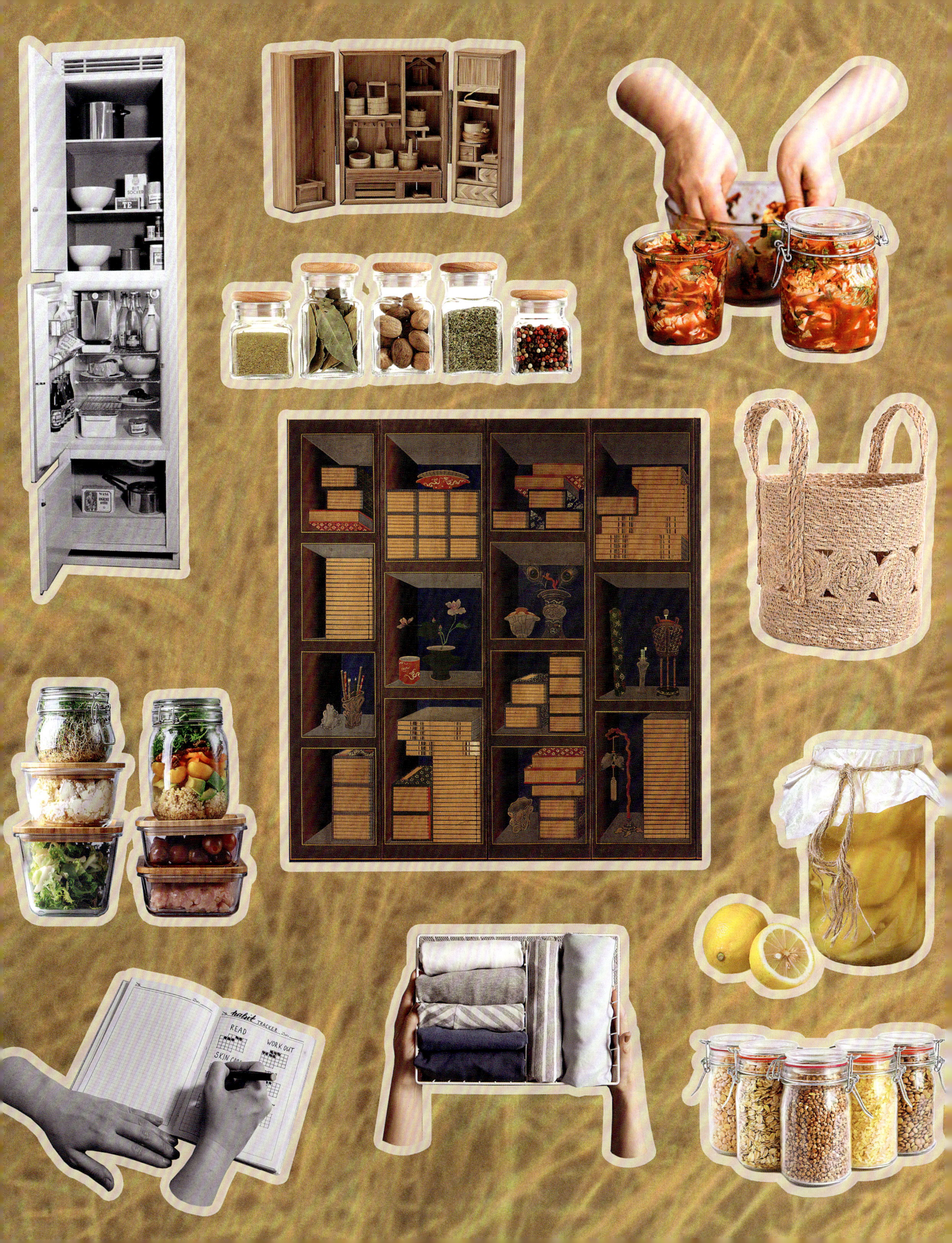
habit TRACKER
READ
WORK OUT

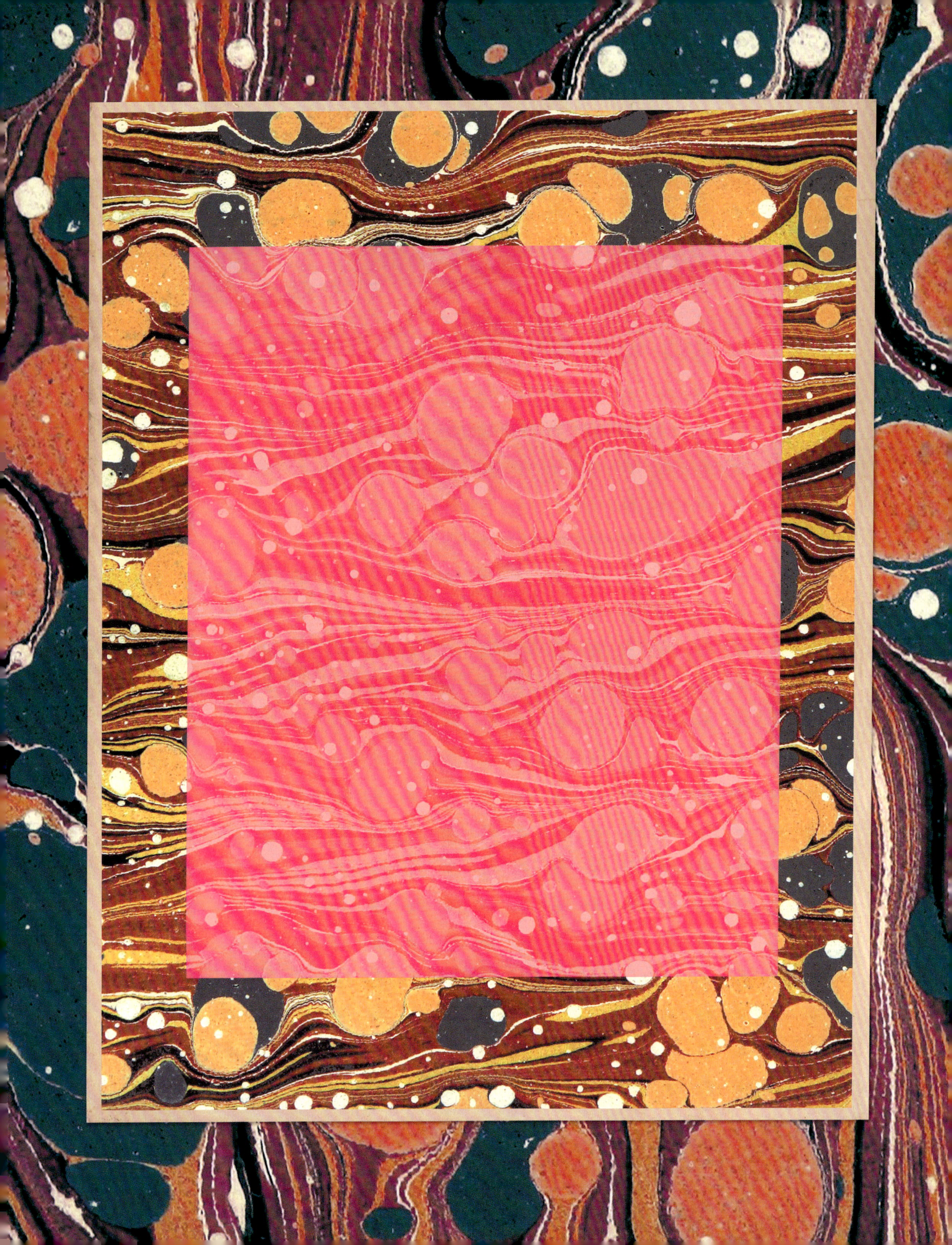

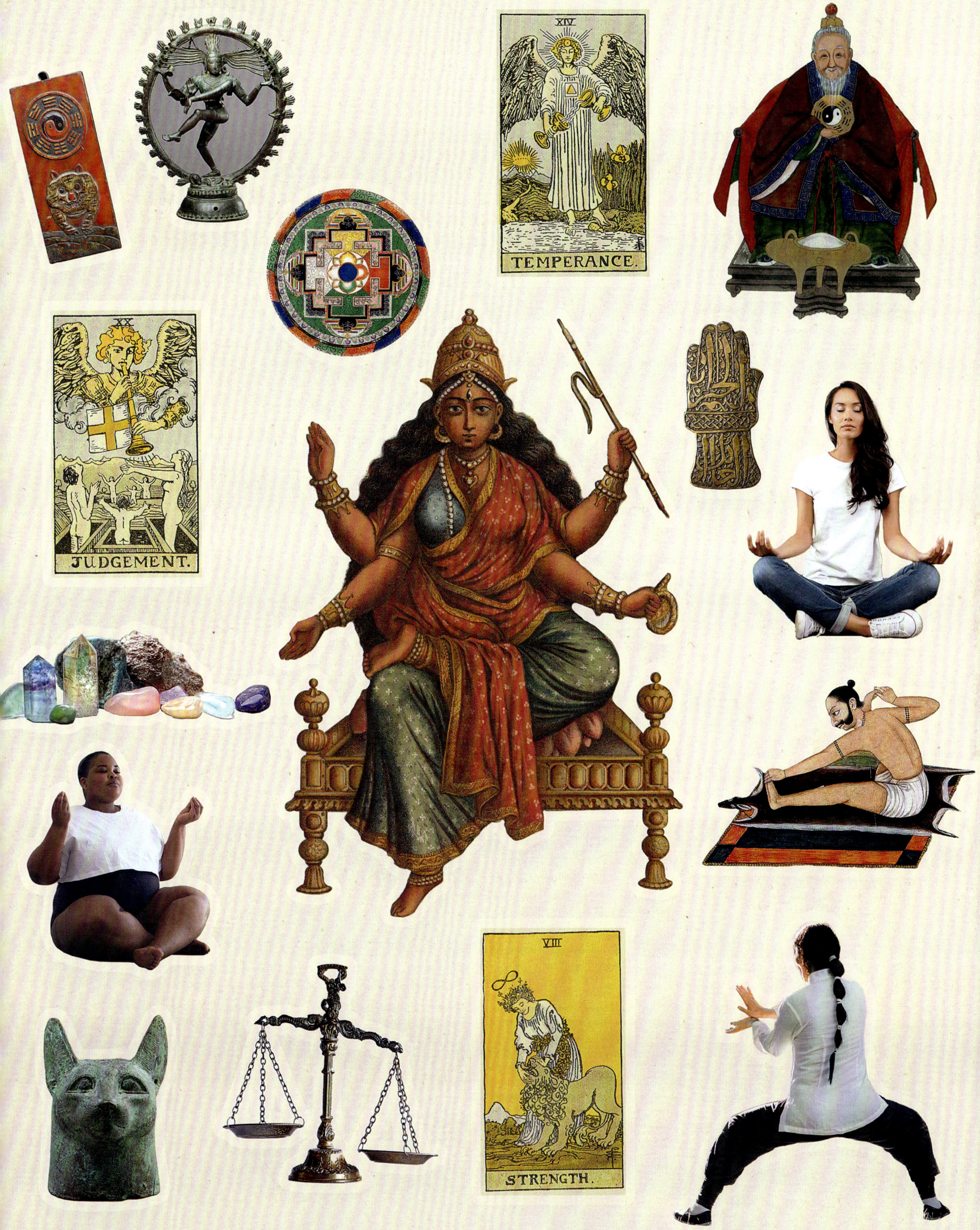
XIV
TEMPERANCE.
XX
JUDGEMENT.
VIII
STRENGTH.

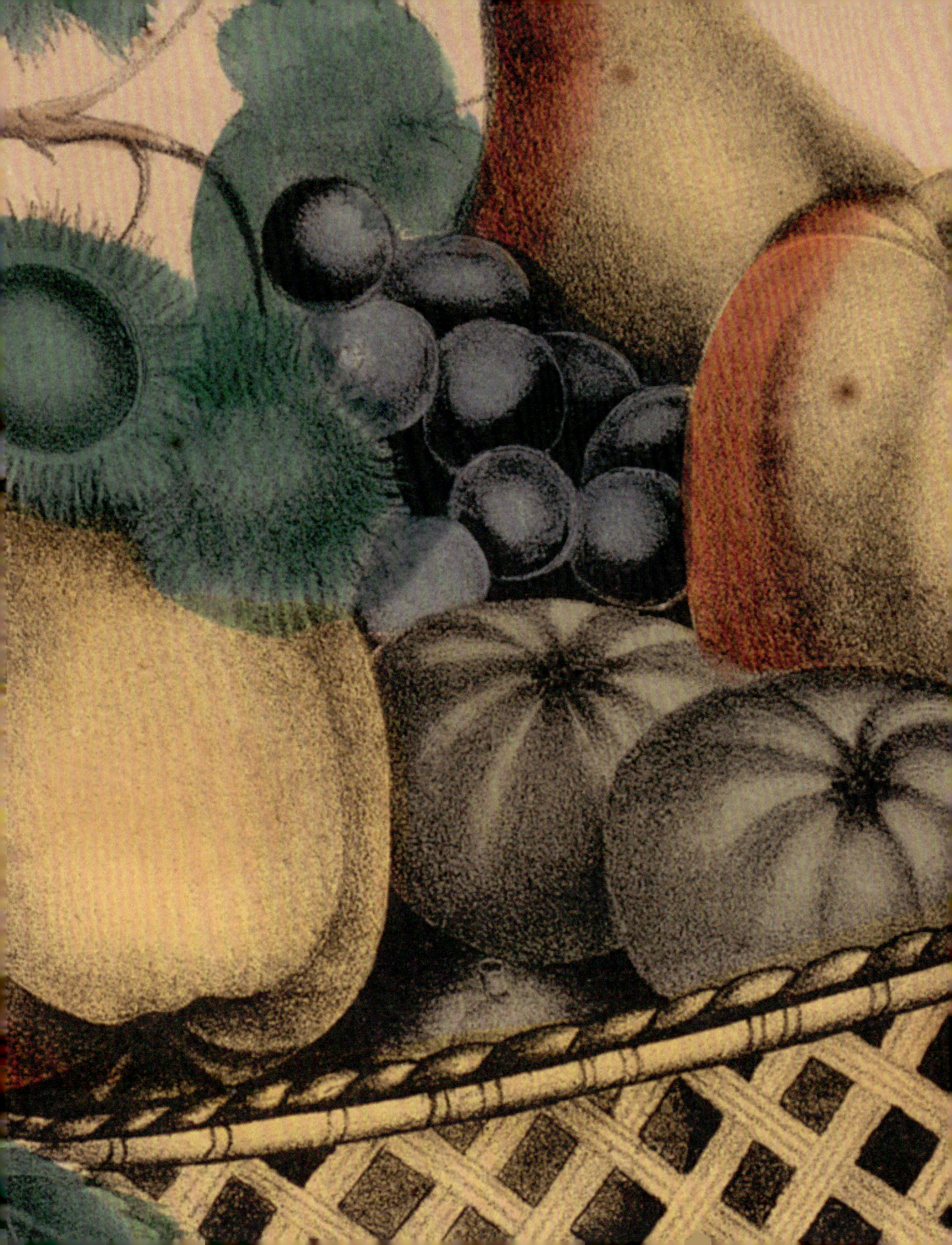

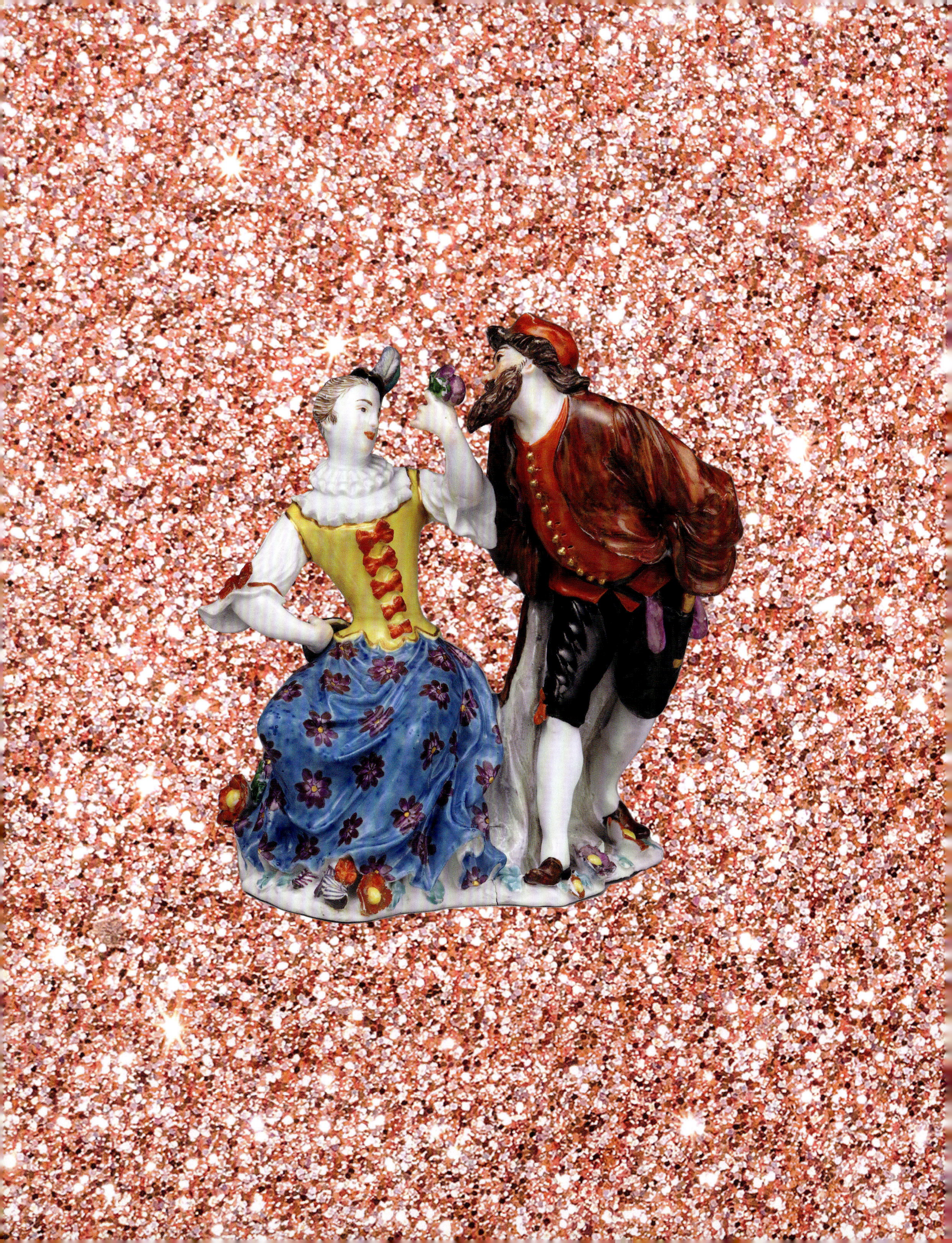

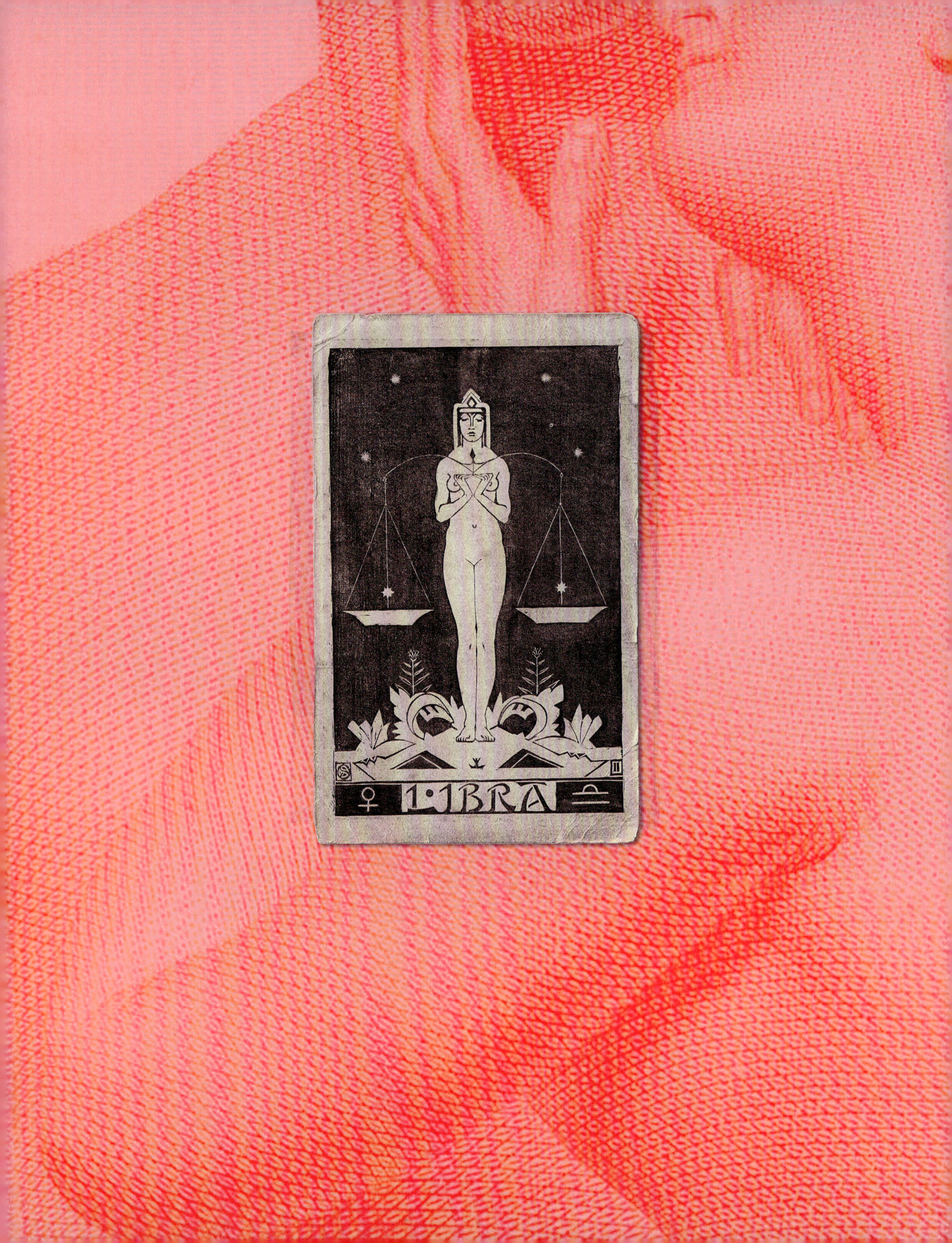
LIBRA

Gleichgewicht

Wohlergehen

Mitgestaltung

Fairness

Ehe

Ausgewogenheit

Teamwork

Haus Sieben:

Partnerschaften

Waage (Luft)

Ausgleich

Beziehungen

Hingabe

Gleichmut

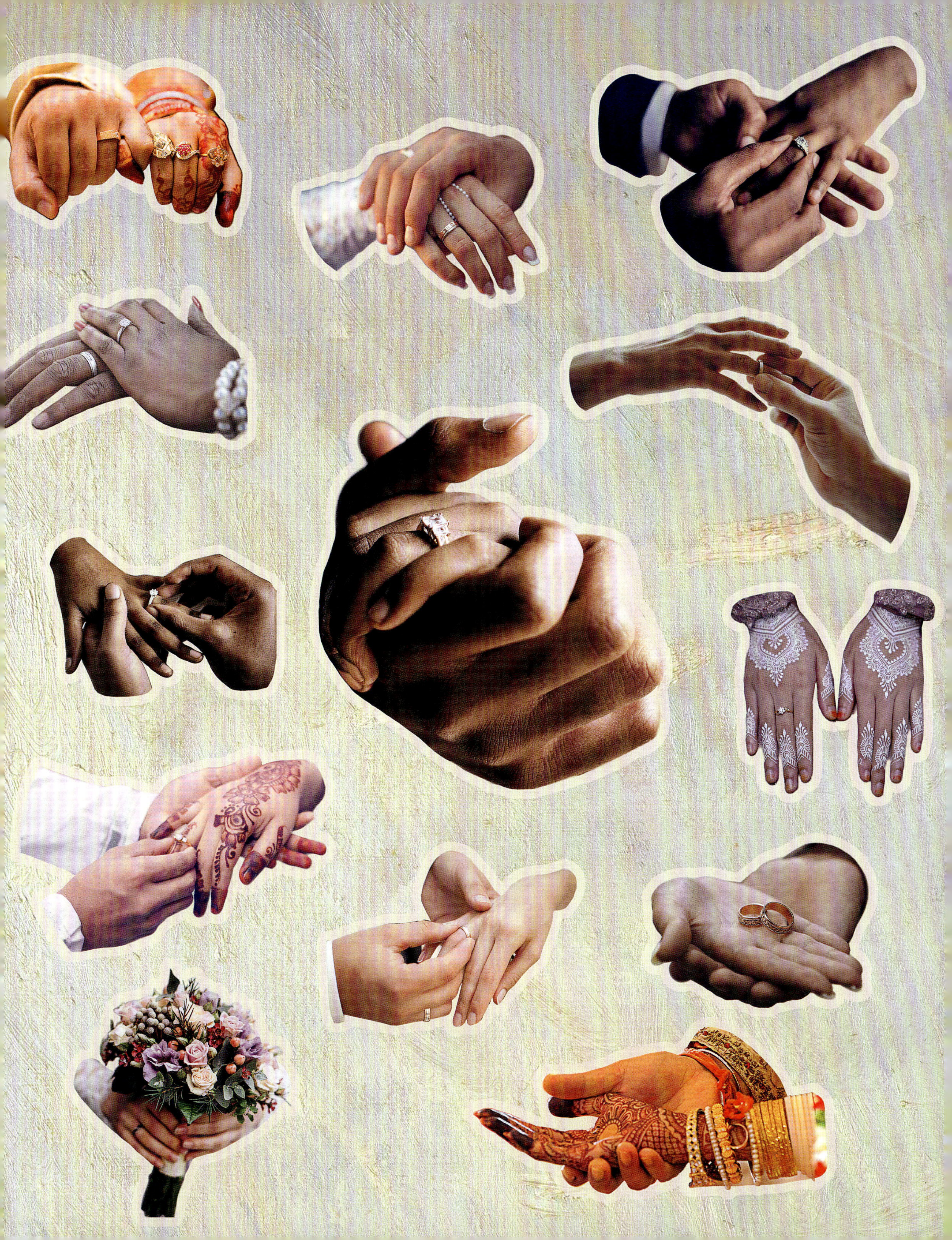

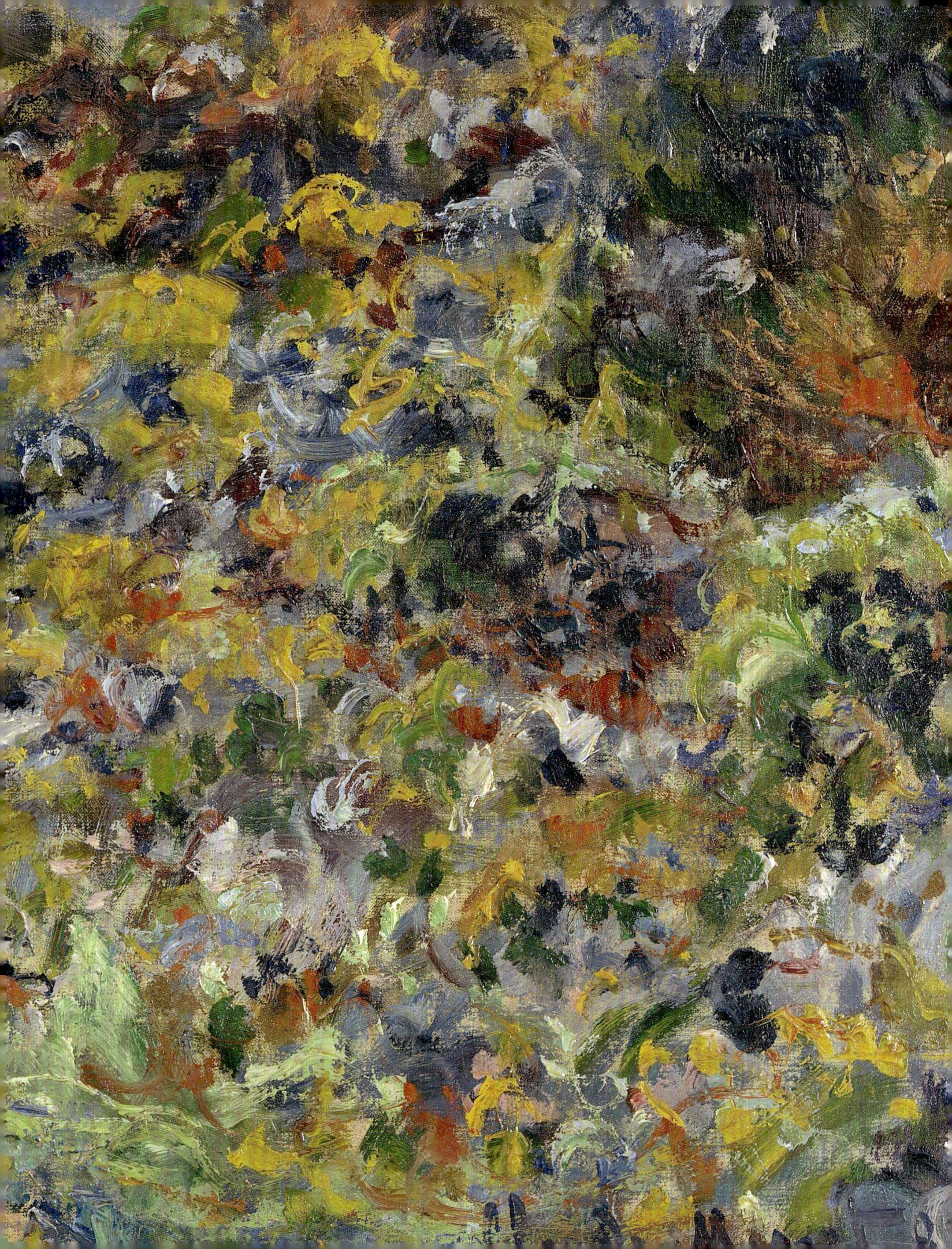

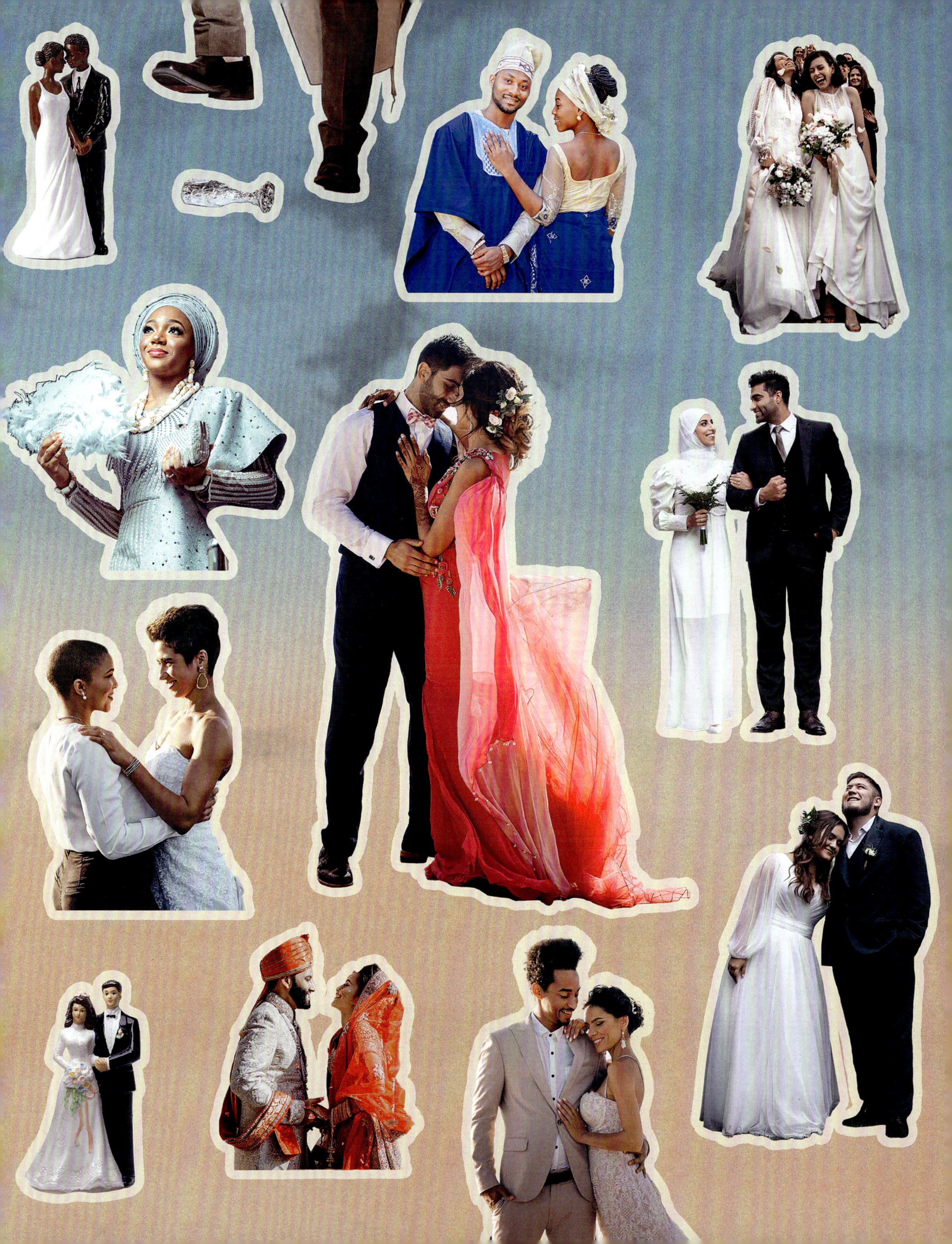

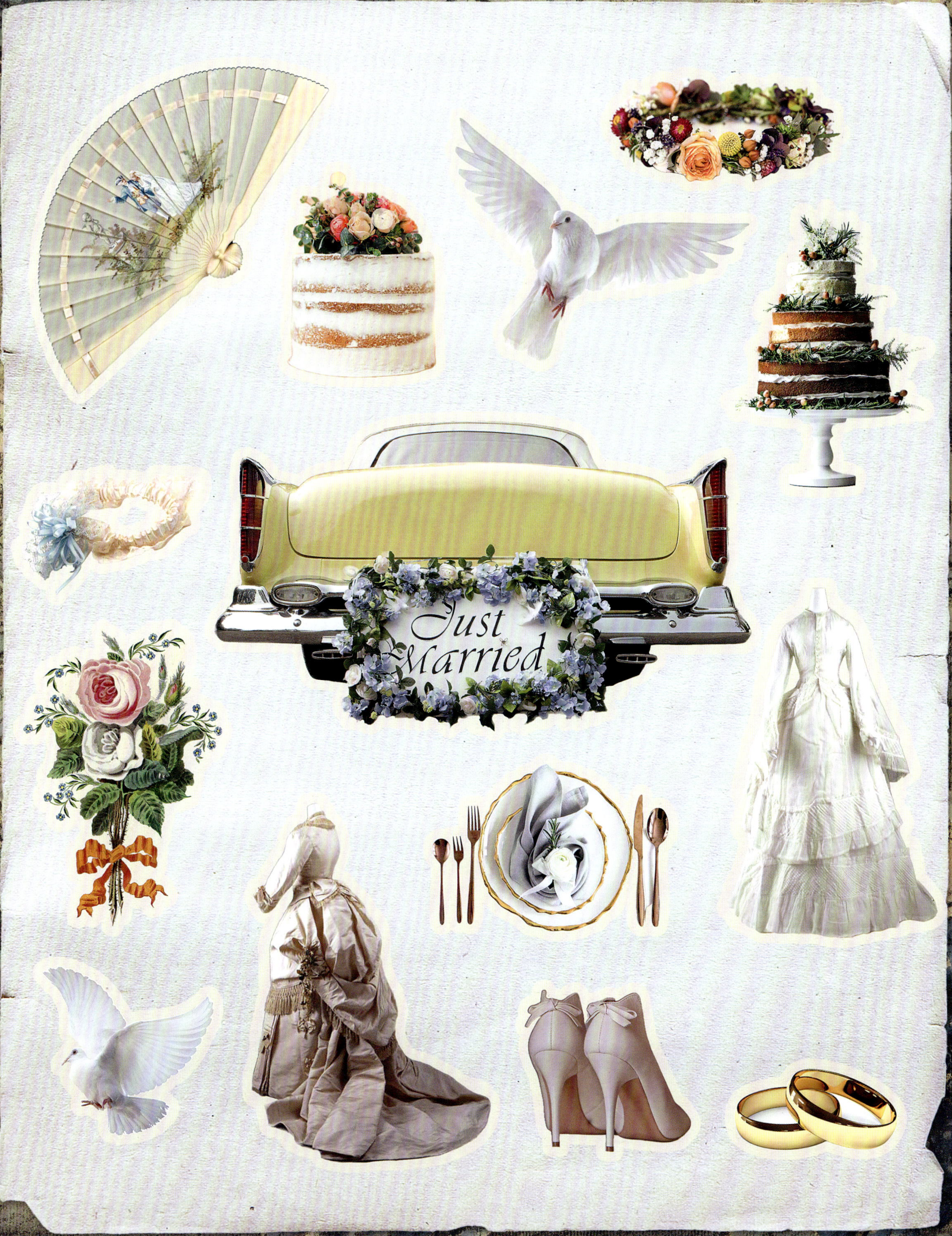
Just
Married

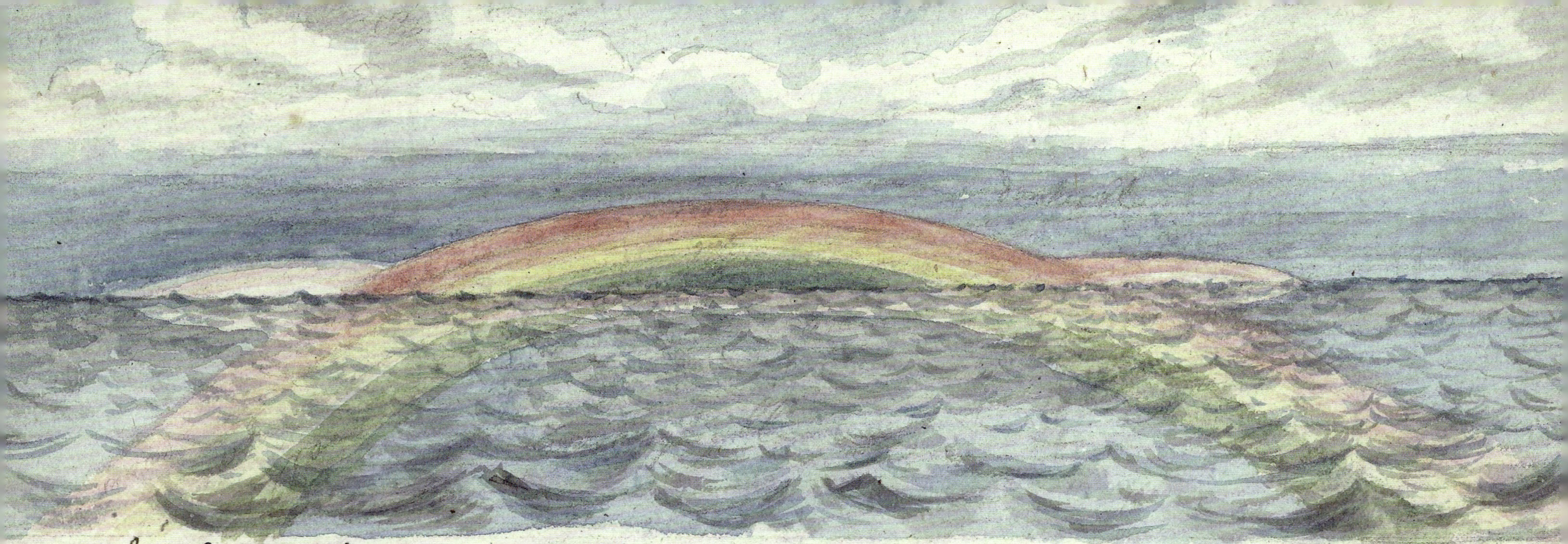

op den 26 aug 1778 s'morgens om half 10 vertoonde zig een regenboog op de kimmen aldus.

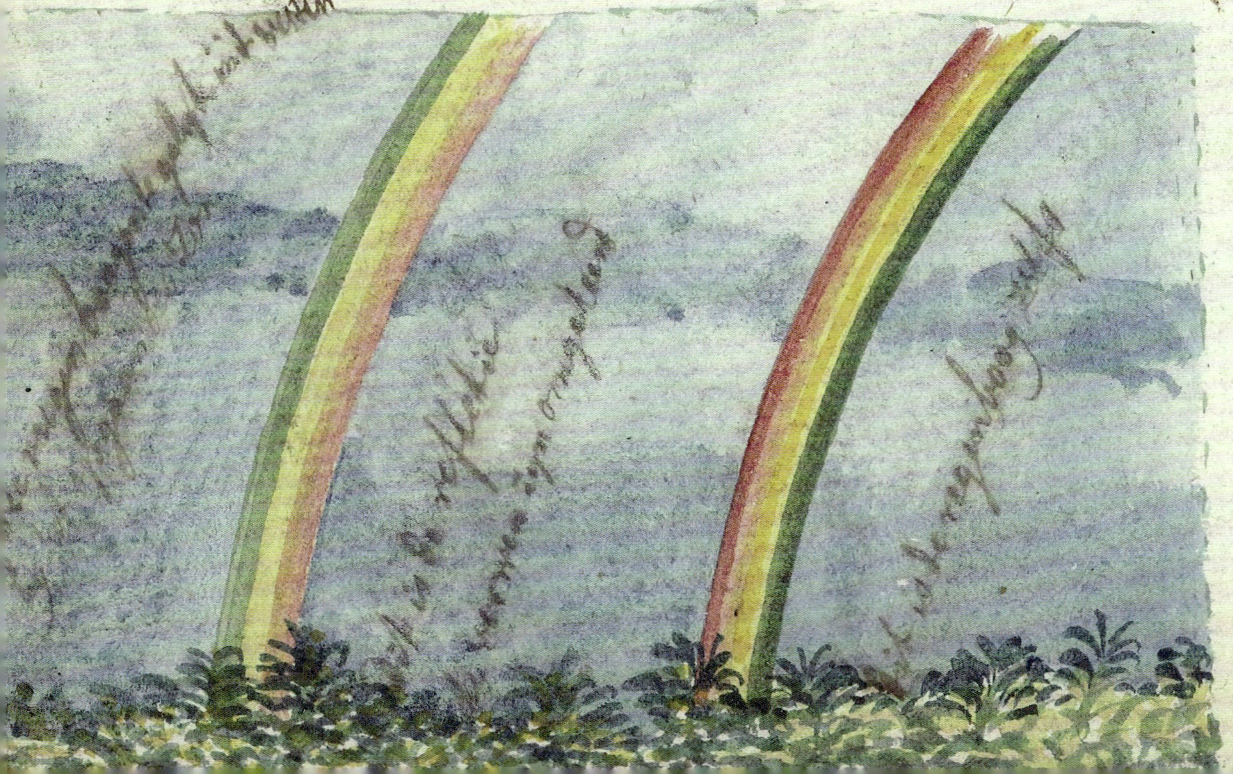

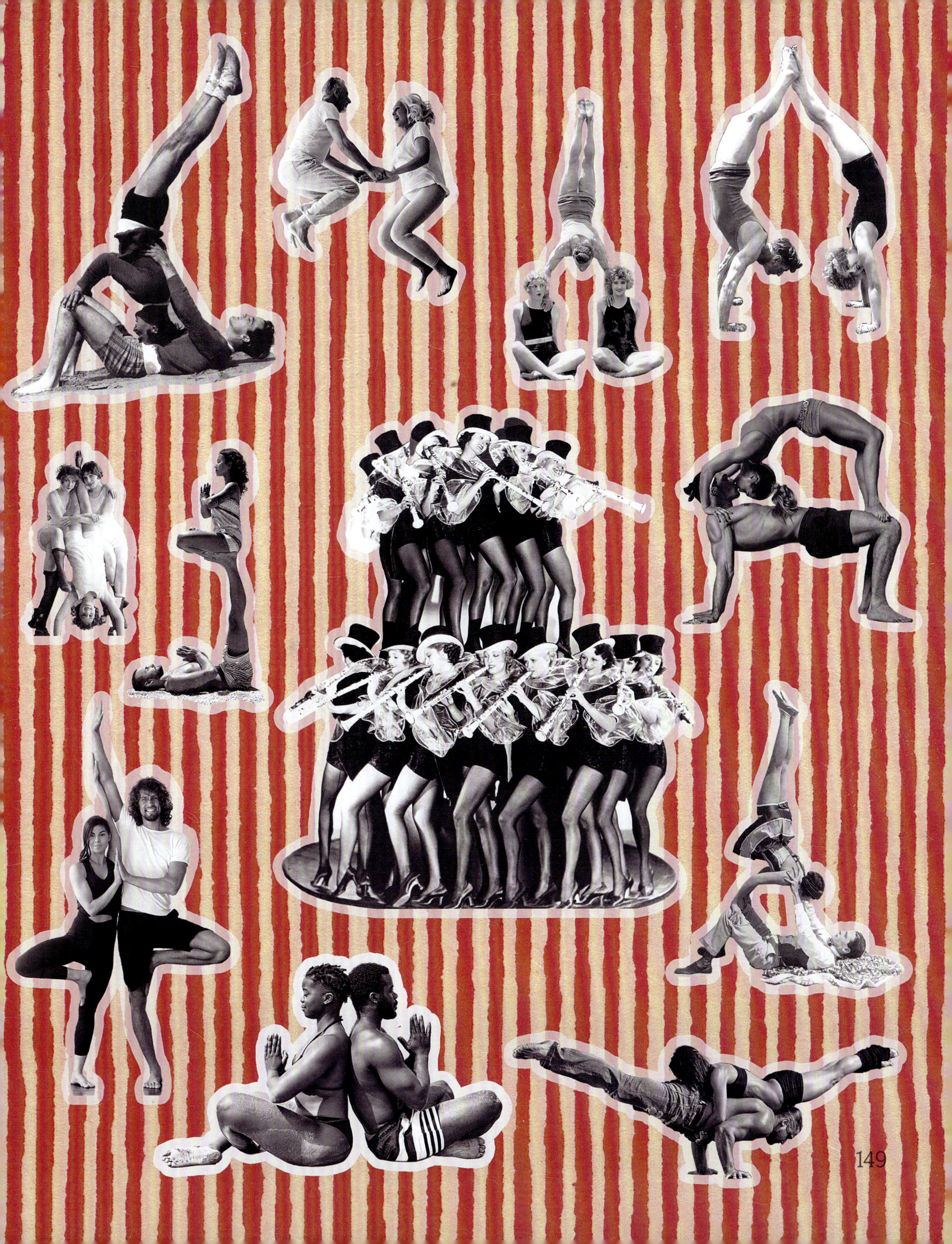

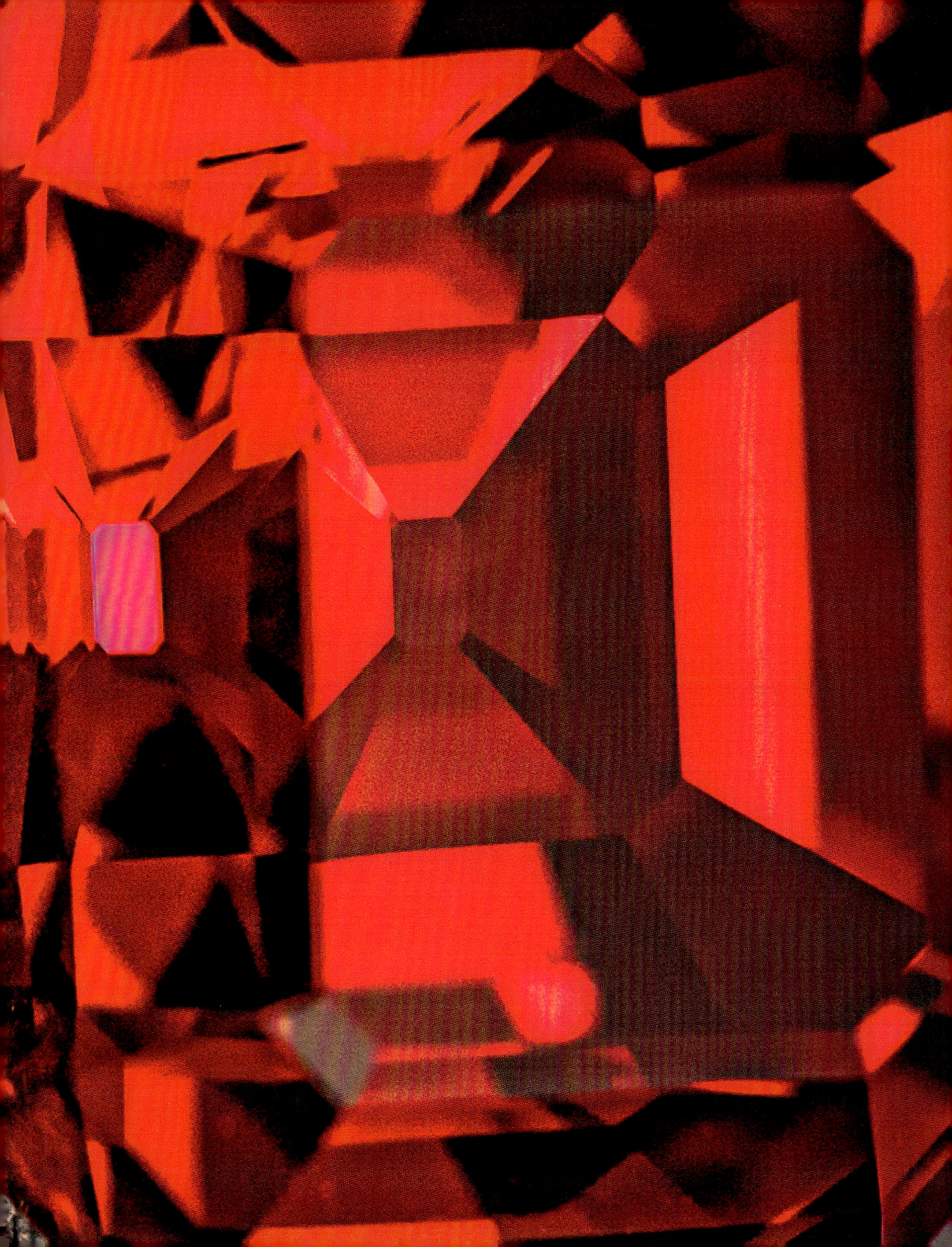

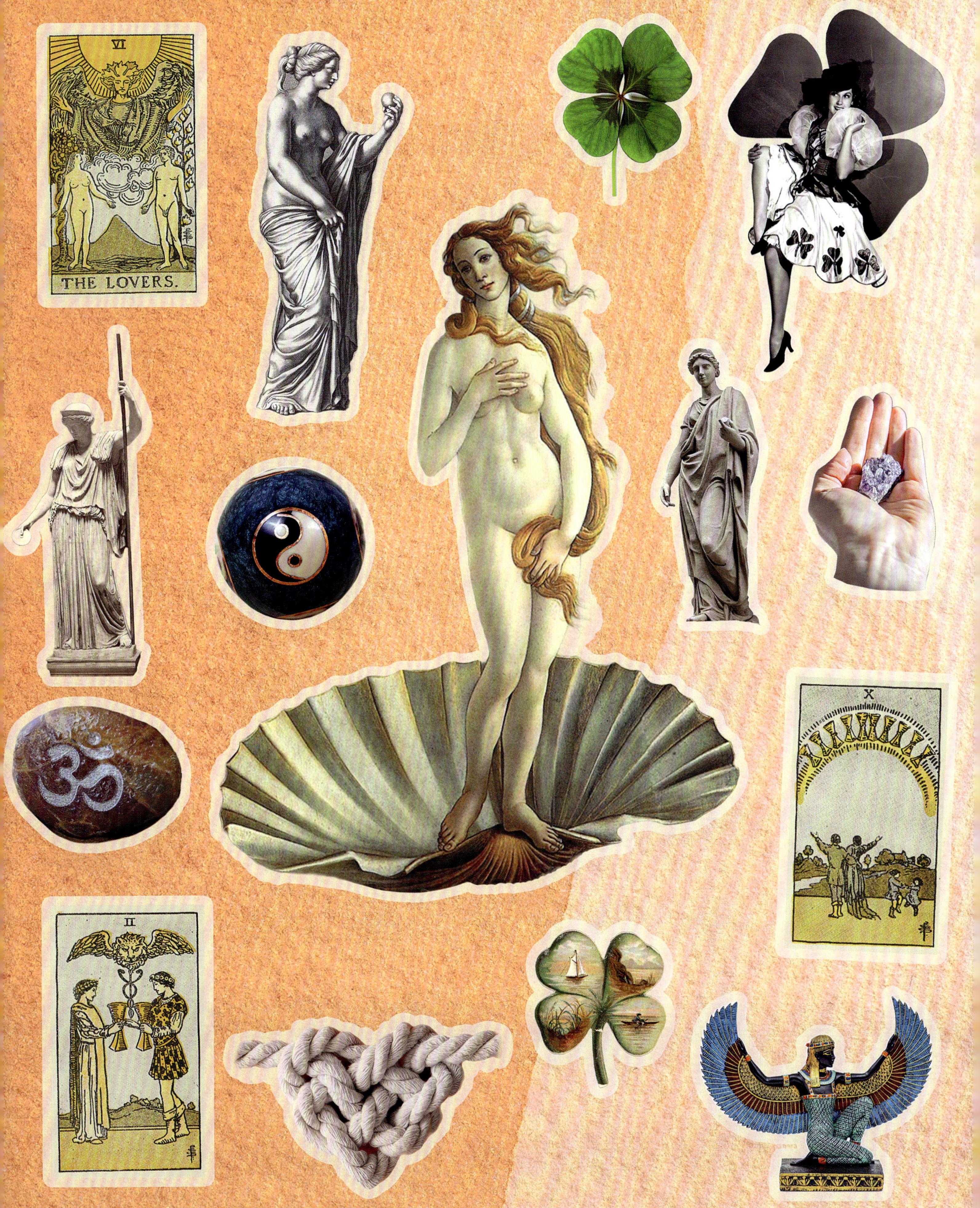
VI
THE LOVERS.
X
II

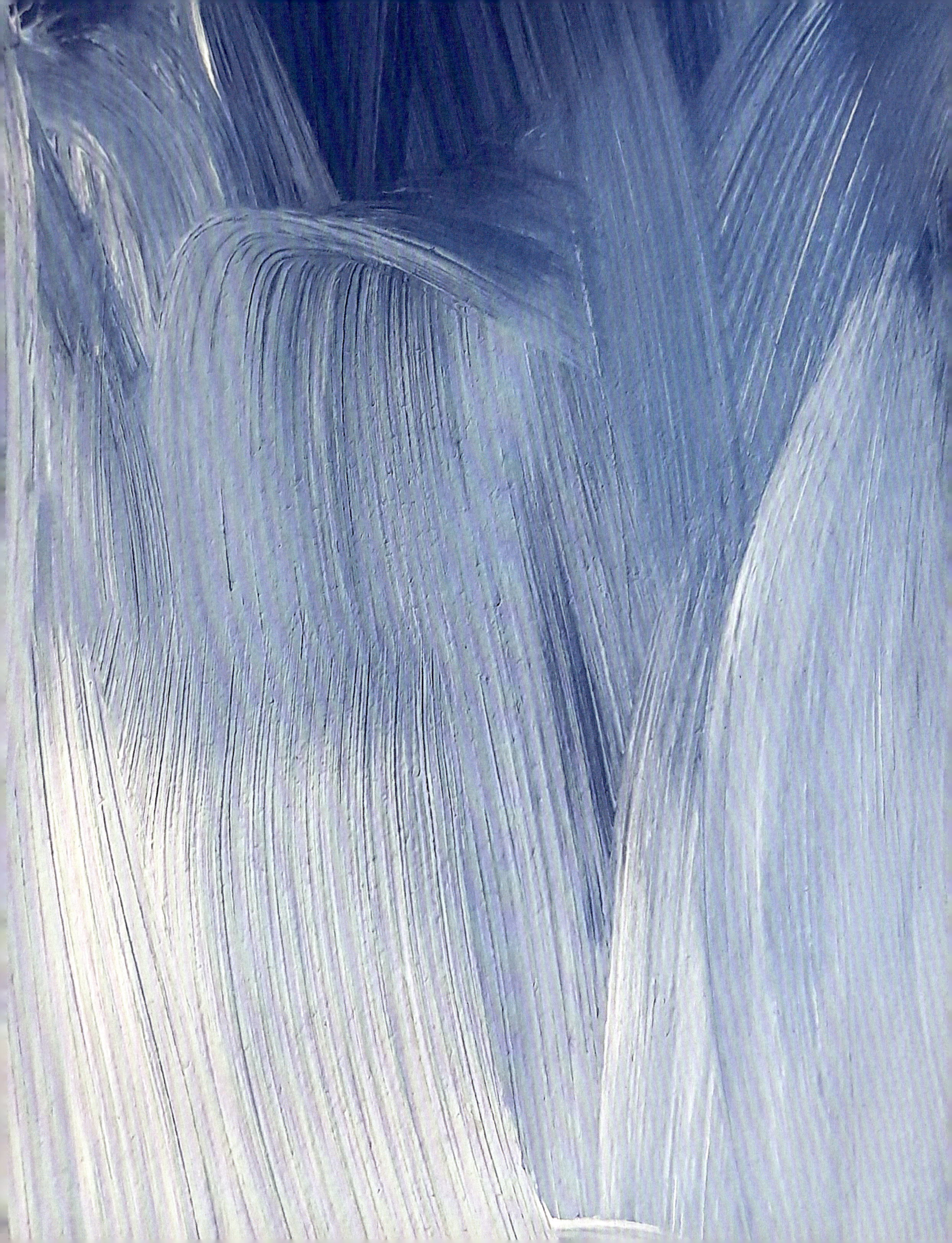

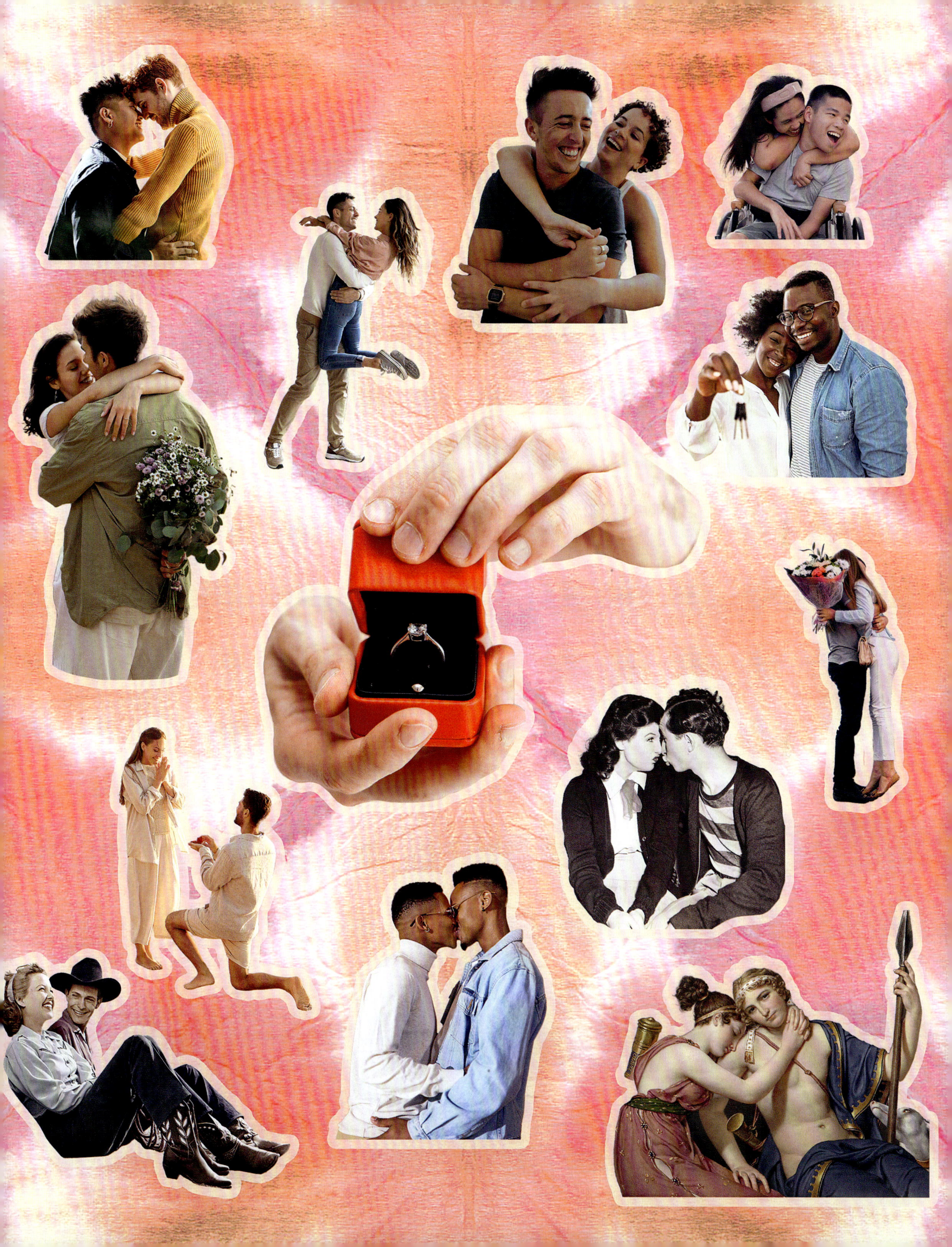

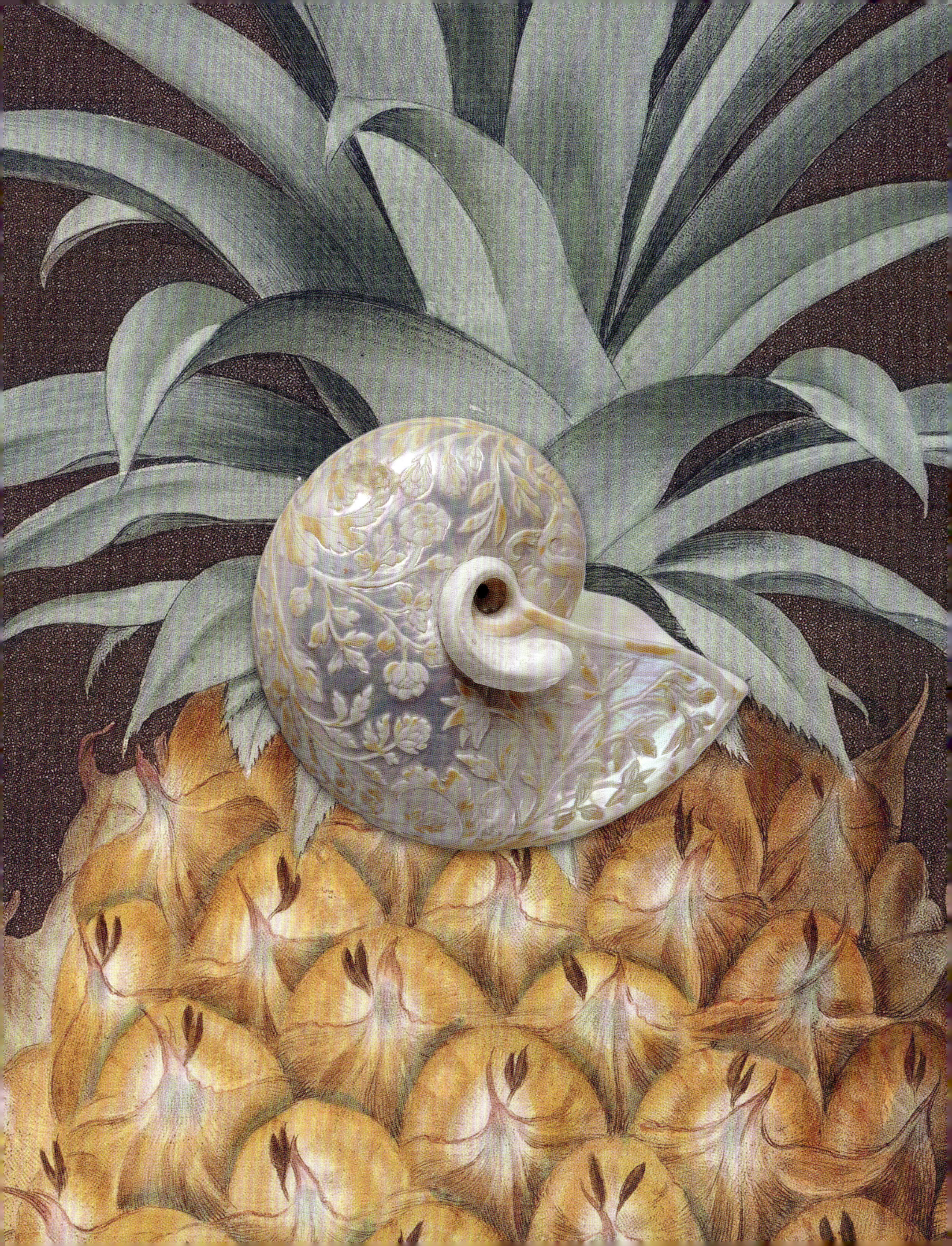

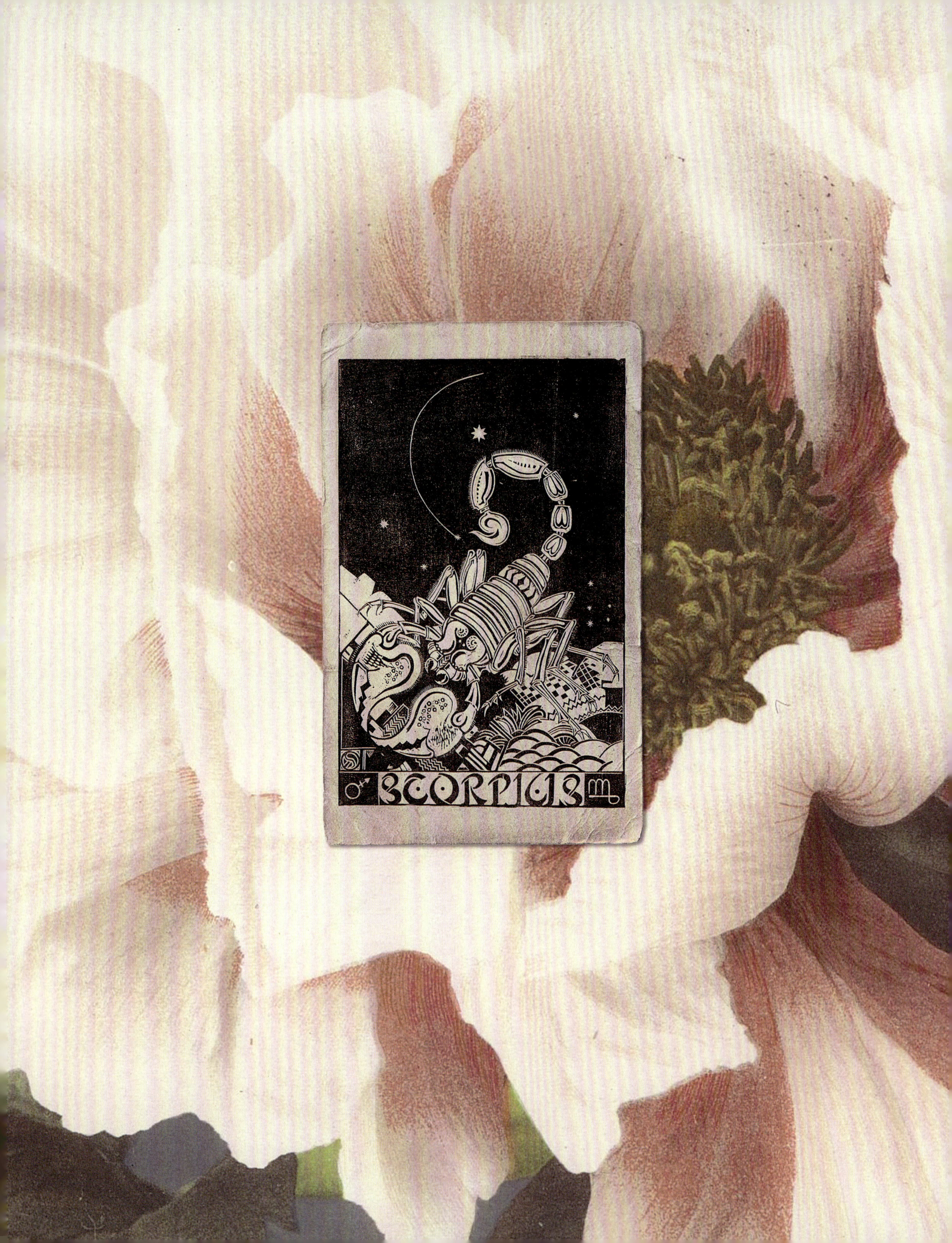
SCORPIUS

Begehren

Magie

Sexualität

Tod und Wiedergeburt

Veränderung

Haus Acht:

Intimität

Skorpion (Wasser)

Manifestation

Verführung

Anziehungskraft

Faszination

Instinkt

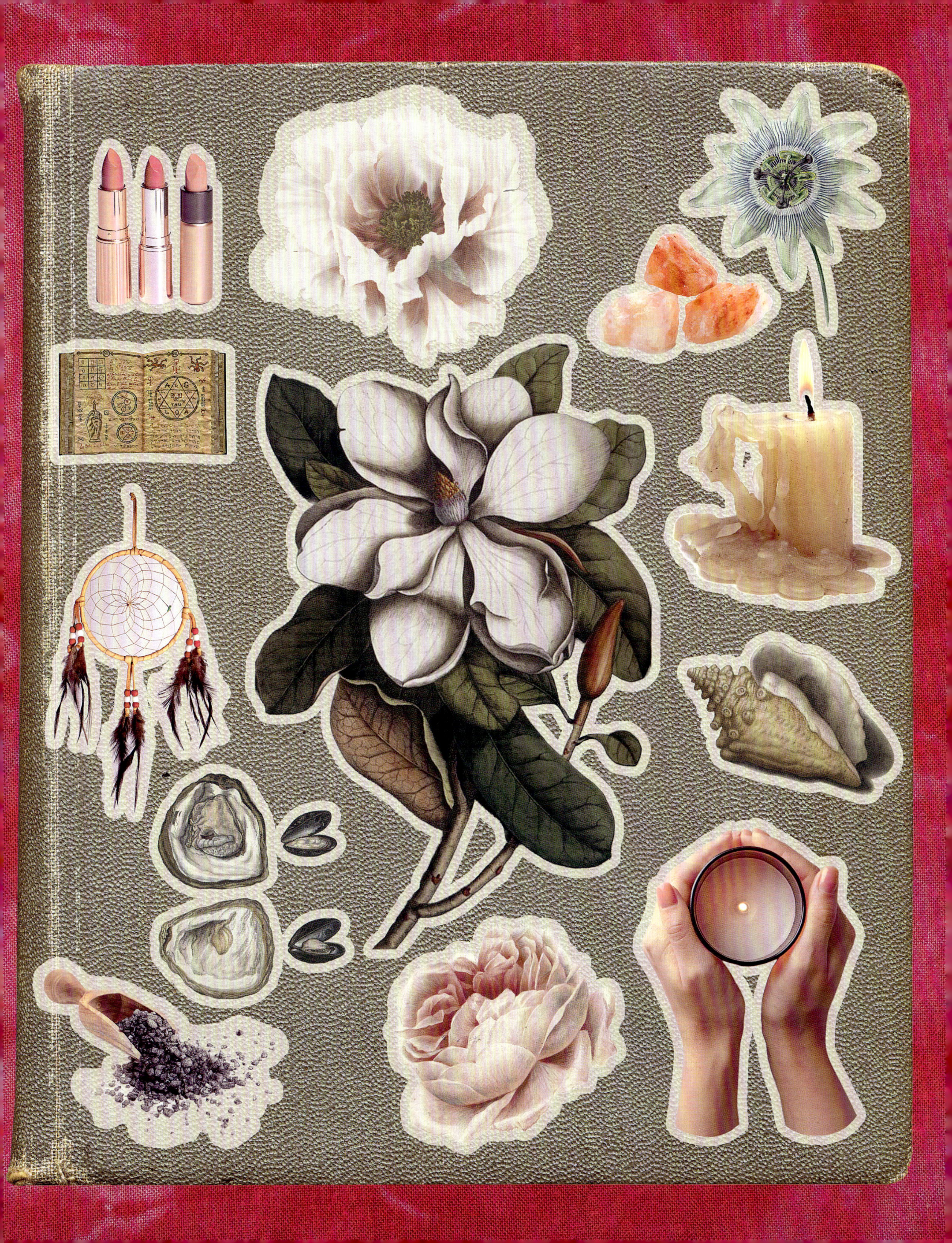

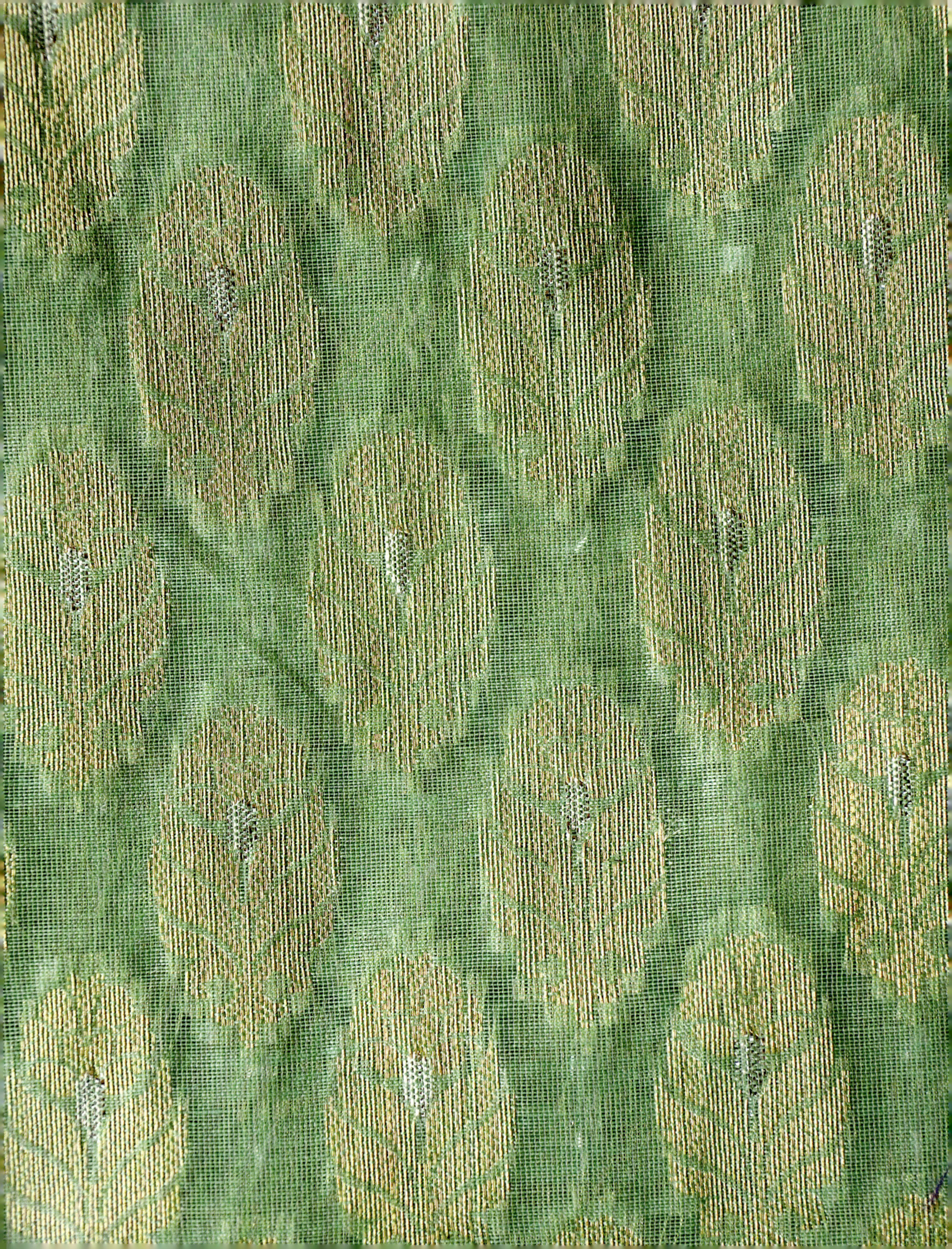

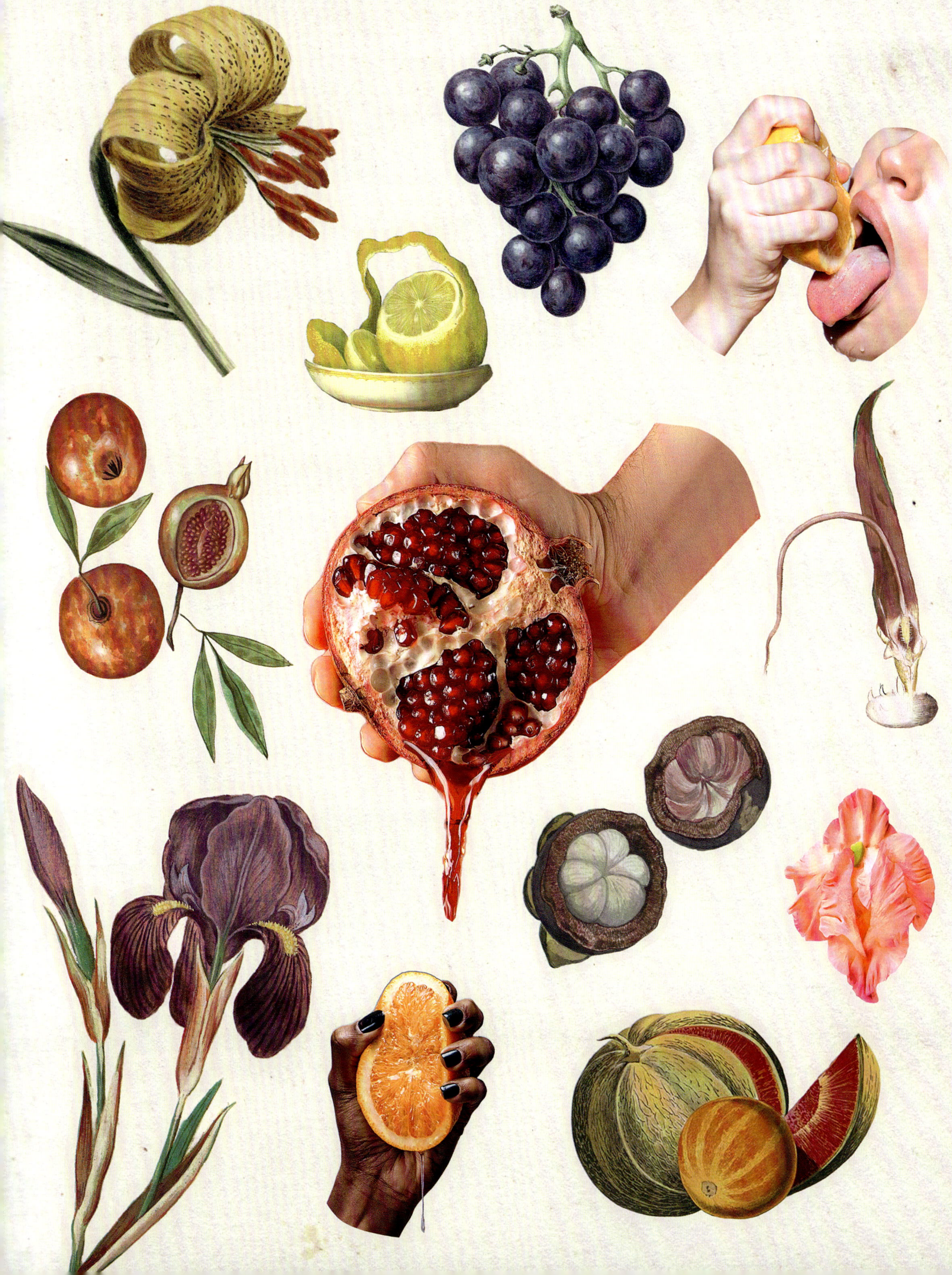

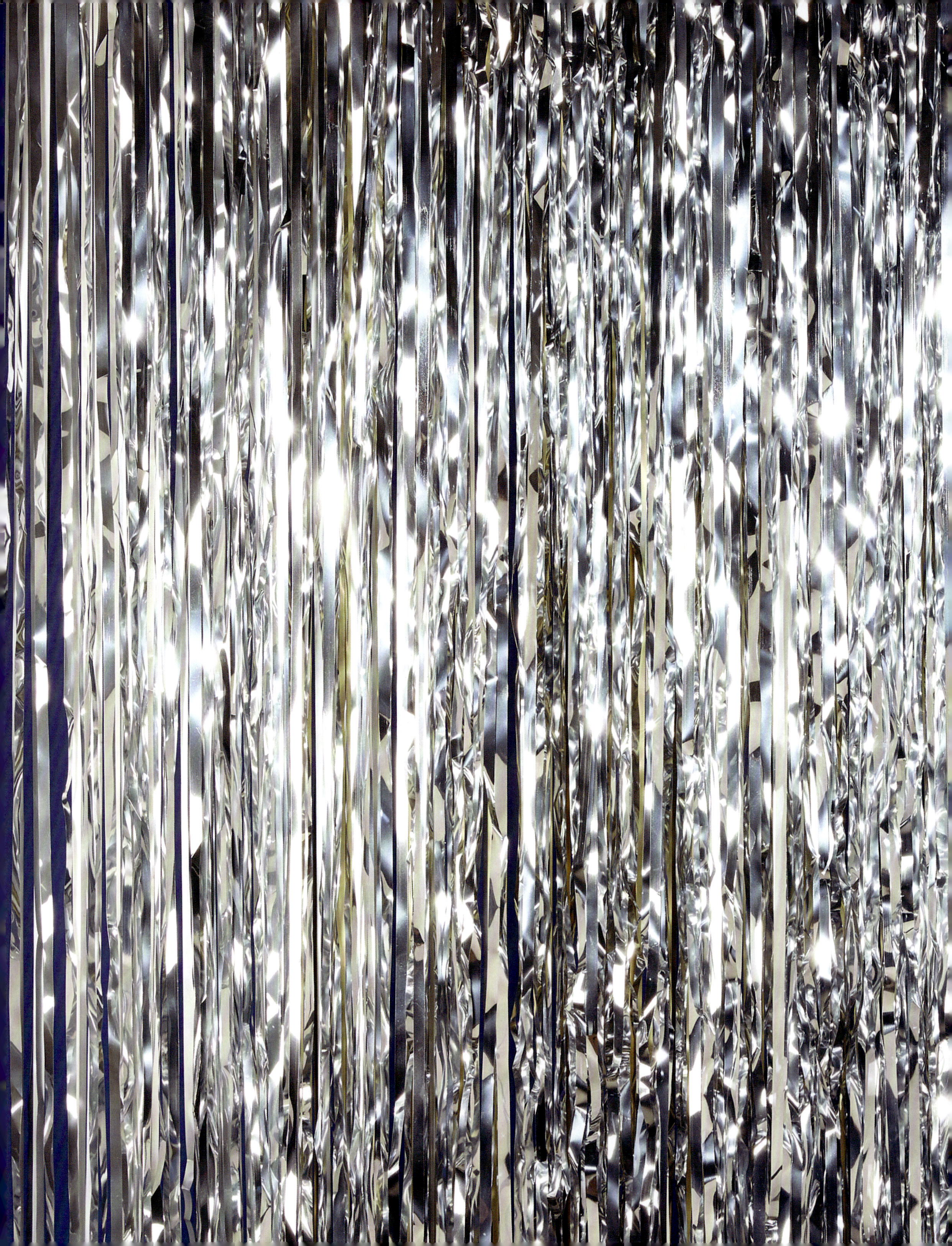

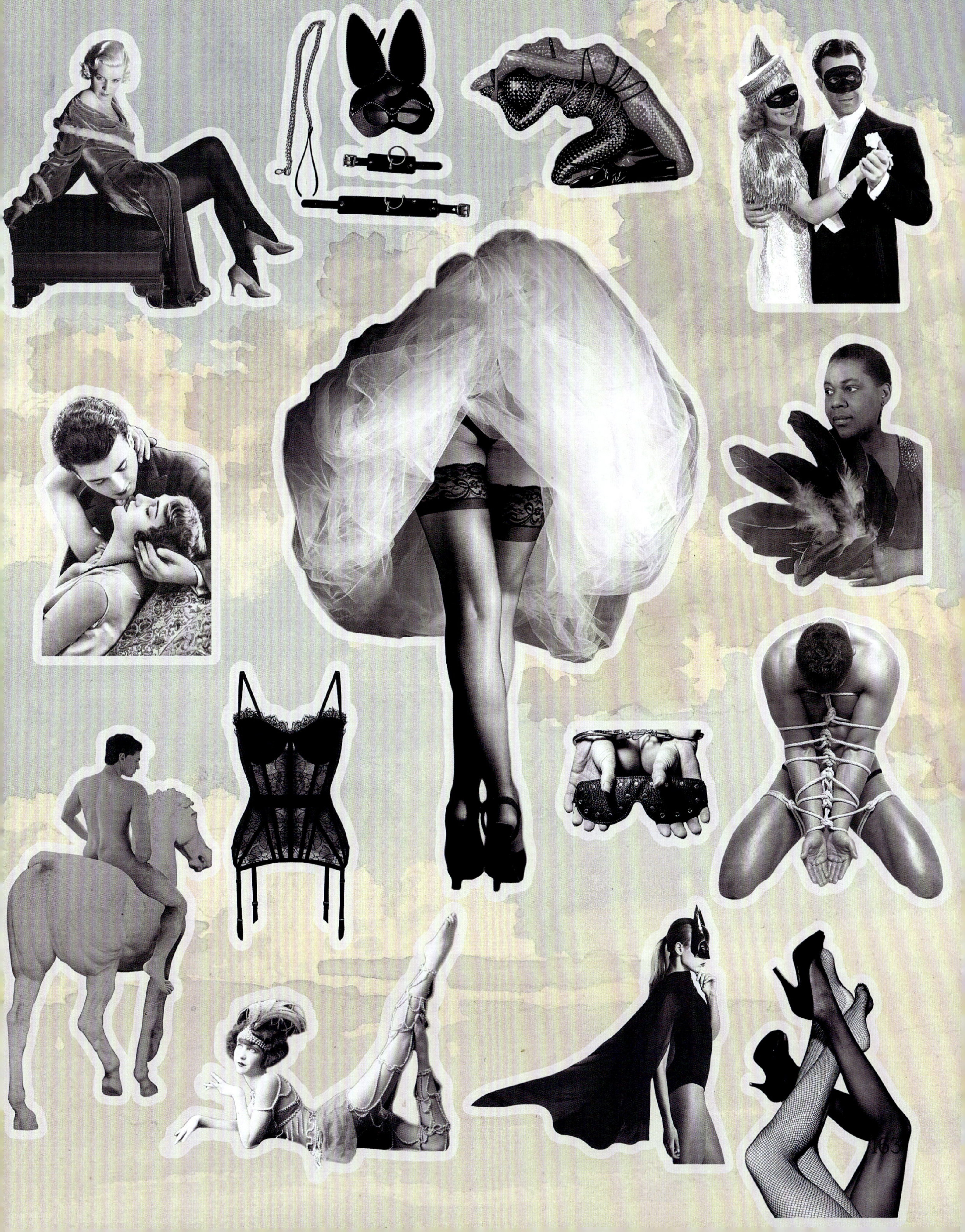

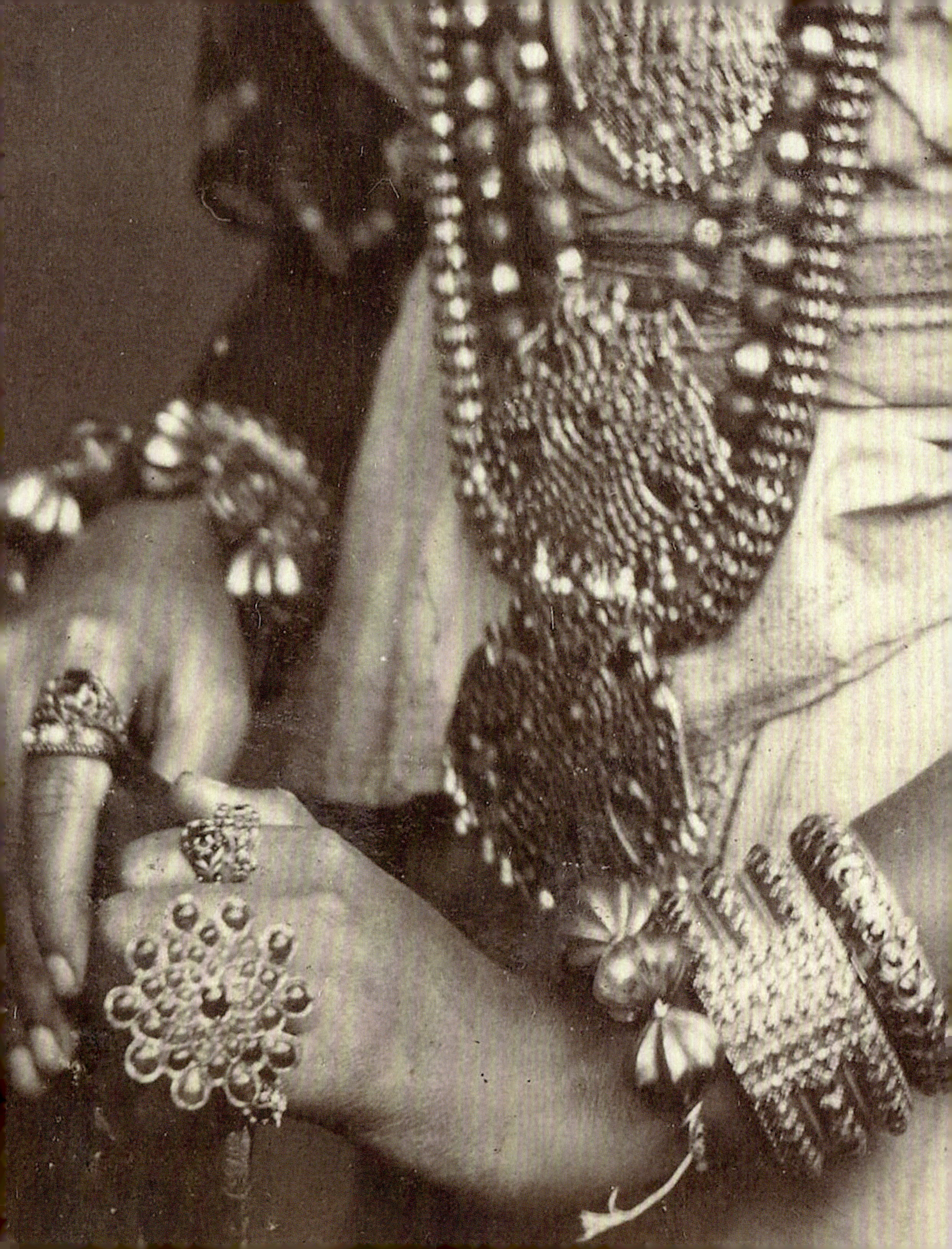

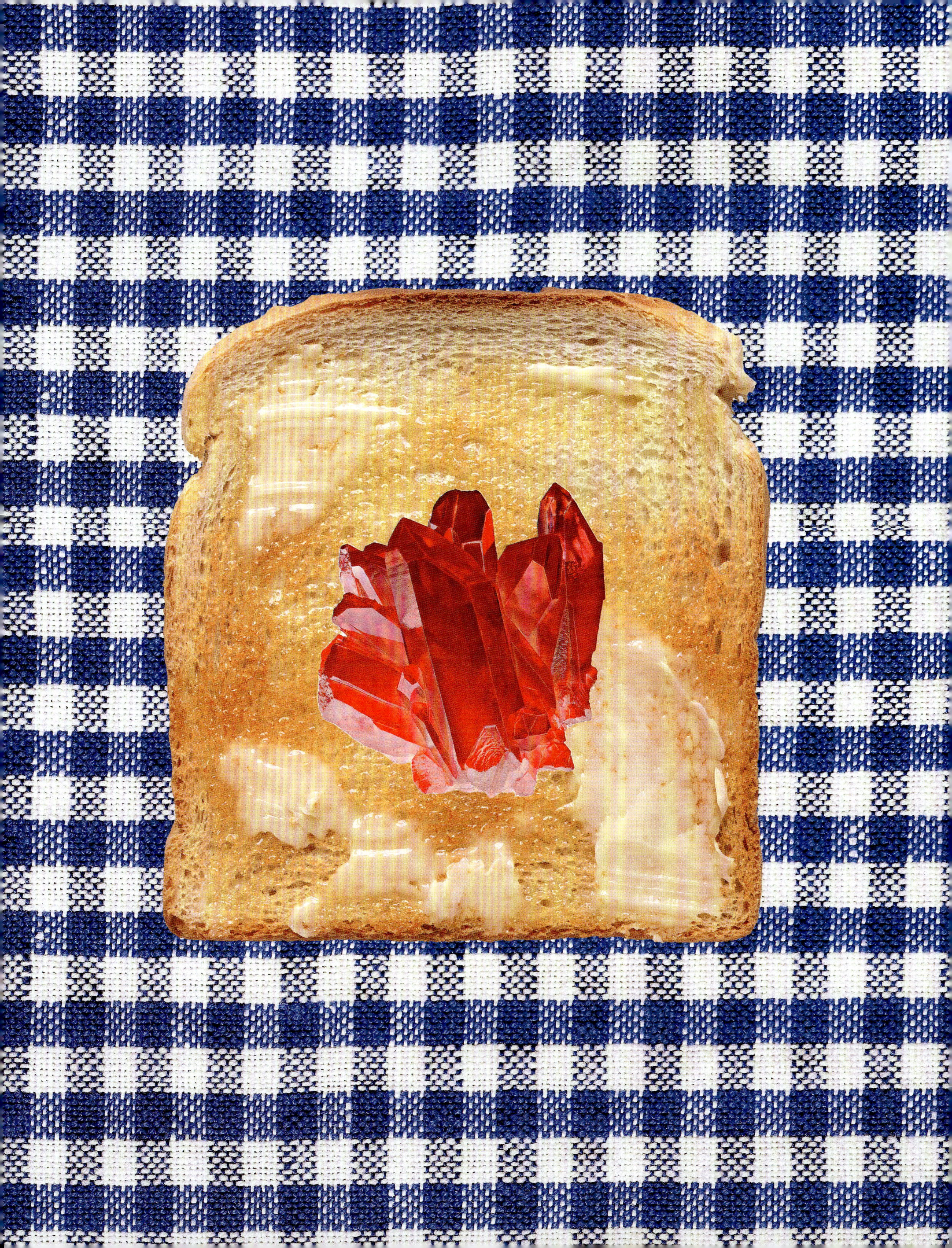

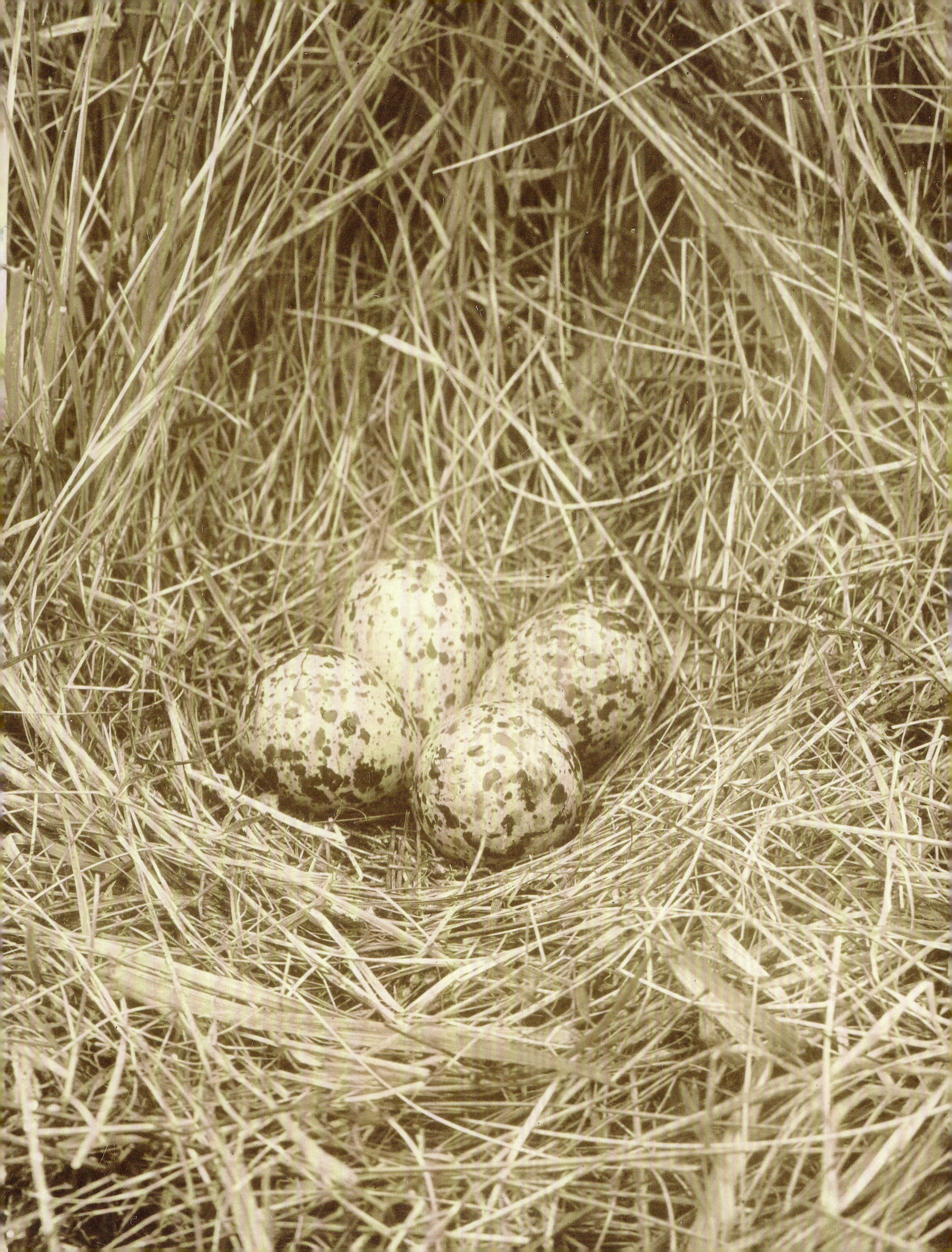

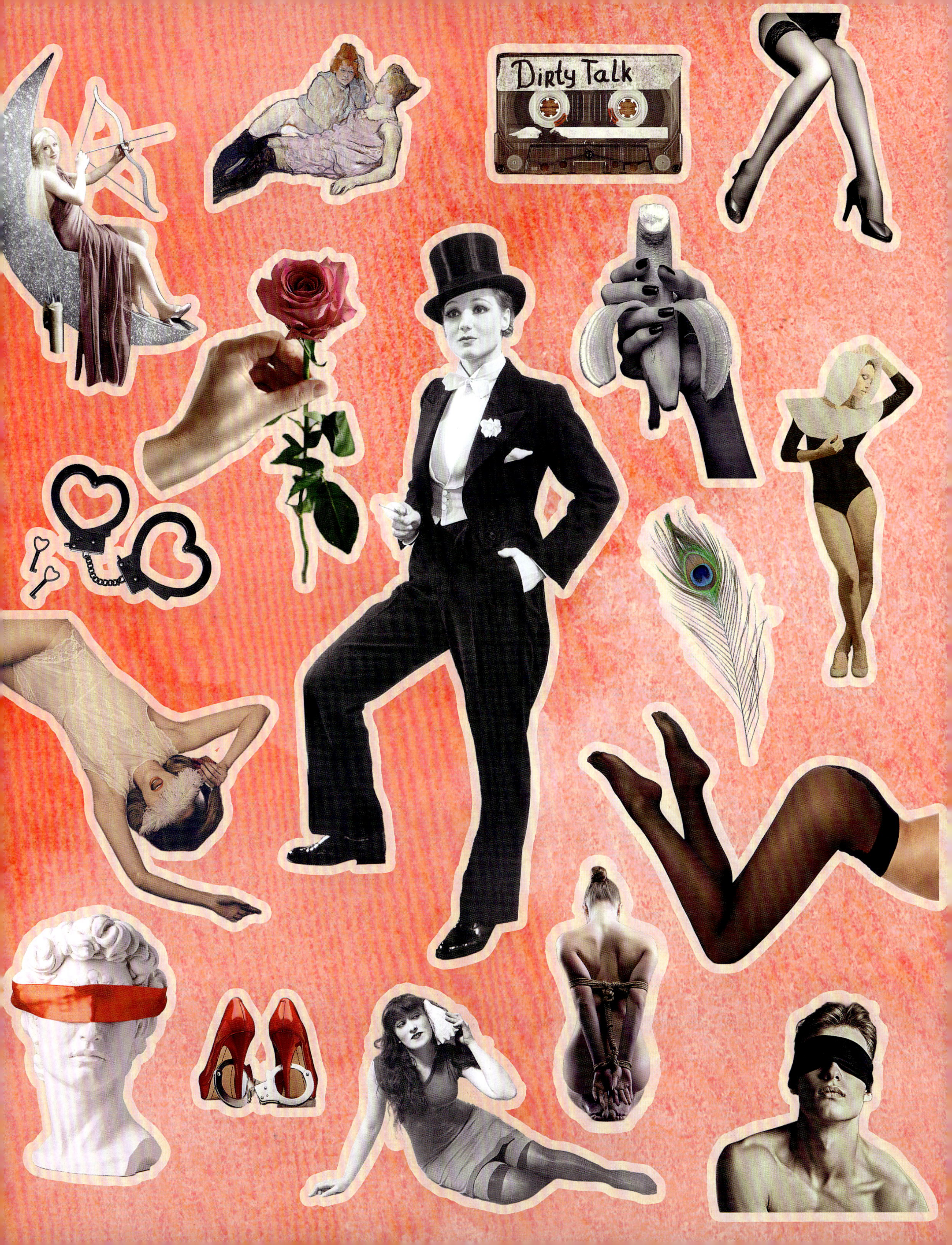
Dirty Talk

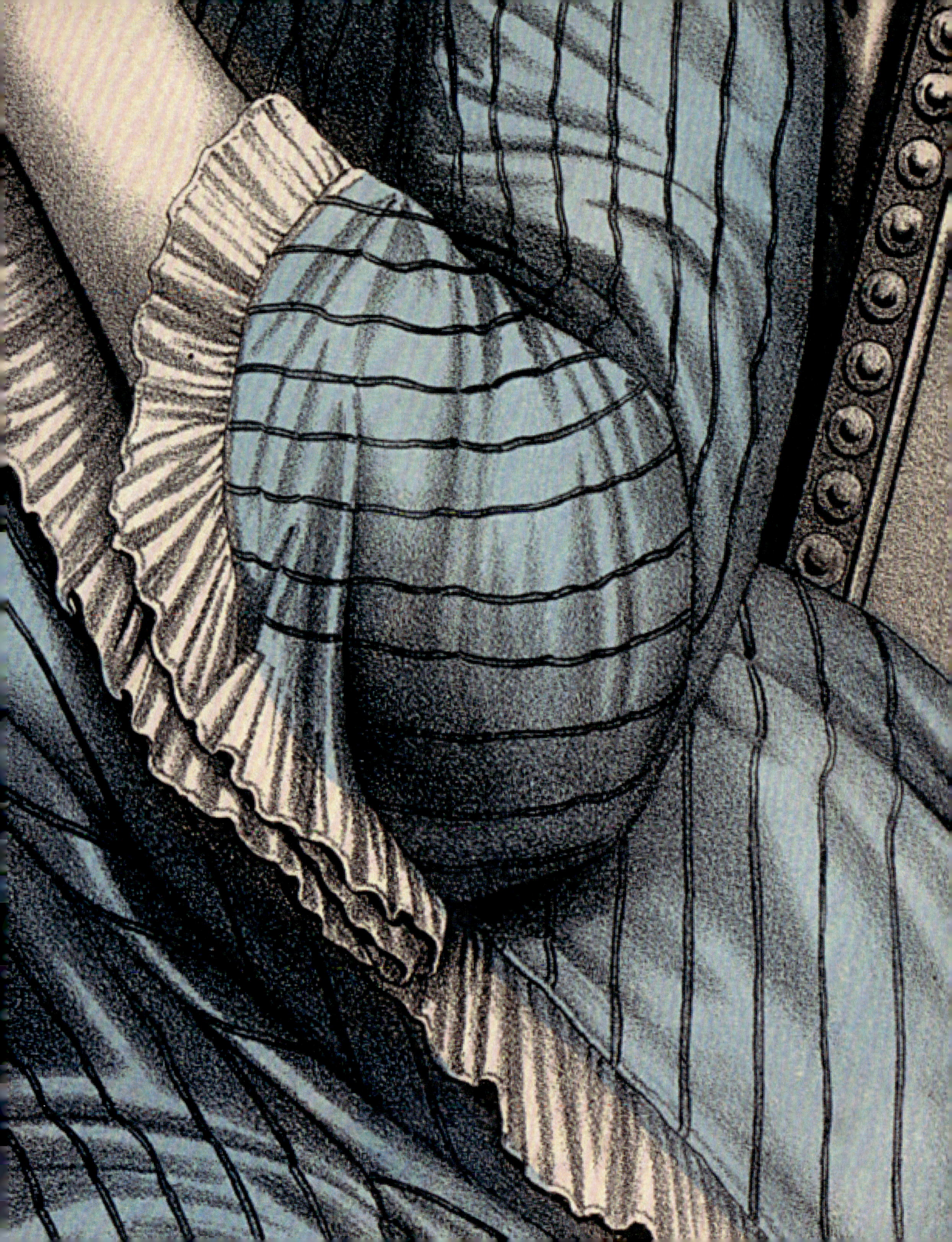

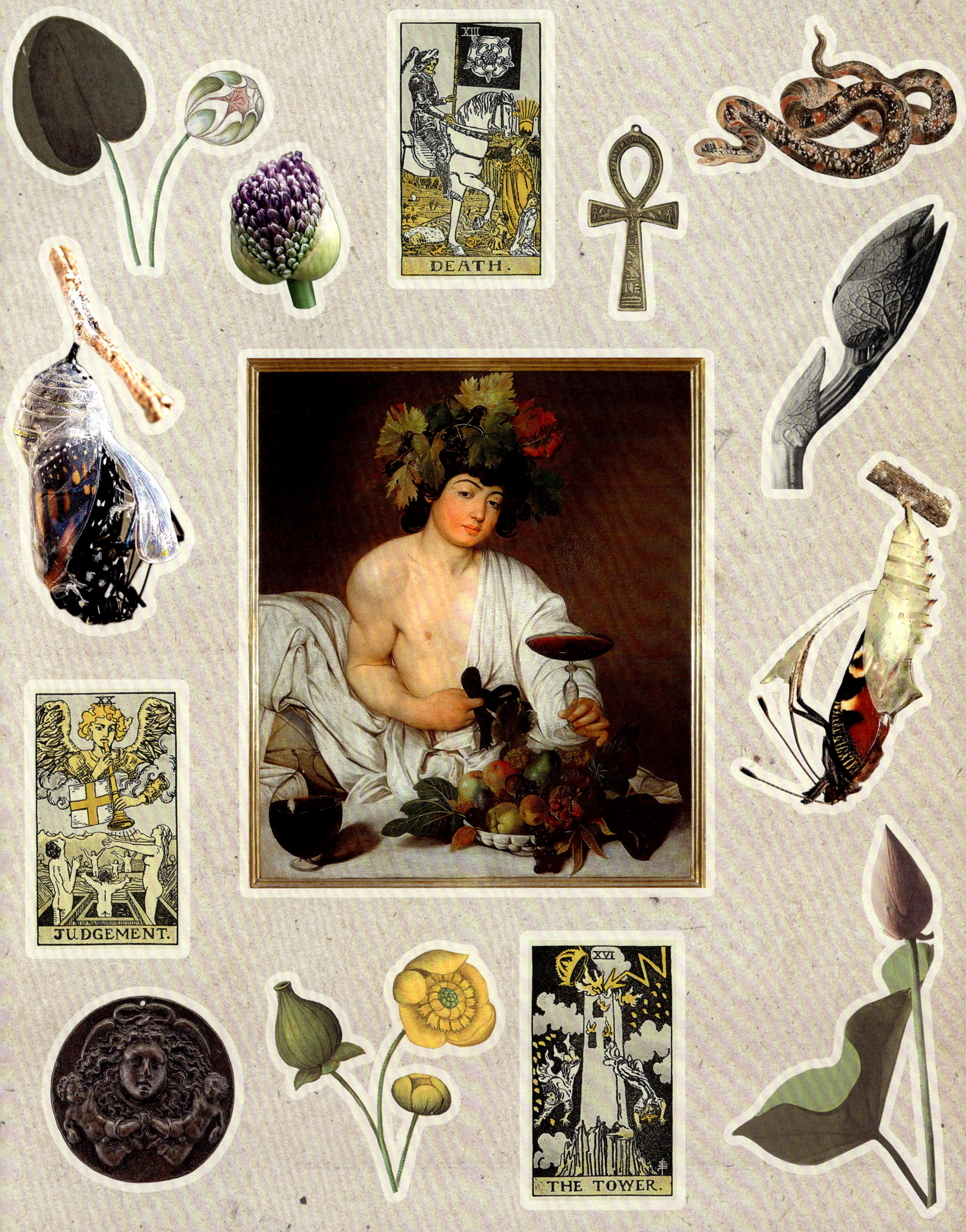
XIII
DEATH.
XX
JUDGEMENT.
XVI
THE TOWER.

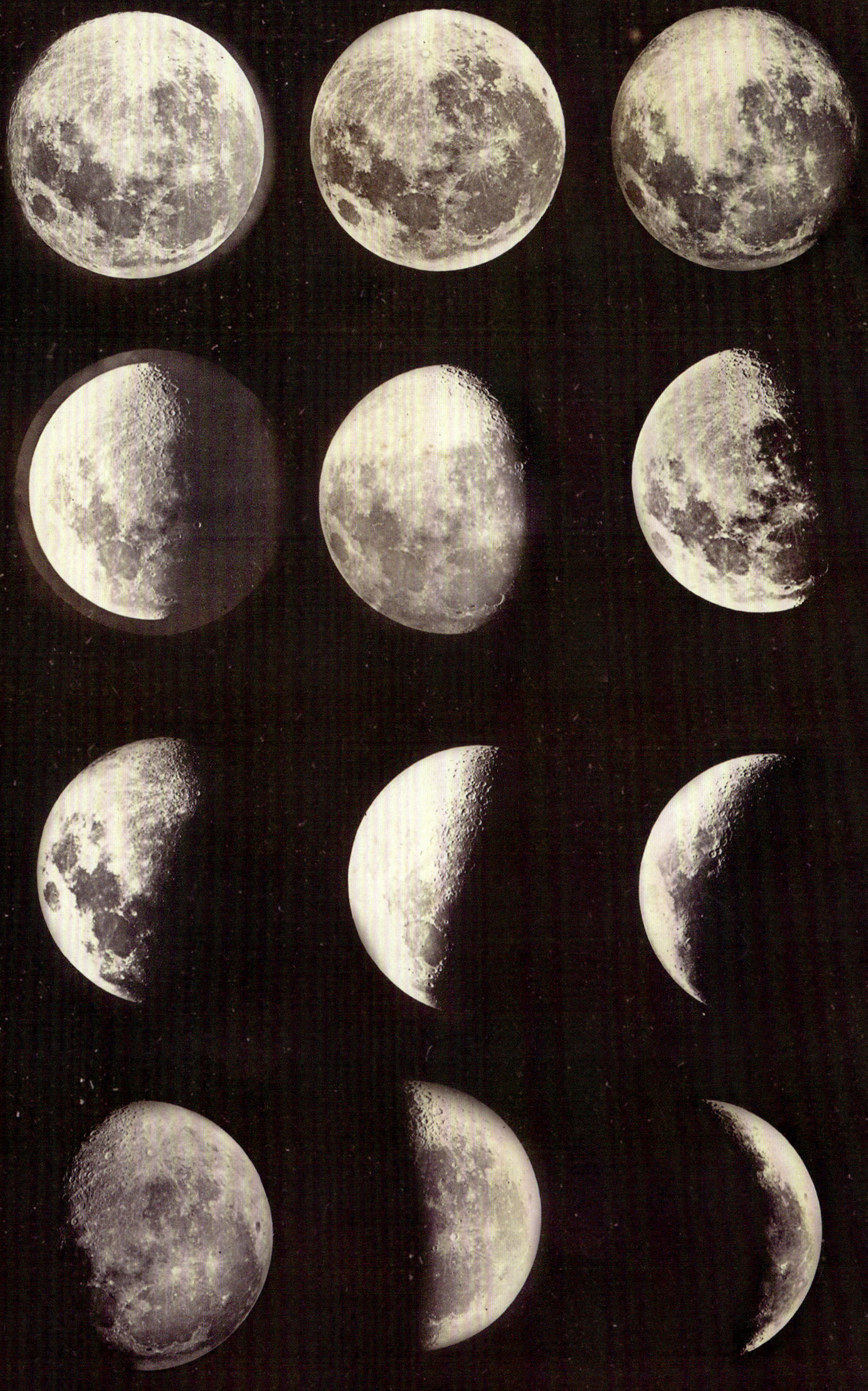

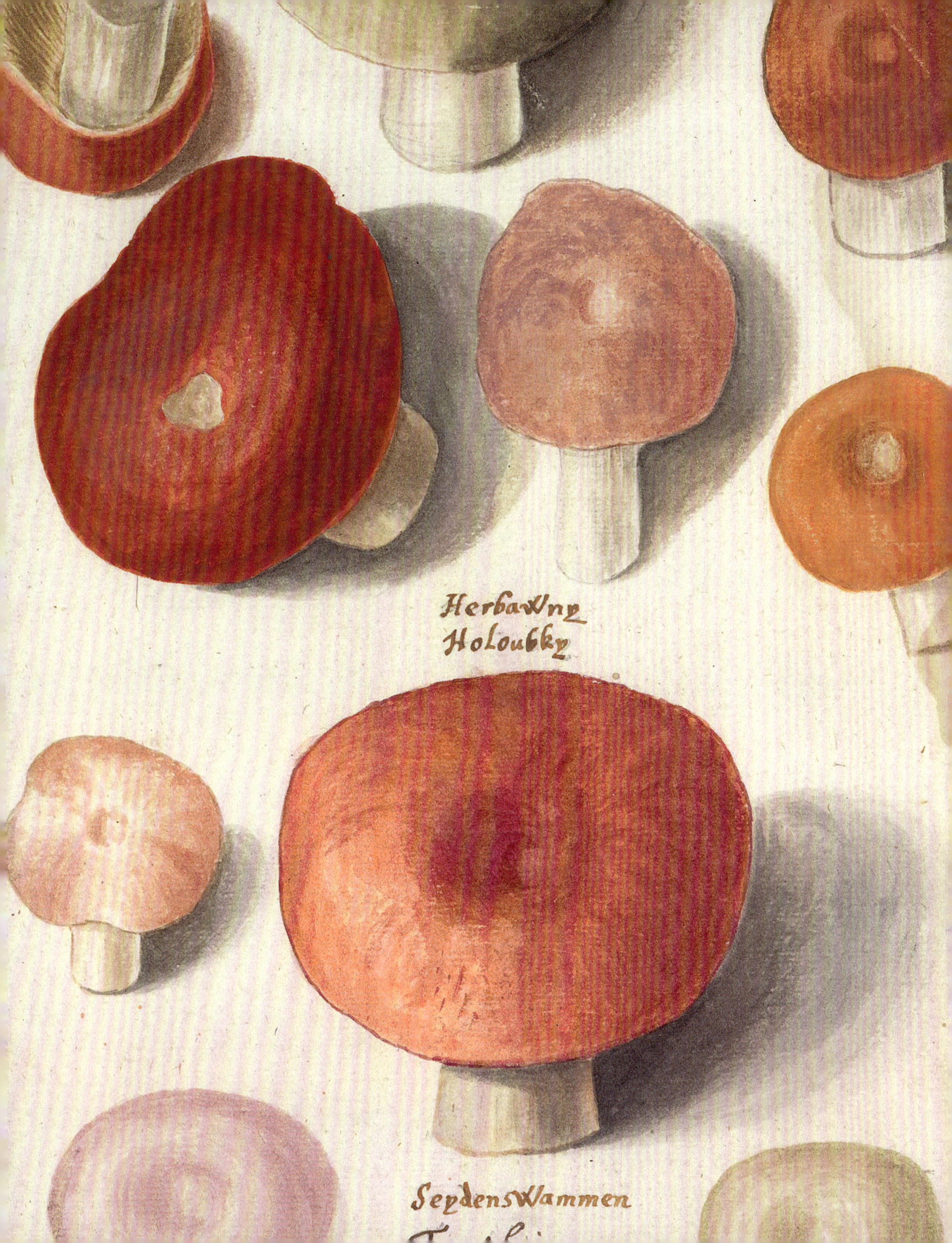
Herbawny
Holoubky
Seydenswammen

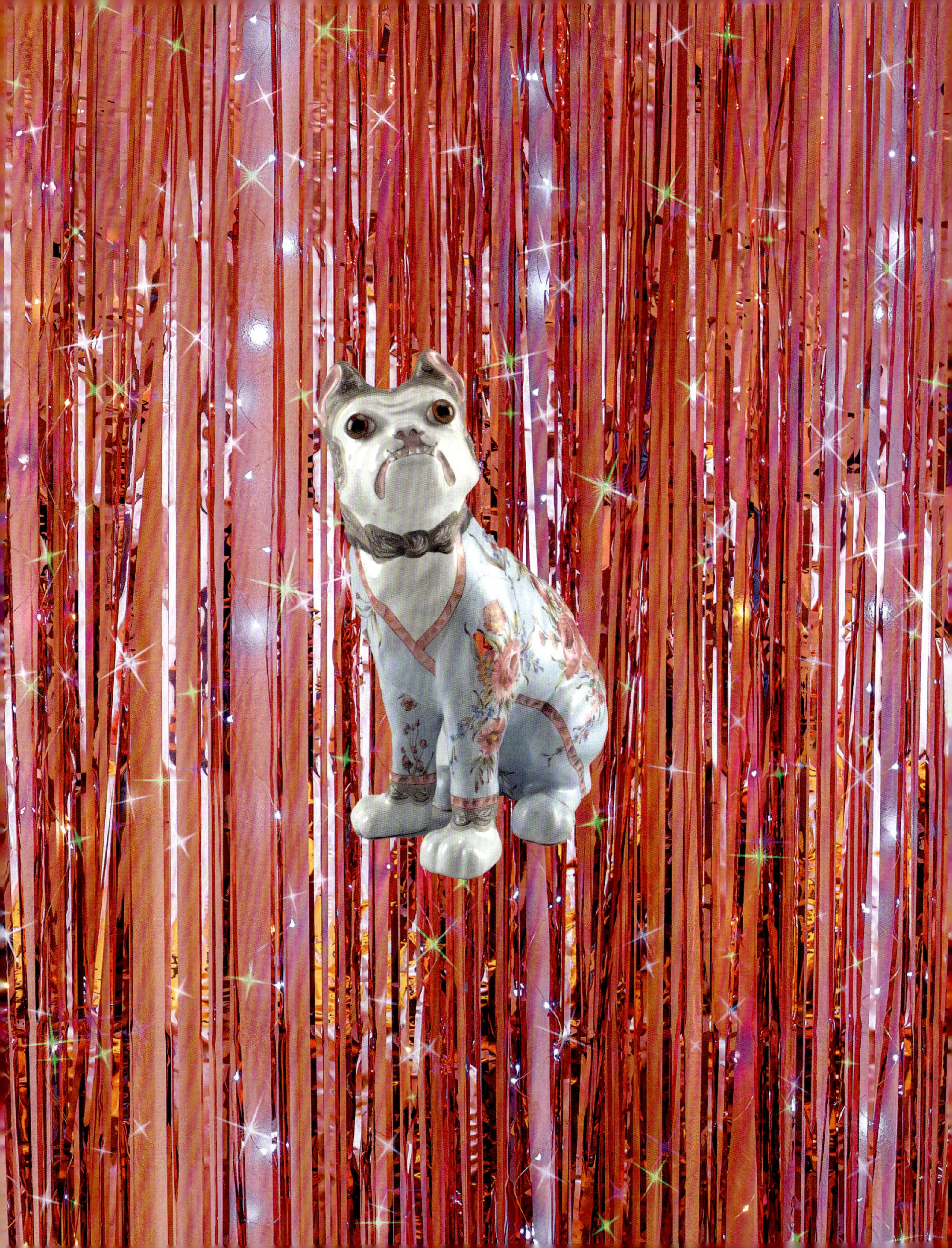

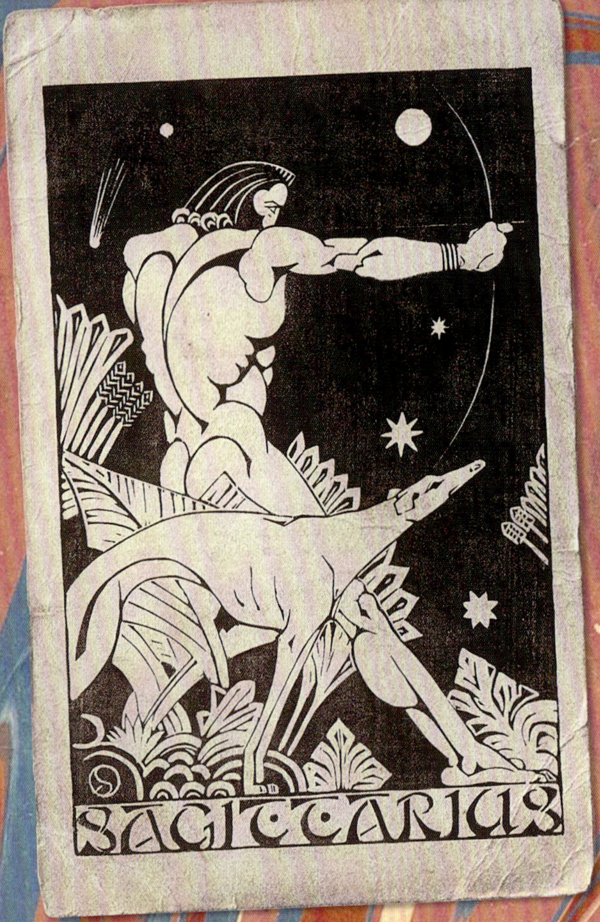
SAGITTARIUS

Weitläufigkeit

Reise

Entdeckung

Göttlichkeit

Gegenwart

Spiritualität

Neue Erfahrungen

Bucket List

Haus Neun:

Abenteuer

Schütze (Feuer)

Horizont

Erinnerungen schaffen

Lernen

Weisheit

Begeisterung

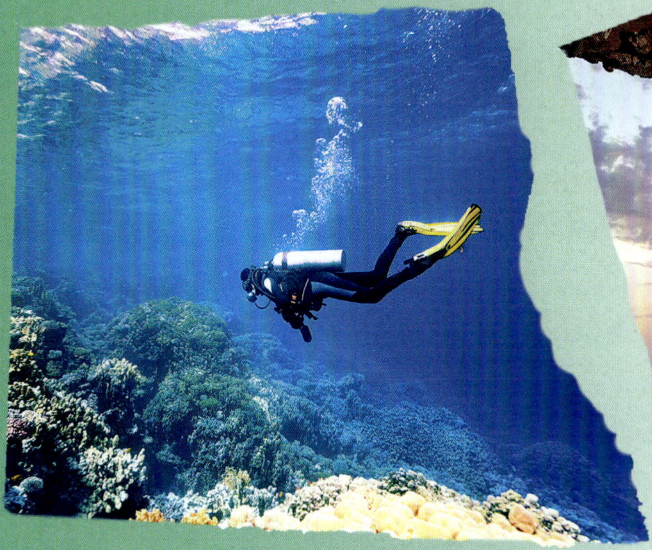
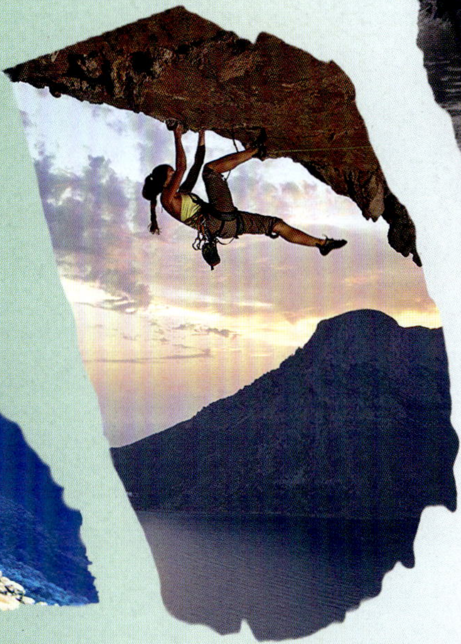
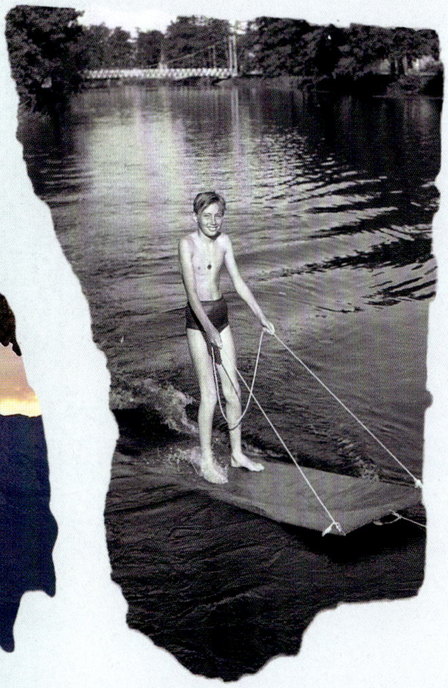
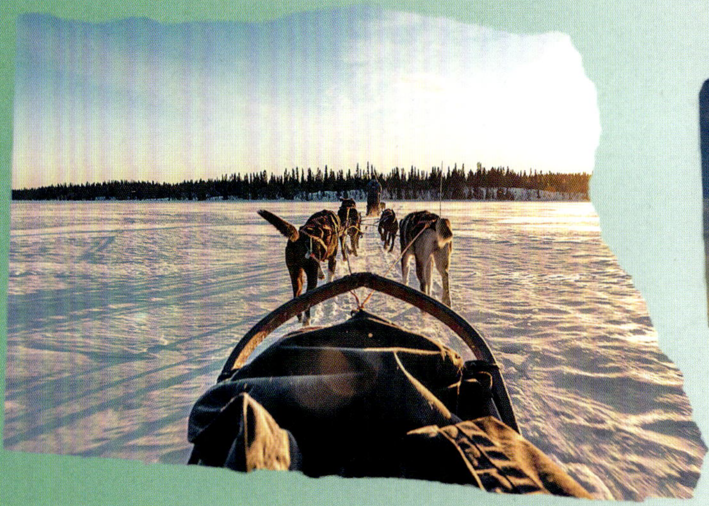
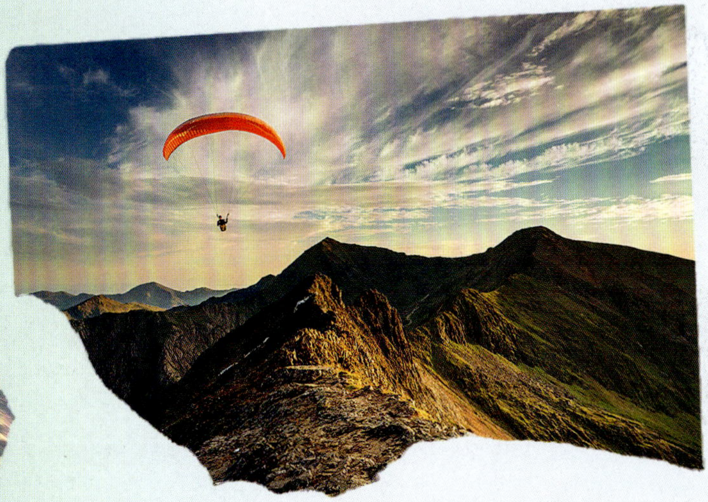
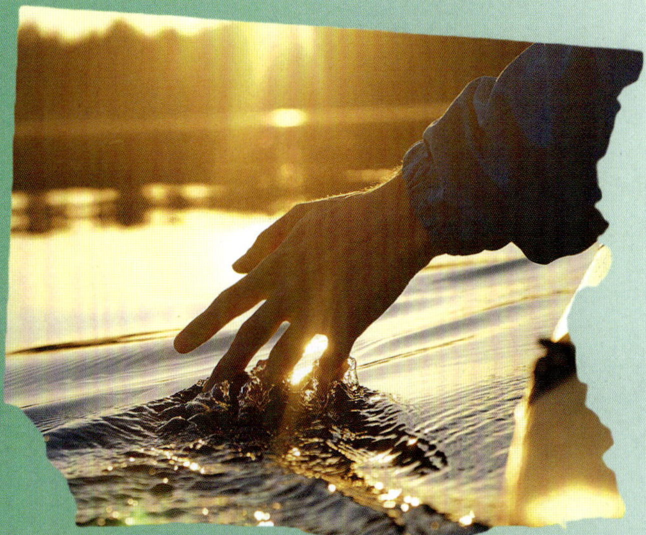
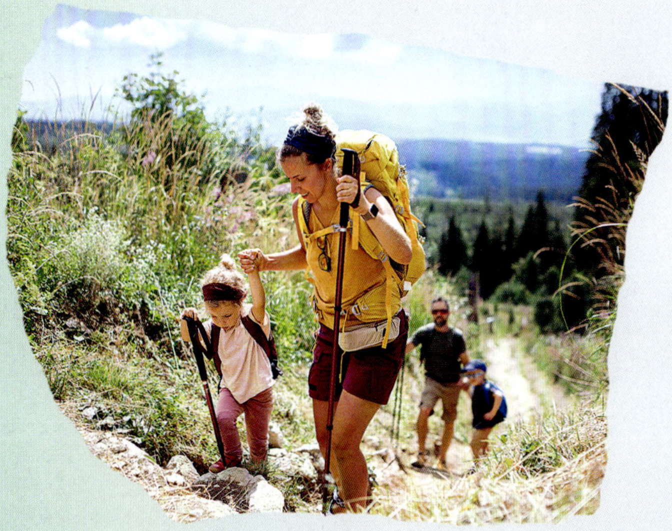

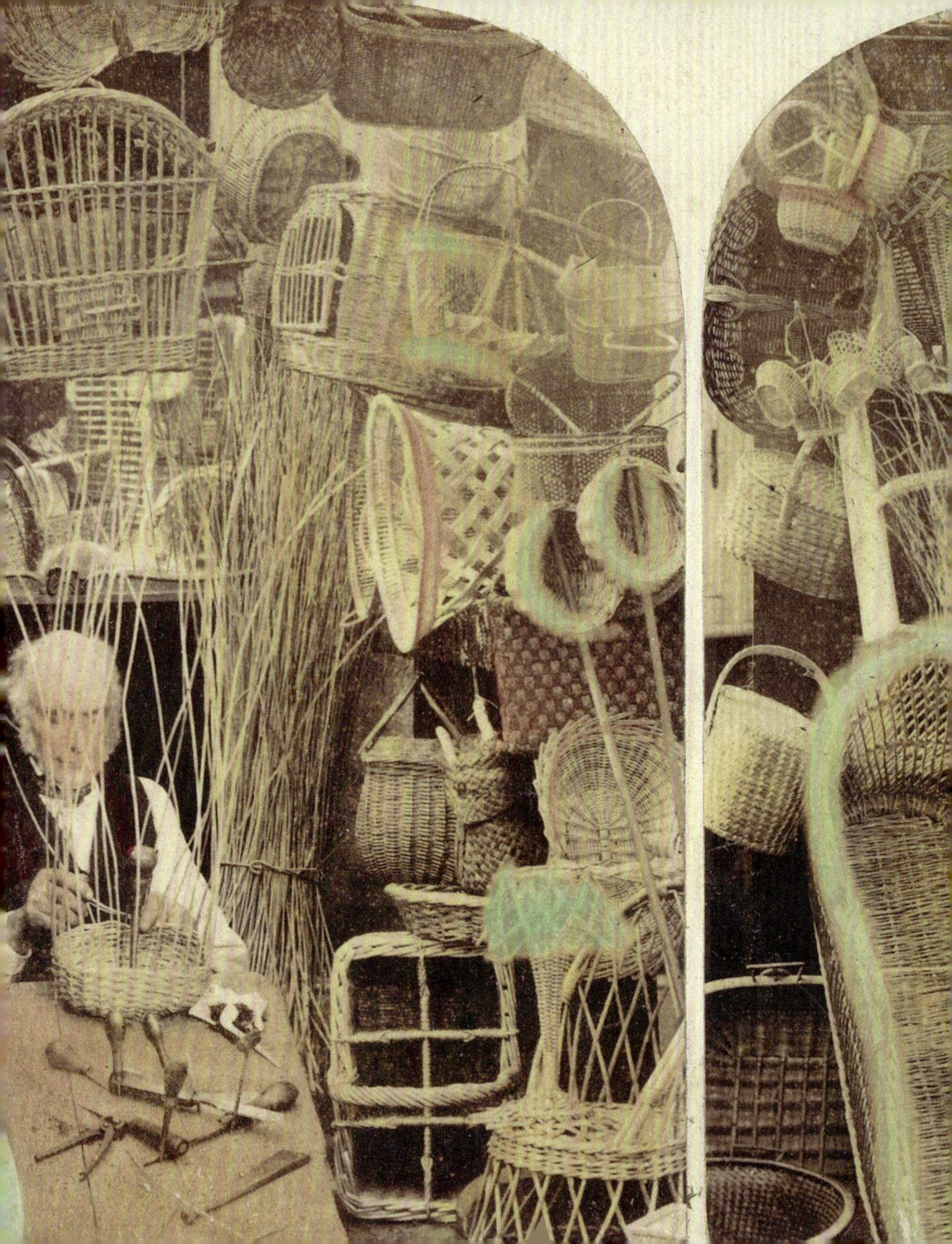

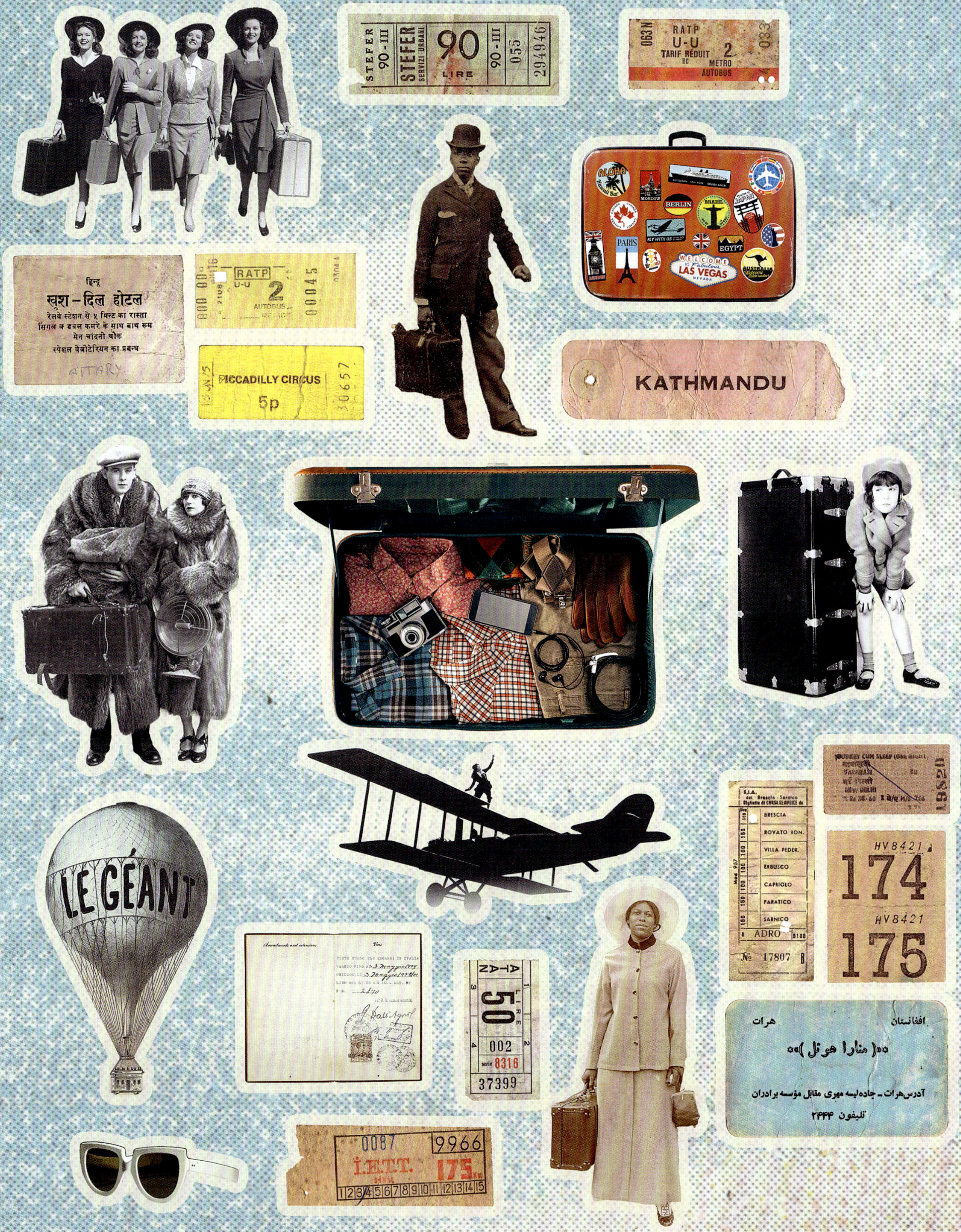

STEFER
SERVIZI URBANI
90
LIRE
RATP
U-U
TARIF RÉDUIT
METRO
AUTOBUS
हिन्दू
खुश-दिल होटल
रेलवे स्टेशन से ५ मिनट का रास्ता
सिंगल व डबल कमरे के साथ बाथ रूम
मेन चांदनी चौक
स्पेशल वेजीटेरियन का प्रबन्ध
PICCADILLY CIRCUS
5p
KATHMANDU
BERLIN
PARIS
EGYPT
LAS VEGAS
LE GÉANT
HV8421
174
175
BRESCIA
ADRO
№ 17807
افغانستان
هرات
«منارا هوتل»
تلیفون ۲۳۴۴

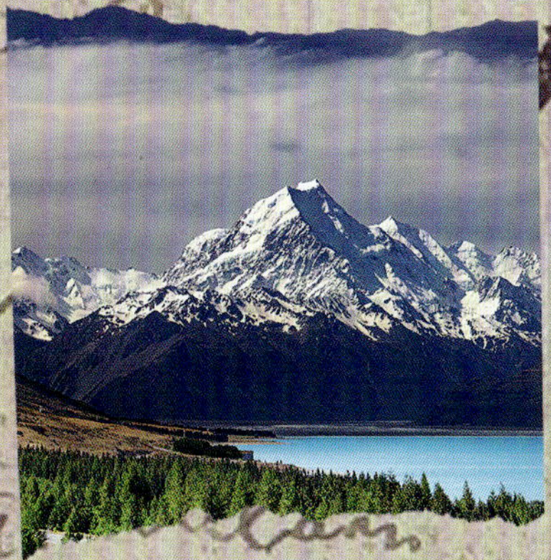
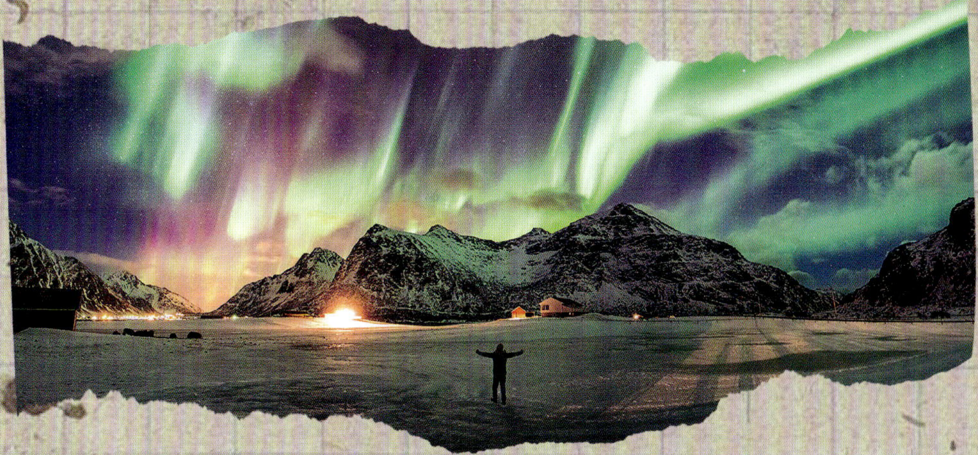
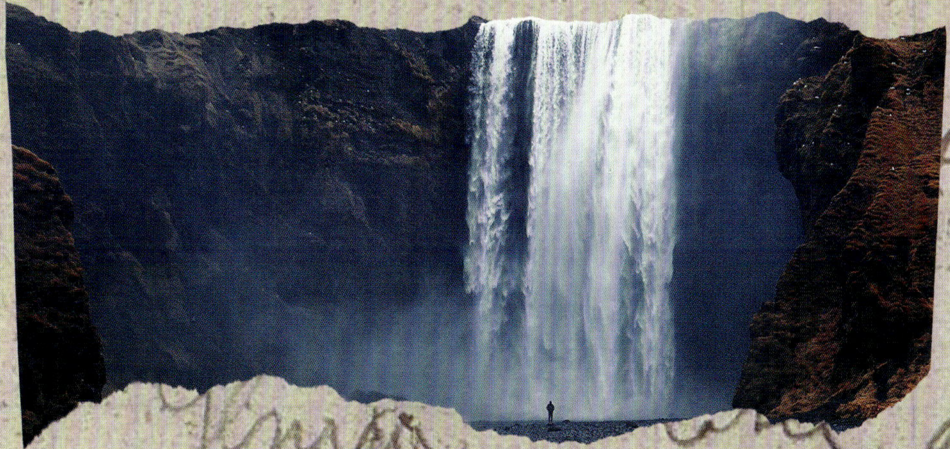
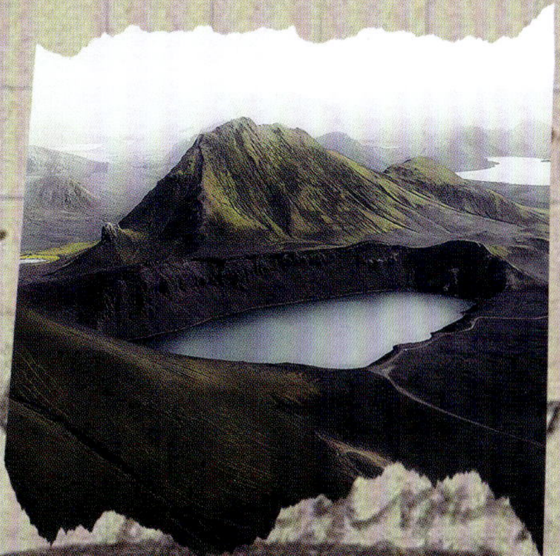
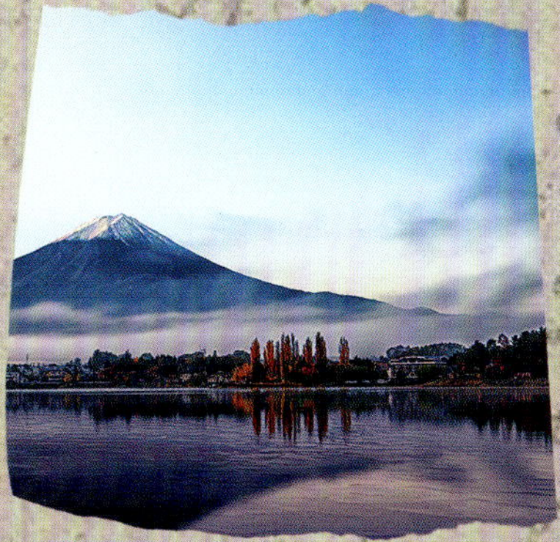
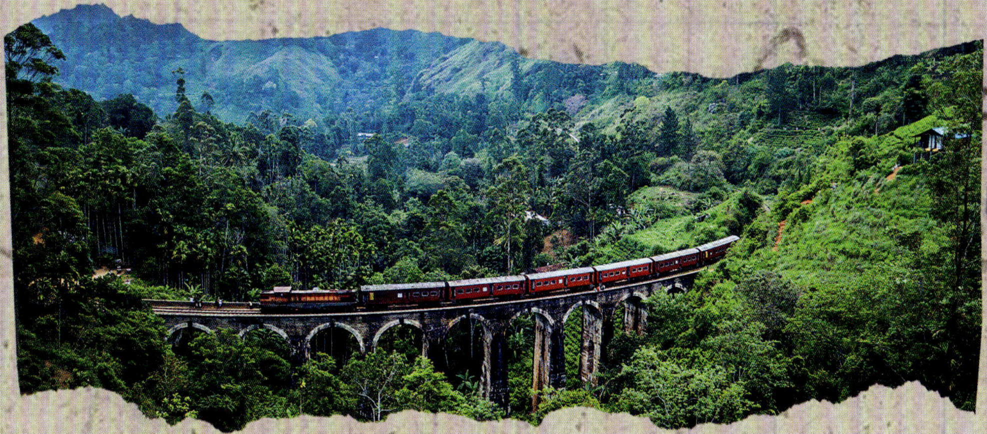
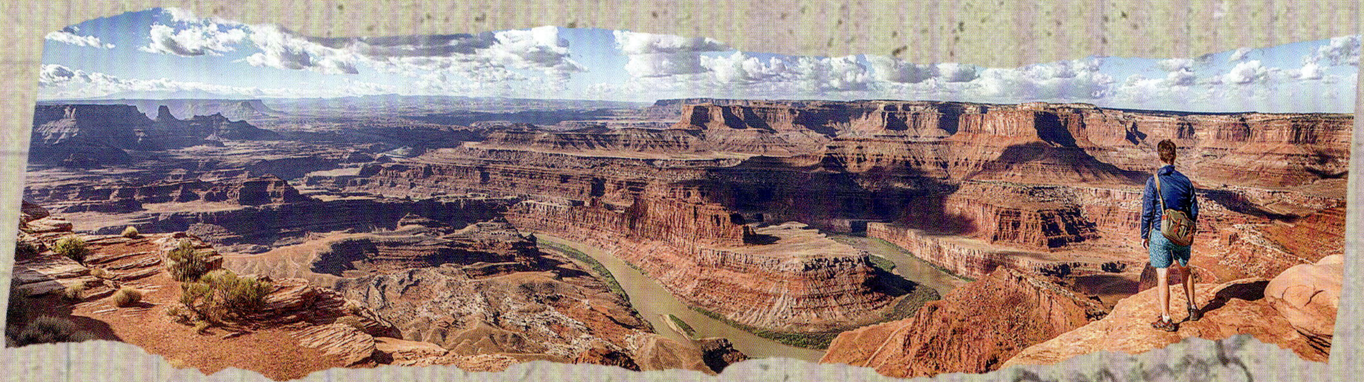

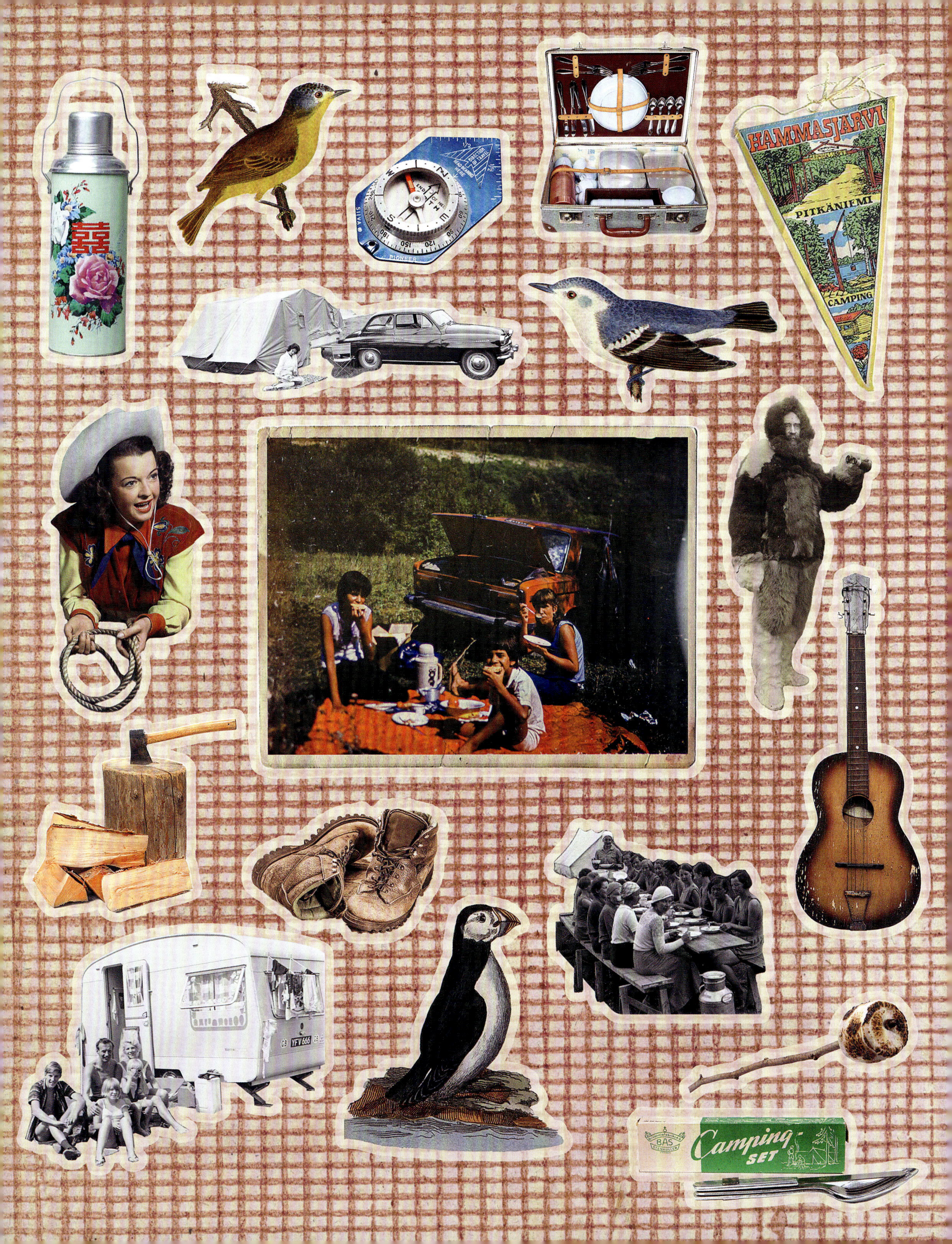
HAMMASJARVI
PITKÄNIEMI
CAMPING
Camping
SET

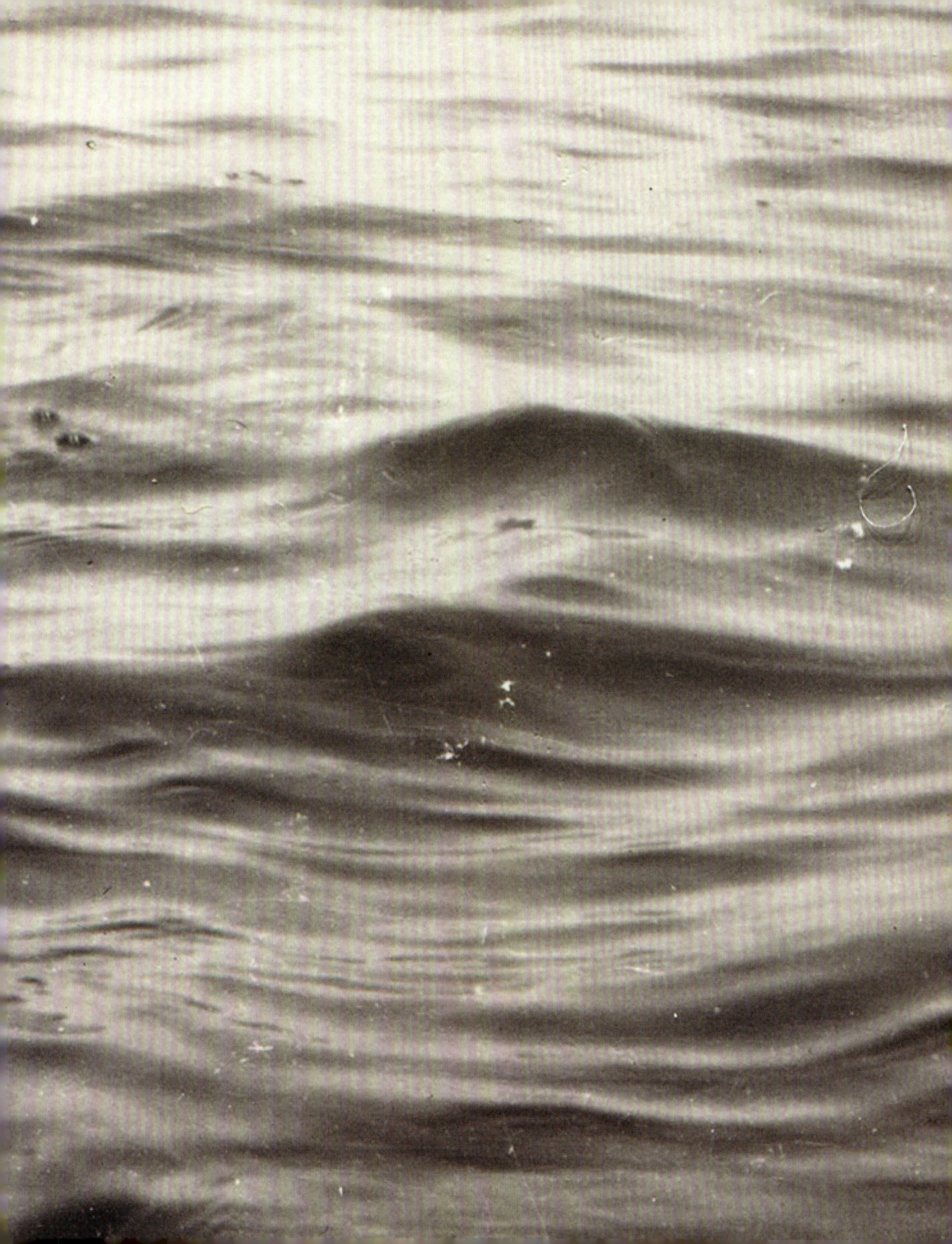

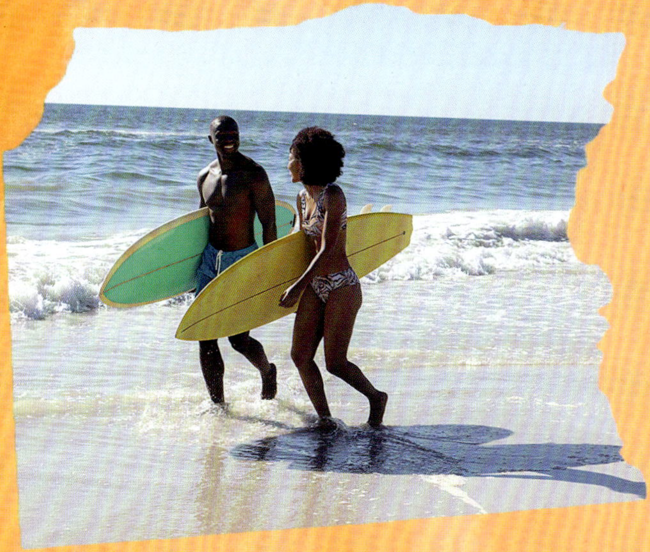
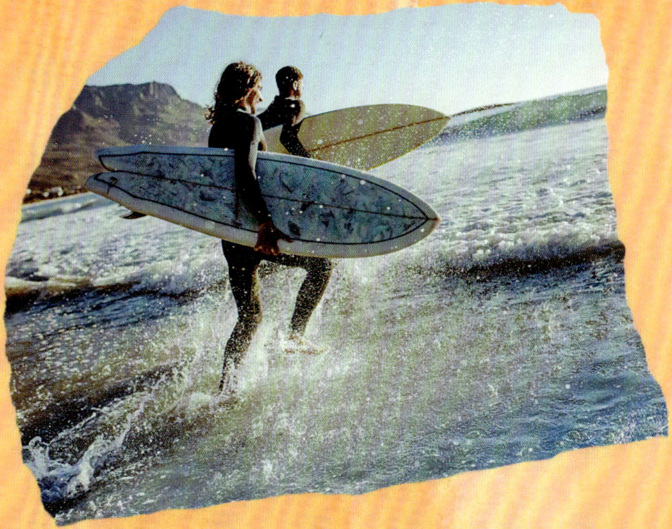
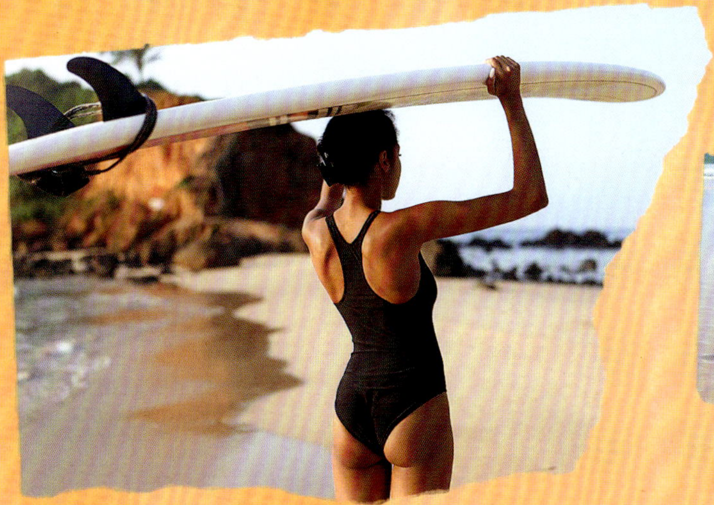
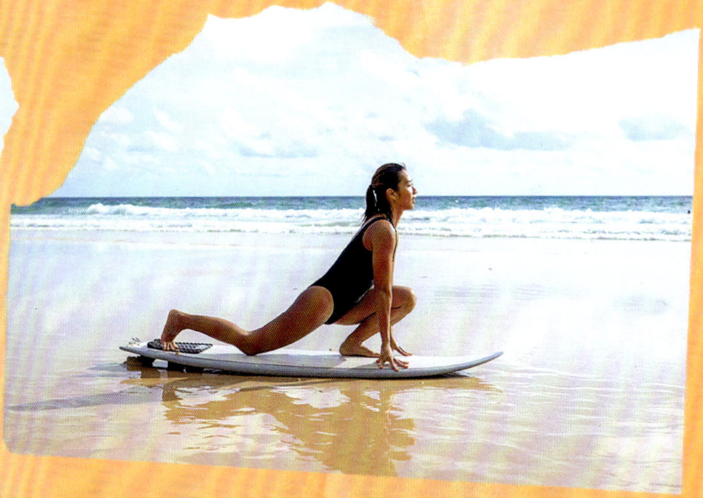
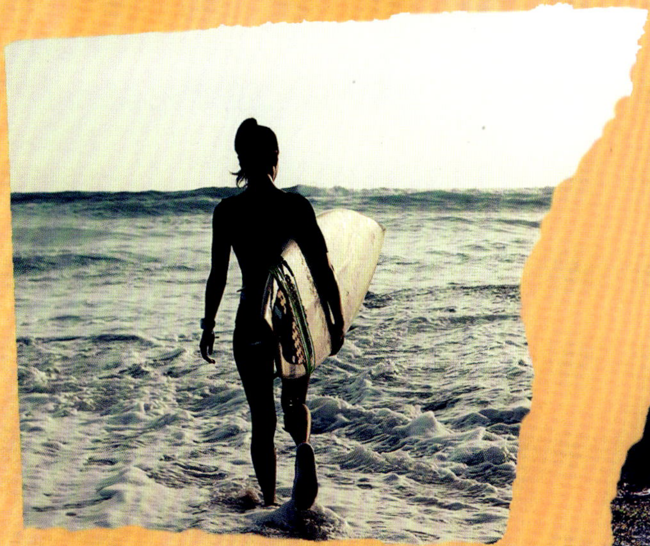
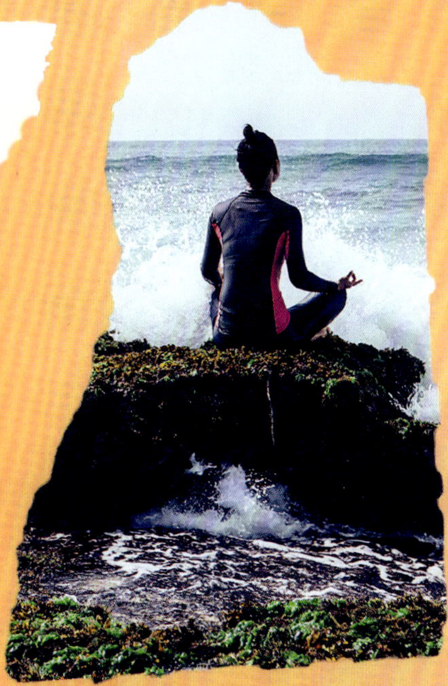
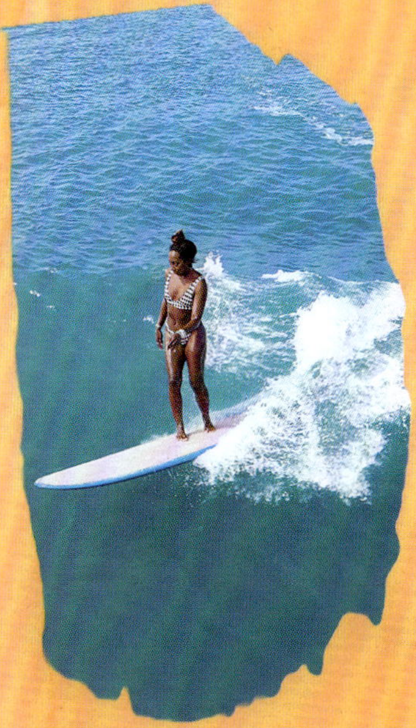

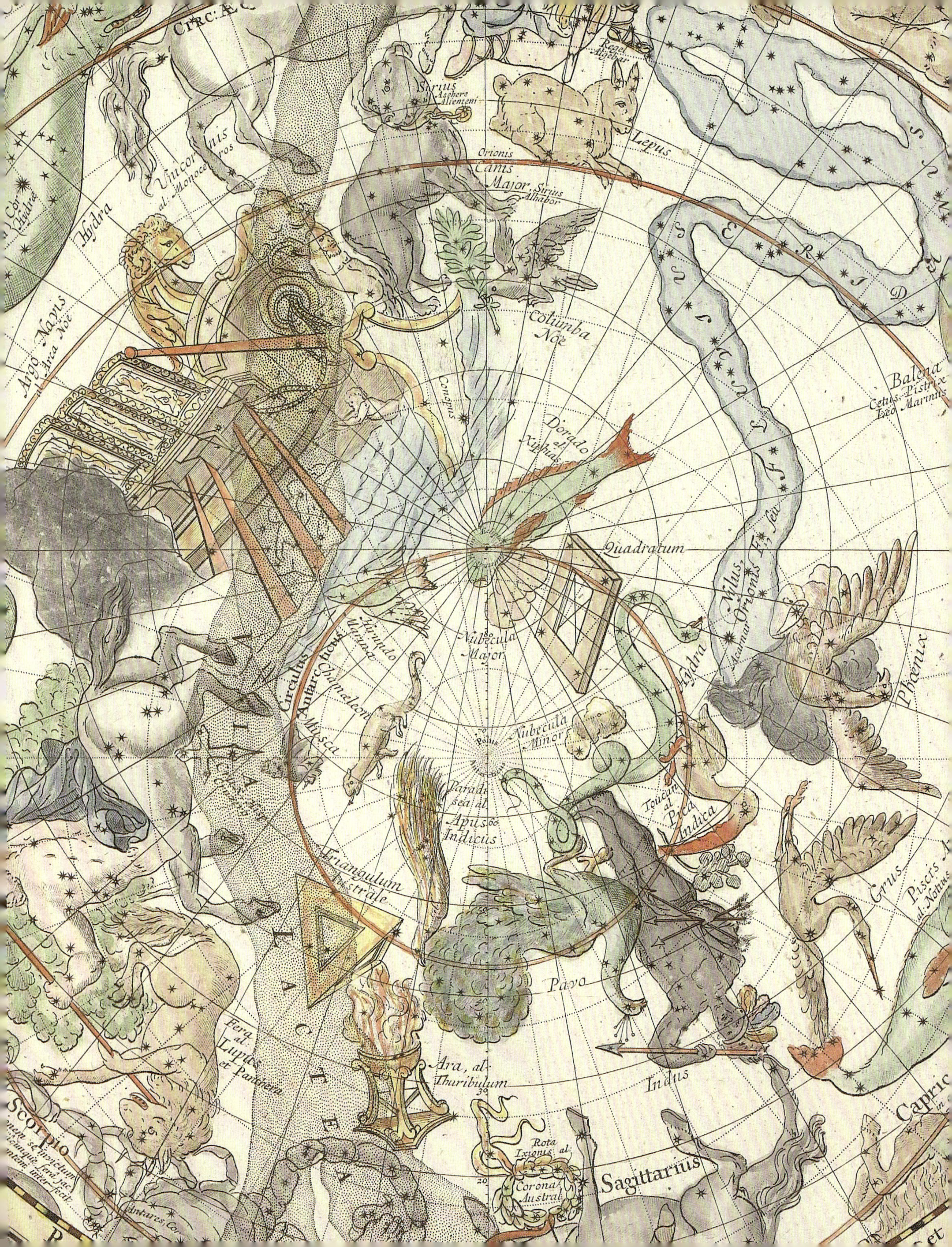
Lepus
Orionis
Canis
Major, Sirius
Alhabor
Sirius
Columba
Noë
Canopus
Dorado
al.
Xiphias
Quadratum
Balena
Cetus, Pistrix
Leo Marinus
Hydra
Unicornis
al. Monoceros
Argo Navis
al. Arca Noë
Phoenix
Nubecula
Major
Nubecula
Minor
Polus
Chamaeleon
Musca
Circulus Antarcticus
Paradisea al.
Apus
Indicus
Triangulum
Australe
Toucan
al.
Pica
Indica
Grus
Pavo
Indus
Ara, al.
Thuribulum
Fera
al.
Lupus
et Panthera
Rota
Ixionis al.
Corona
Austral.
Sagittarius
Scorpio
Capric

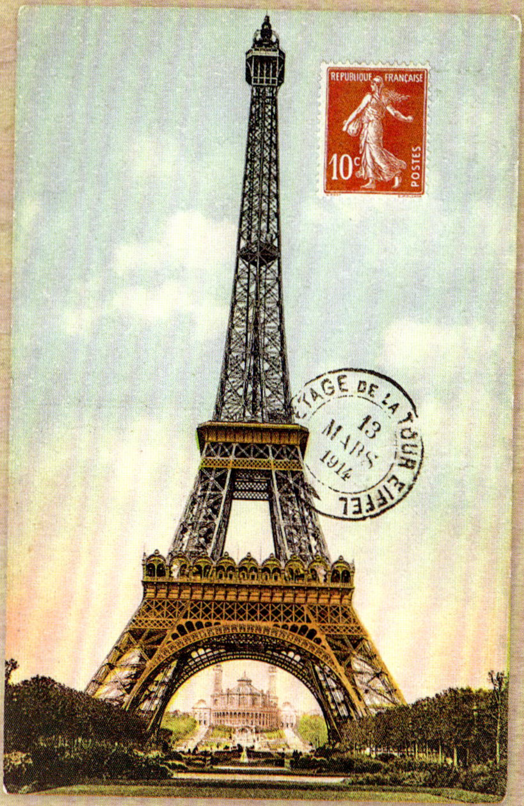
REPUBLIQUE FRANÇAISE
10c
POSTES
VOYAGE DE LA TOUR EIFFEL
13 MARS 1914

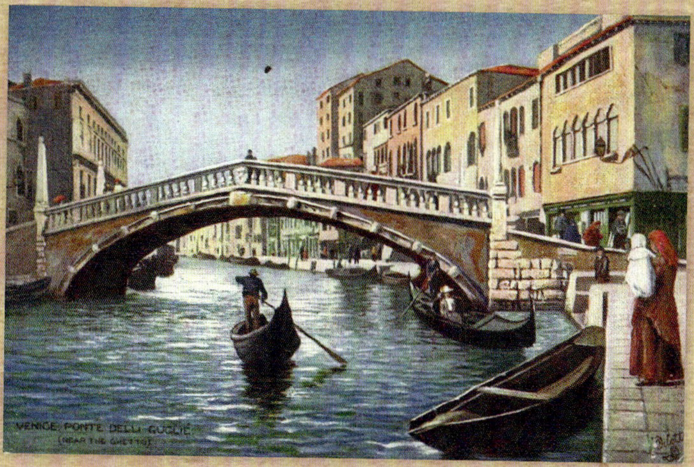
VENICE. PONTE DELLI GUGLIE
(NEAR THE GHETTO)

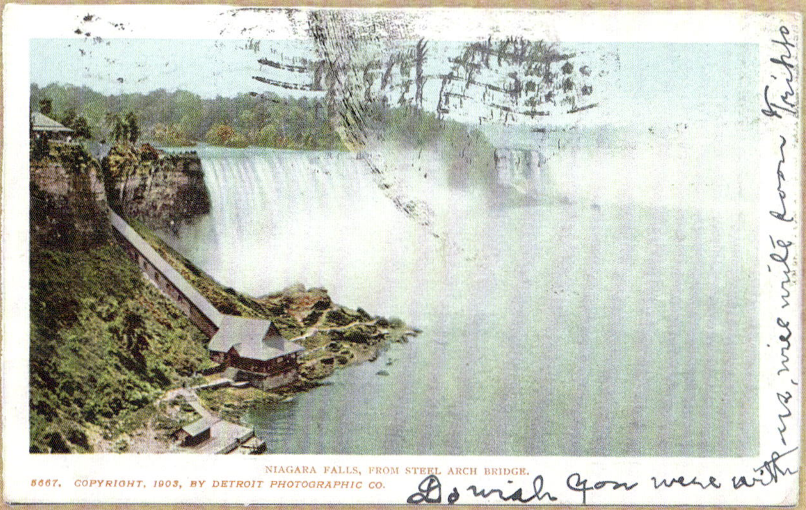
NIAGARA FALLS, FROM STEEL ARCH BRIDGE.
5667. COPYRIGHT, 1903, BY DETROIT PHOTOGRAPHIC CO.

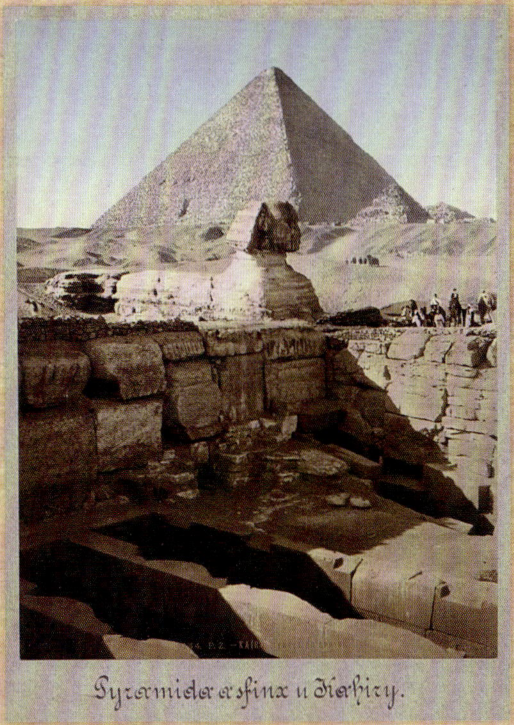
Pyramida a sfinx u Kahiry.

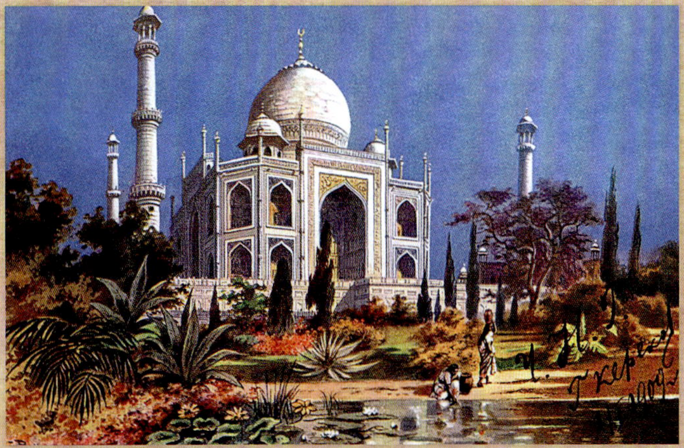

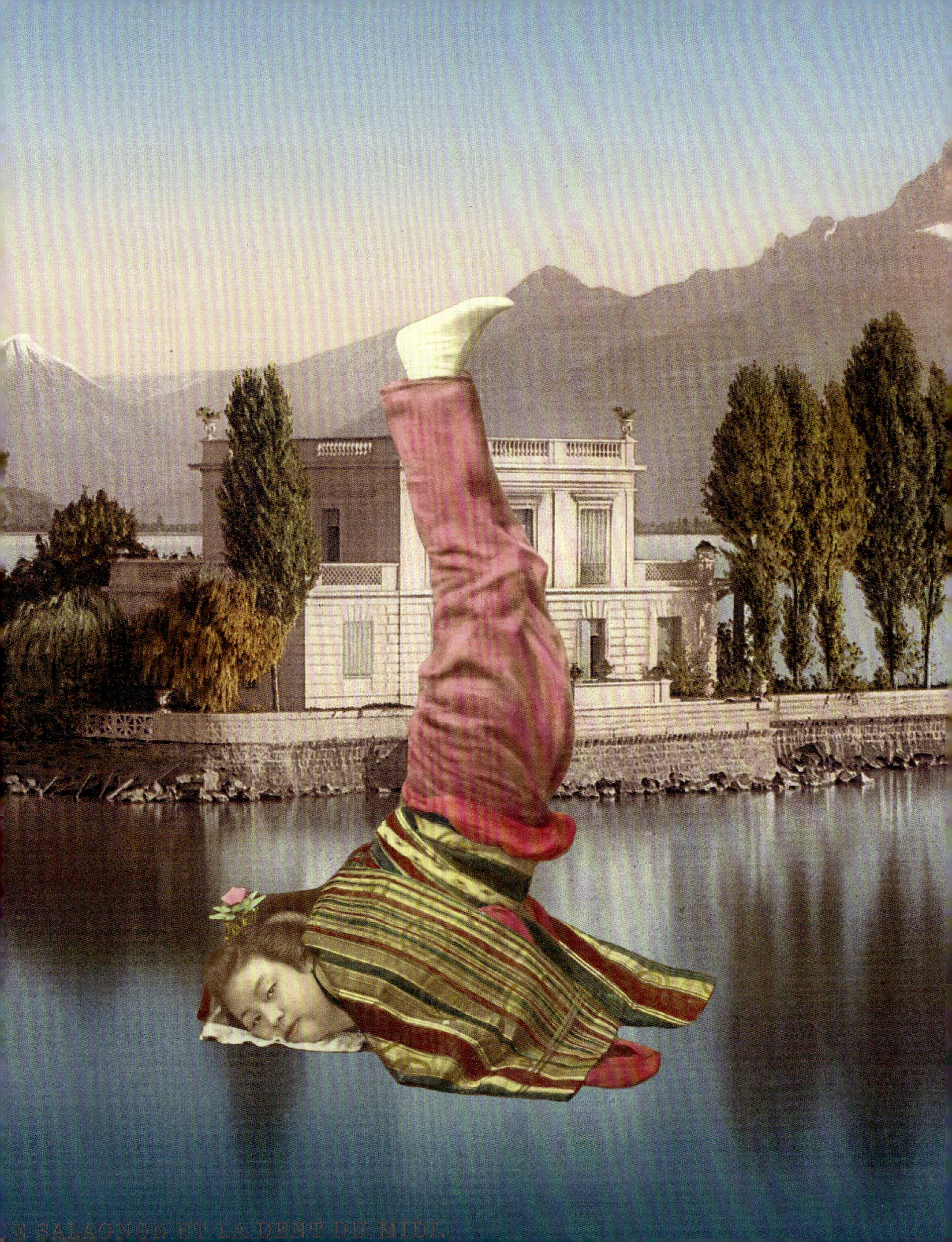
SALAGNON ET LA DENT DU MIDI.

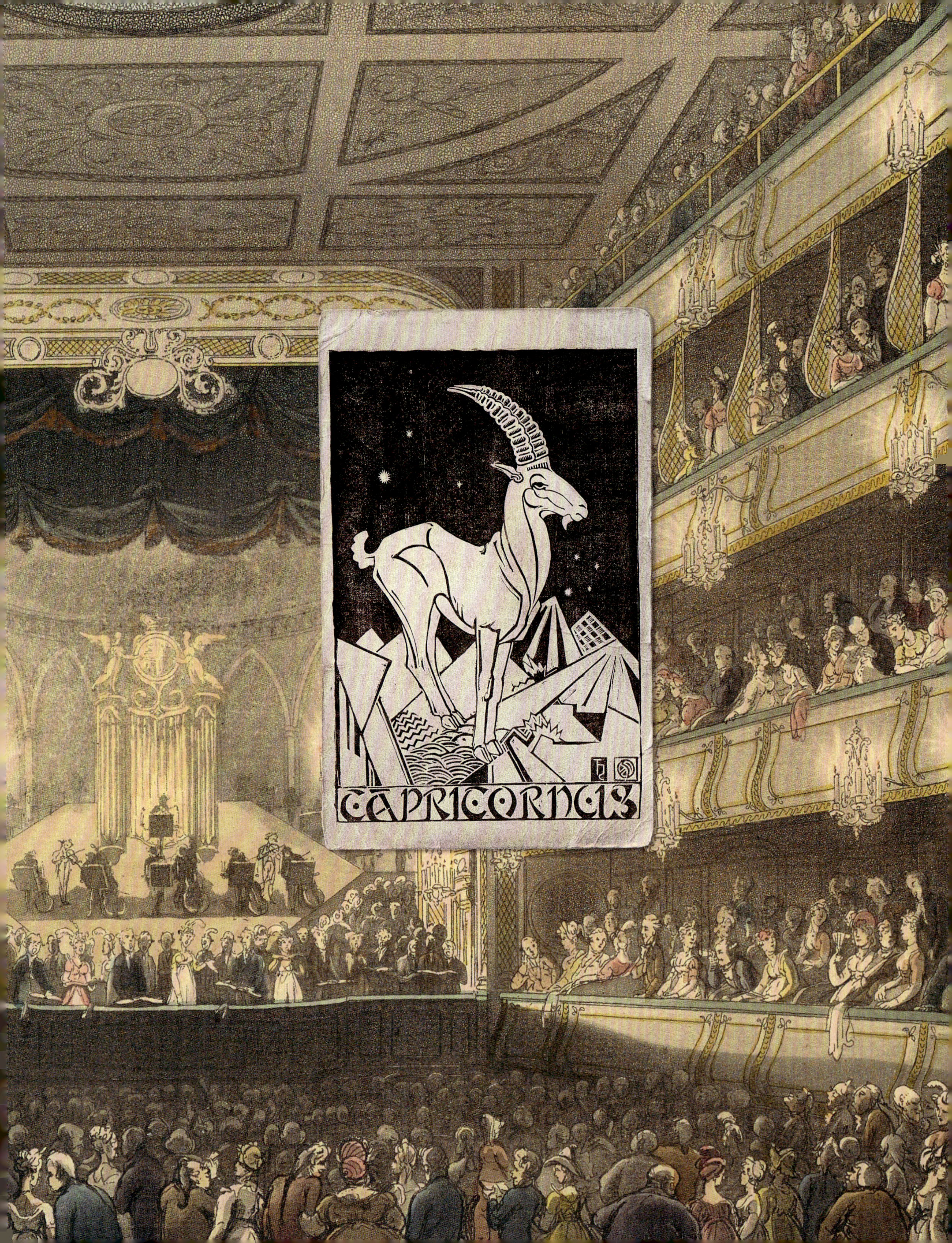
CAPRICORNUS

Anerkennung

Expertise

Ansehen

Leistung

Führung

Ruhm

Entschlossenheit

Haus Zehn:

Karriere

Steinbock (Erde)

Vermächtnis

Beförderung

Reife

Gipfel

Ziele

Chef

Autorität

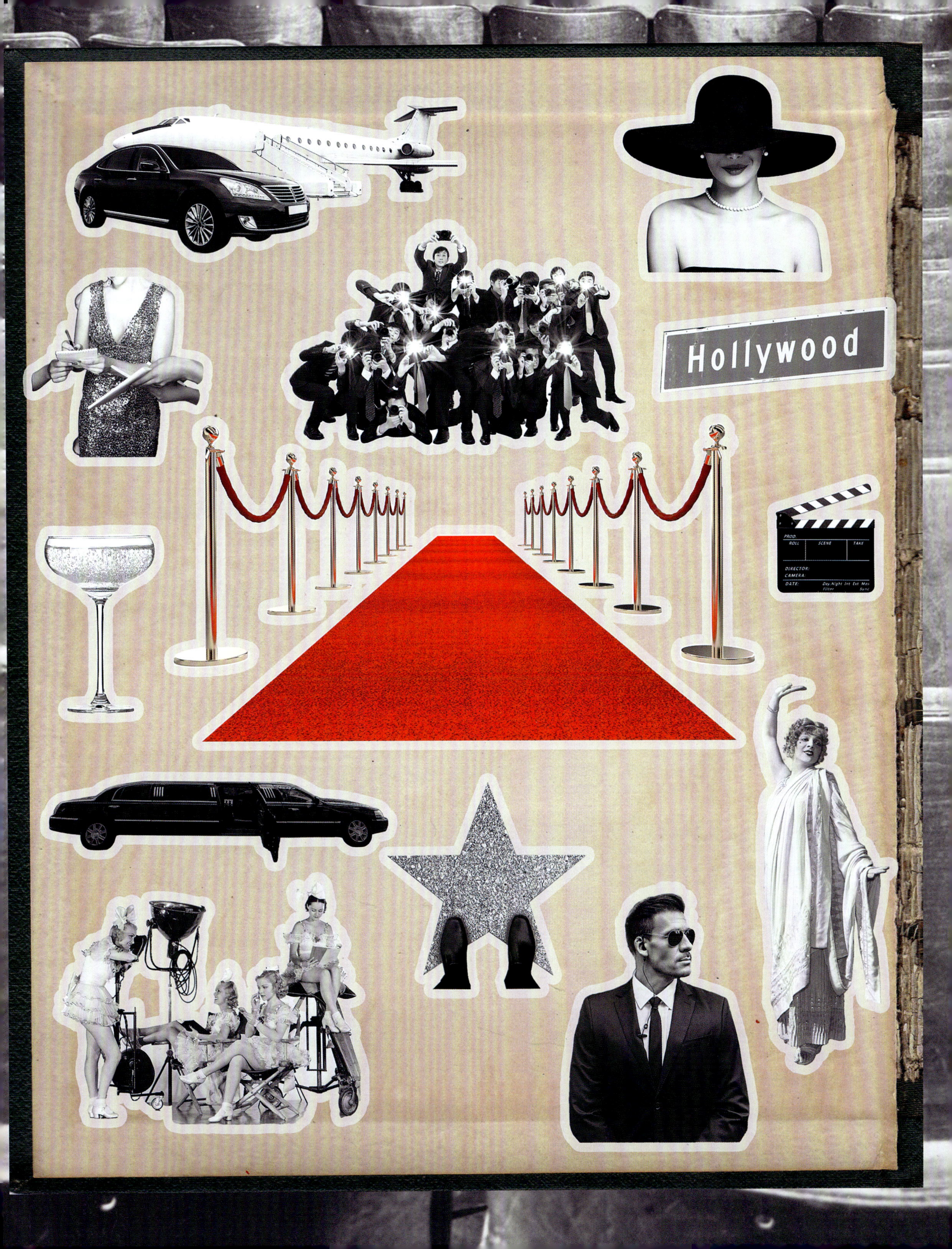
Hollywood
PROD.
ROLL
SCENE
TAKE
DIRECTOR:
CAMERA:
DATE:
Day.Night Int Ext Mos
Filter
Sync

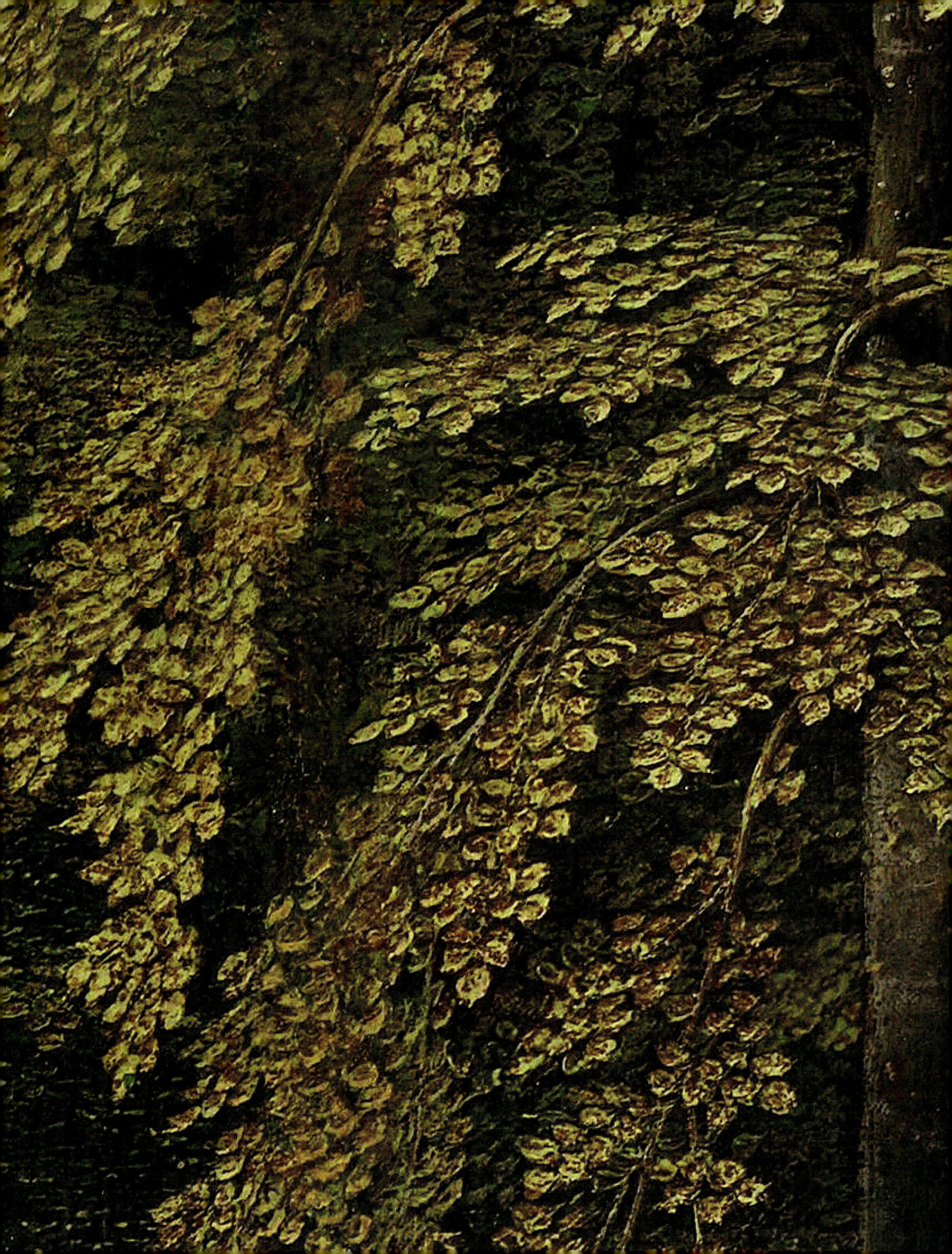

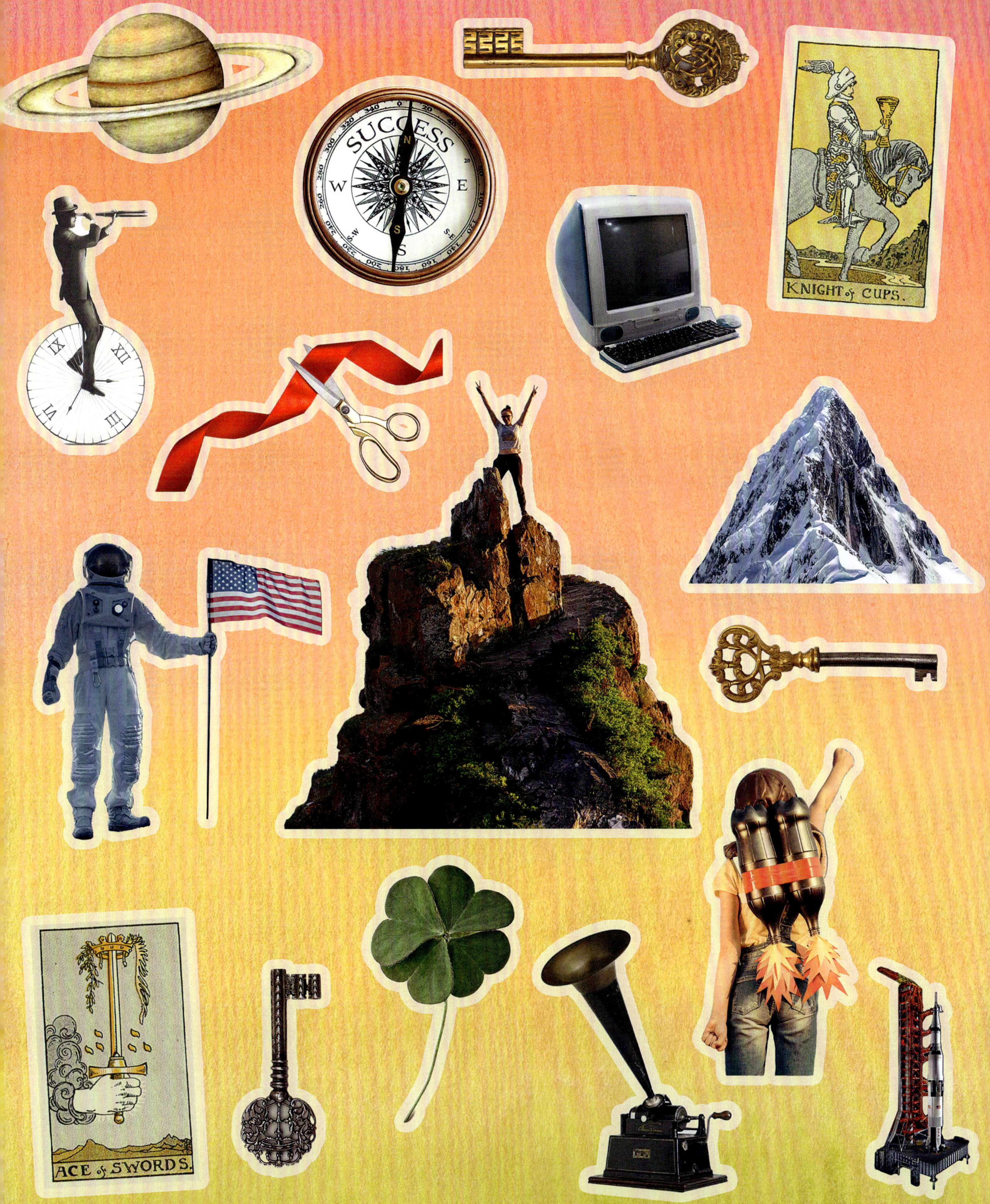

SUCCESS
N
W
E
S
KNIGHT of CUPS.
ACE of SWORDS.

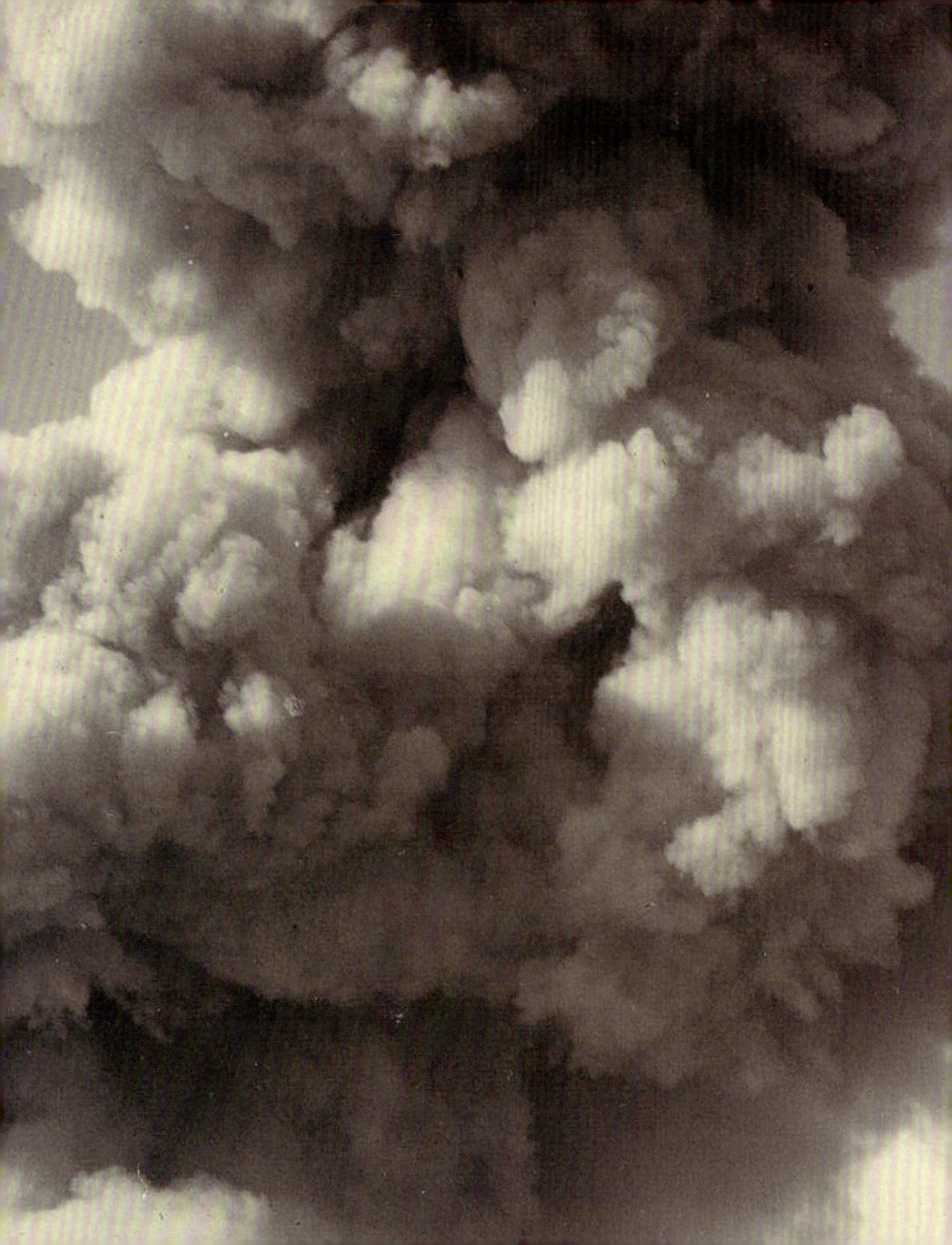

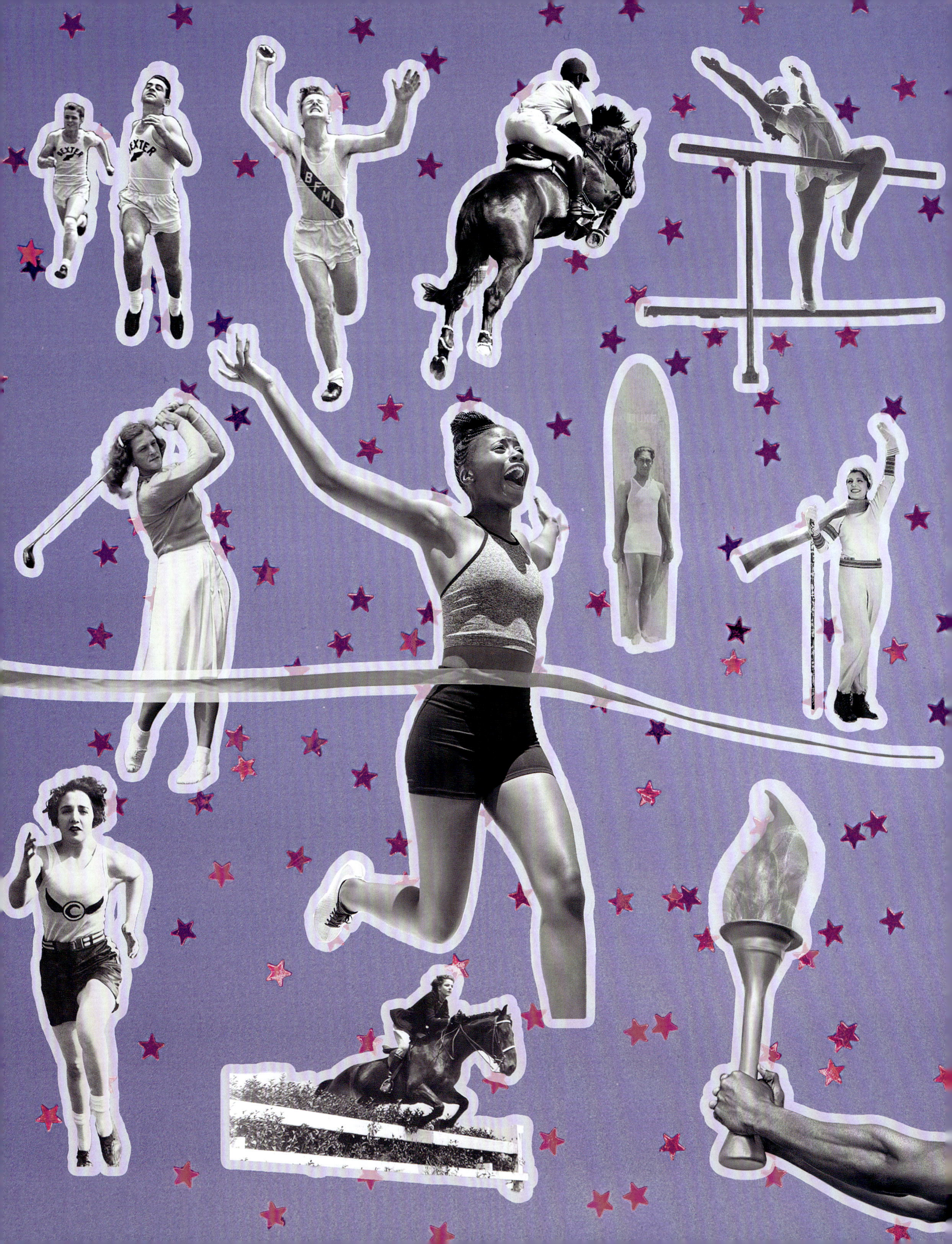
DEXTER
DEXTER
BFMI

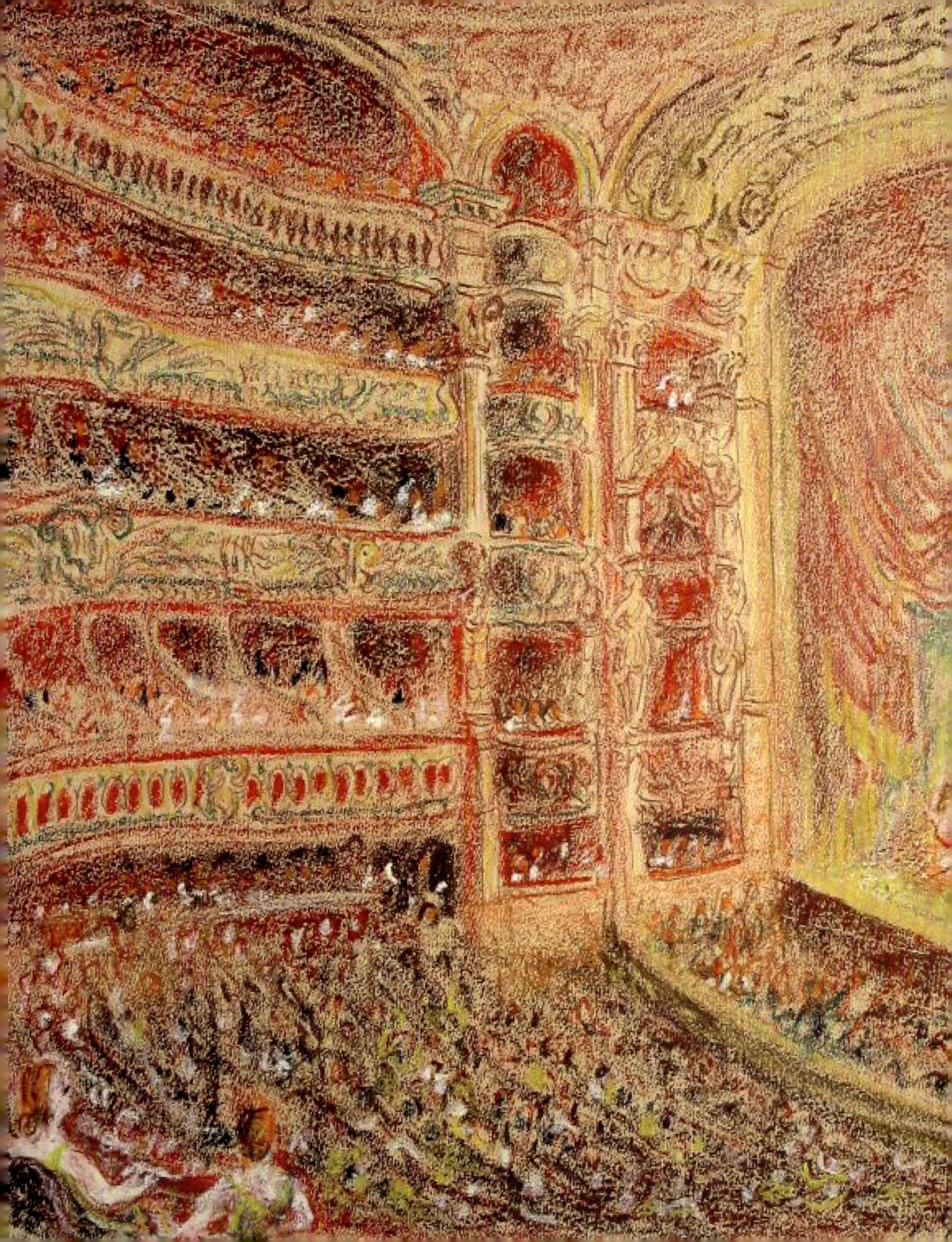

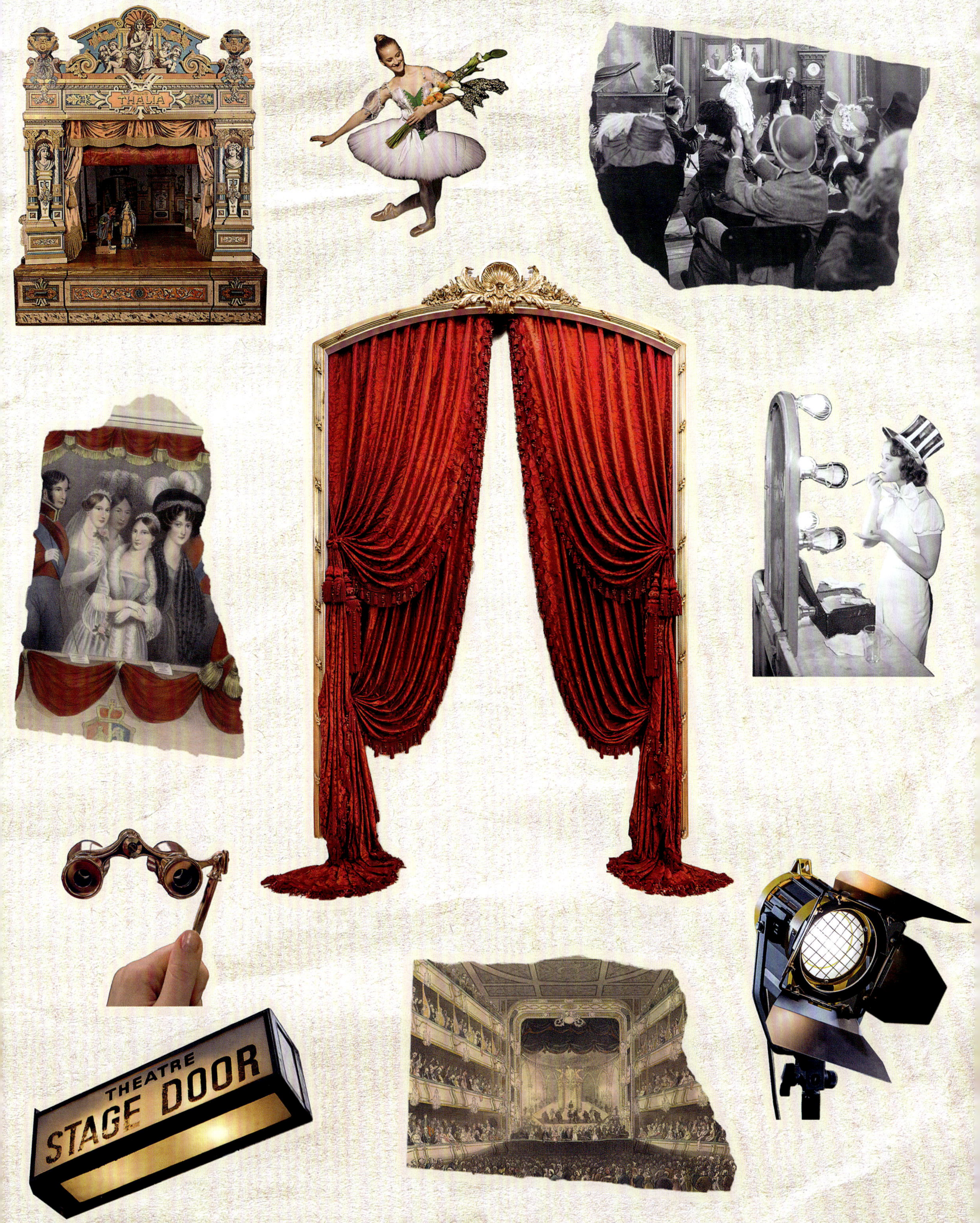
THALIA
THEATRE
STAGE DOOR

Аа Бб Вв Гг Дд

Ее Ёё Жж Зз Ии

Йй Кк Лл Мм Нн

Оо Пп Рр Сс Тт

Уу Фф Хх Цц Чч

Шш Щщ ъ ы ь Ээ

Юю Яя

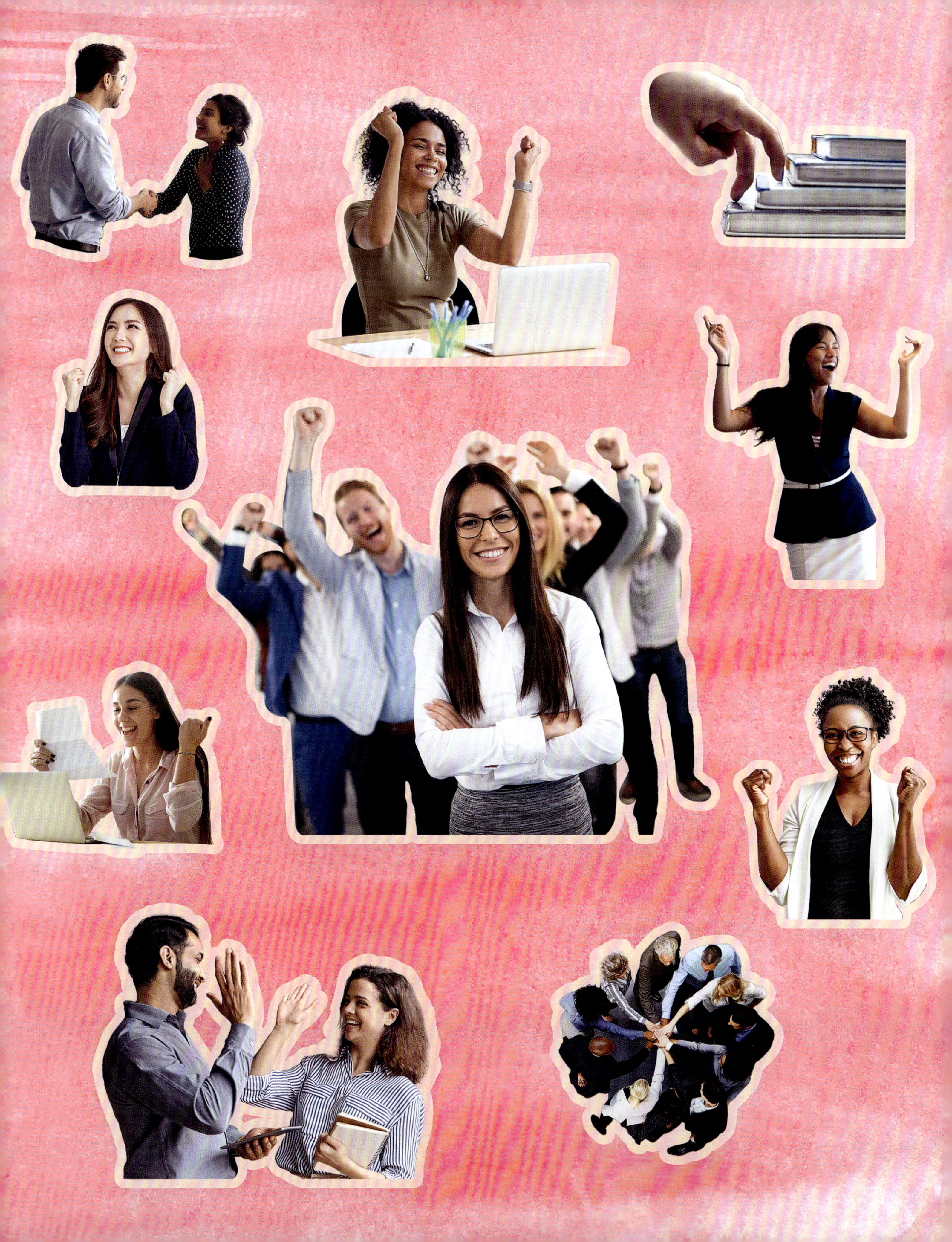

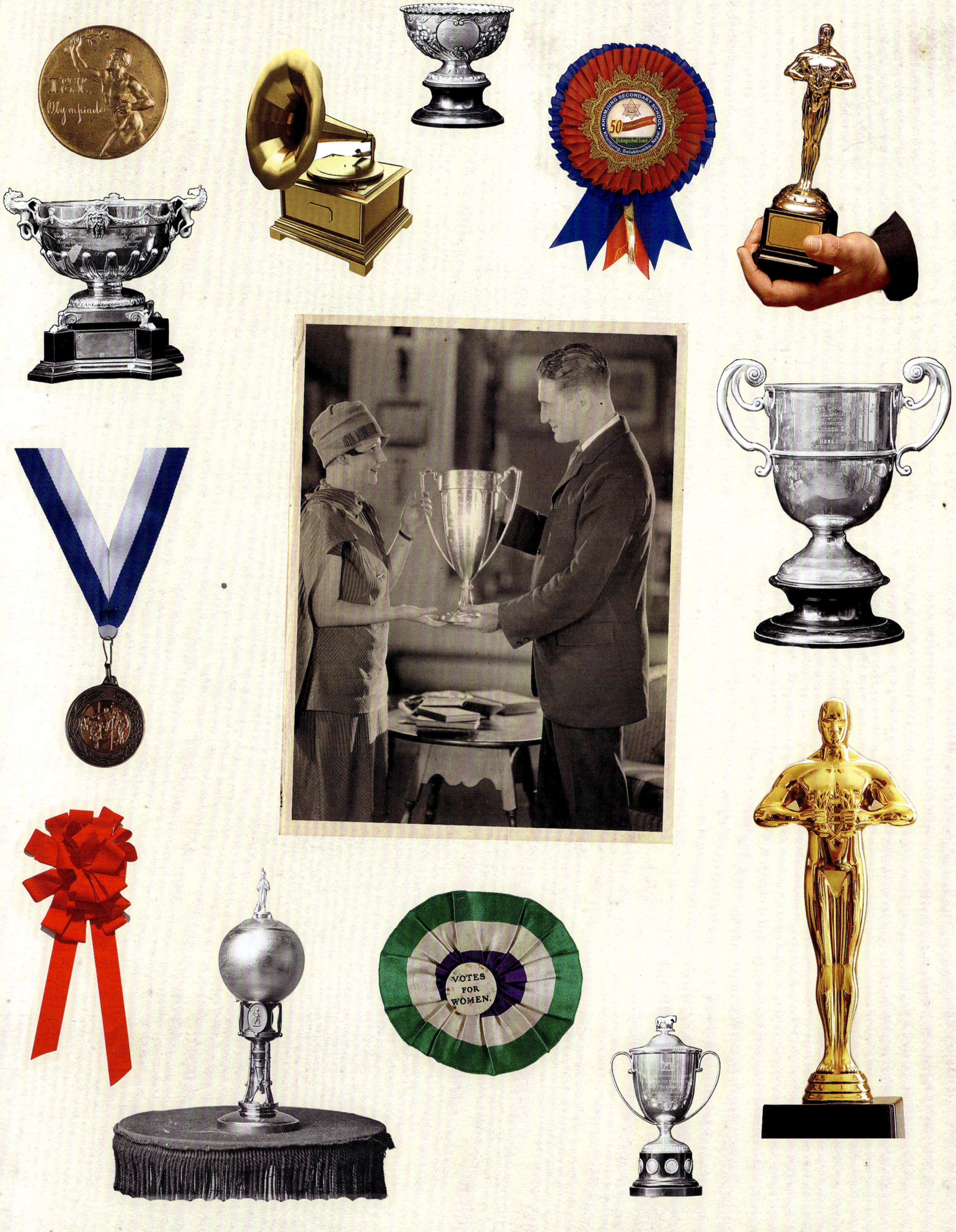
VOTES FOR WOMEN.

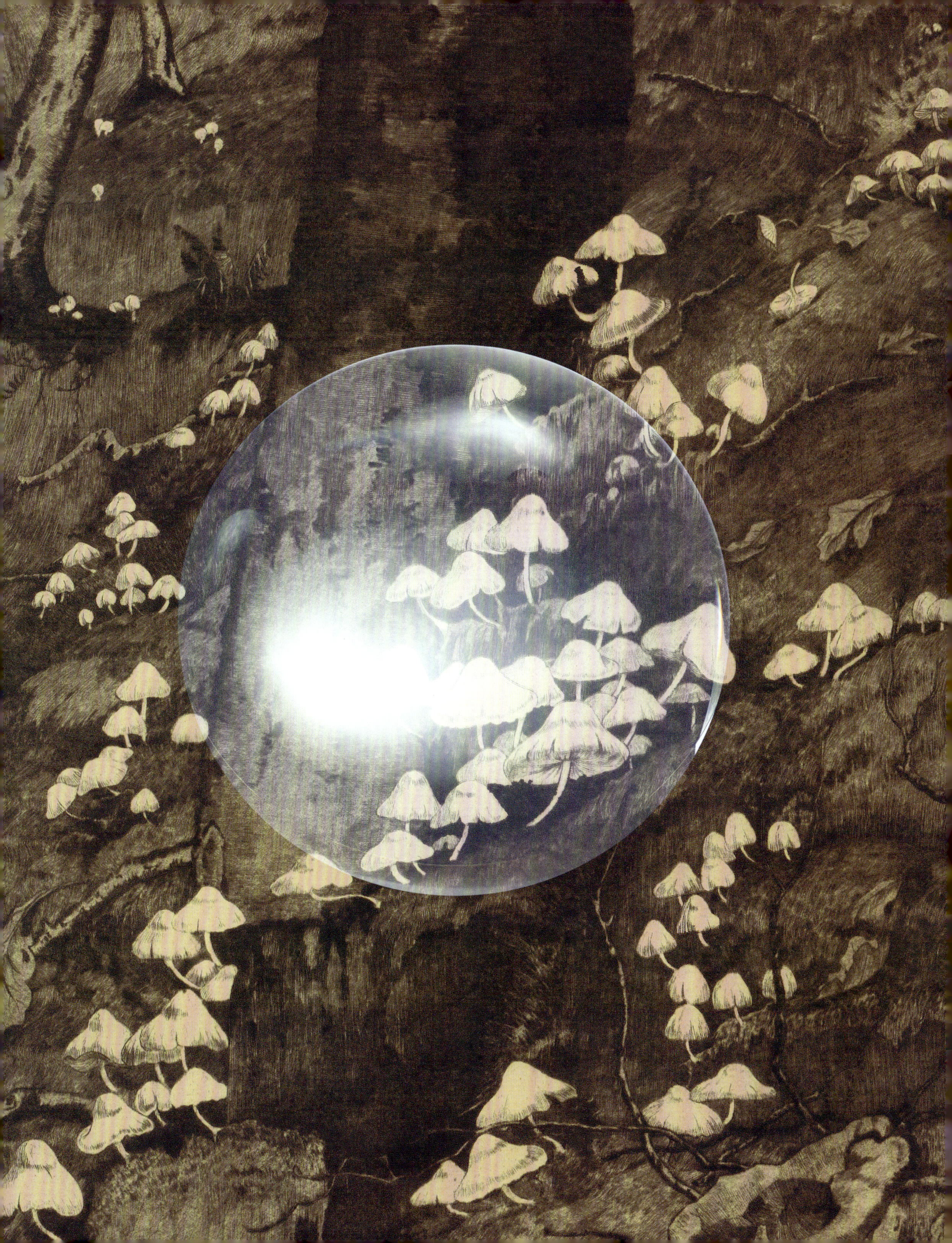

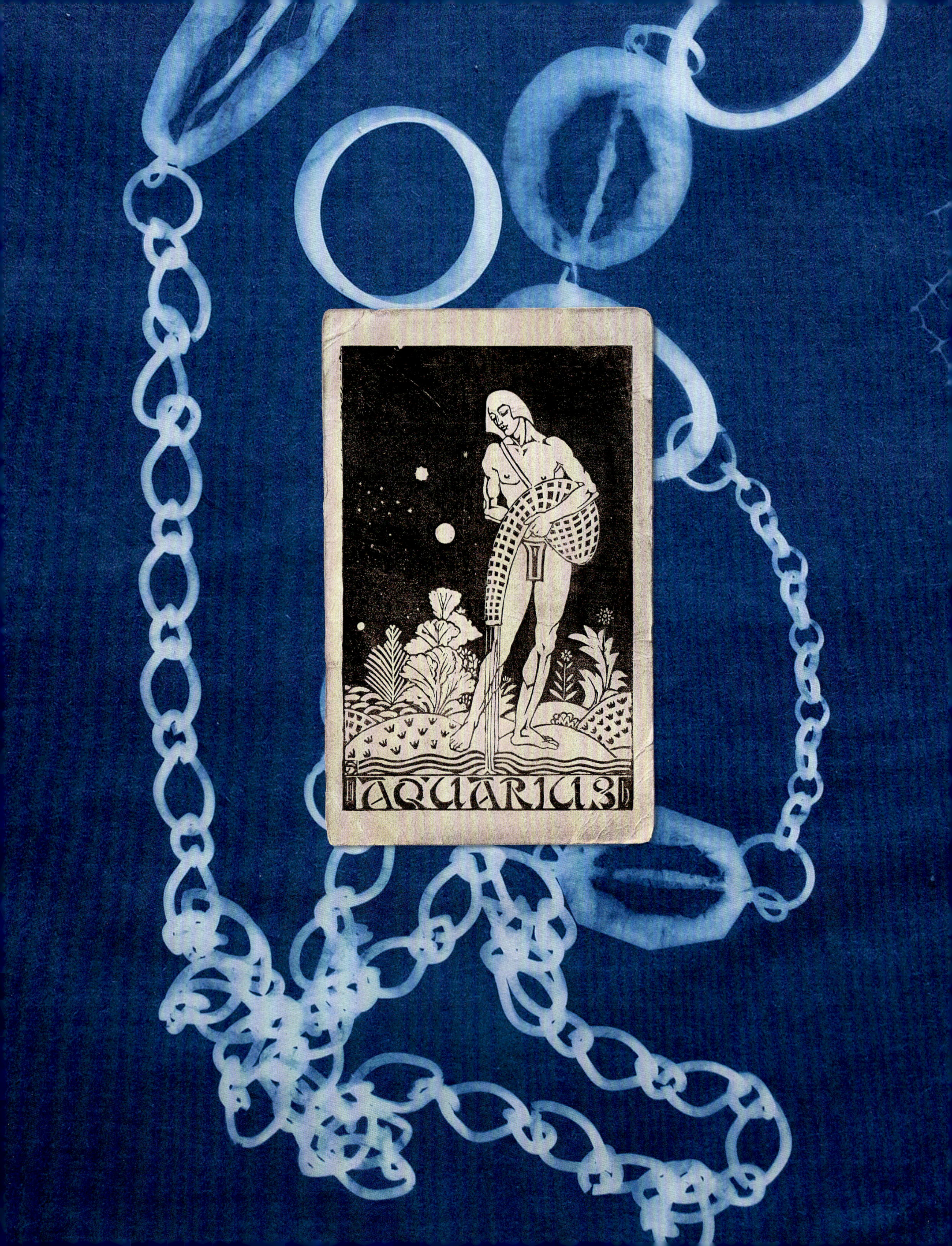
AQUARIUS

Zukunft

Freundschaft

Mannschaft

Soziales Bewusstsein

Haus Elf:

Freundschaften

Wassermann (Luft)

Beitrag

Gemeinschaft

Ideale

Aktivismus

Hoffnung

Wohltätigkeit

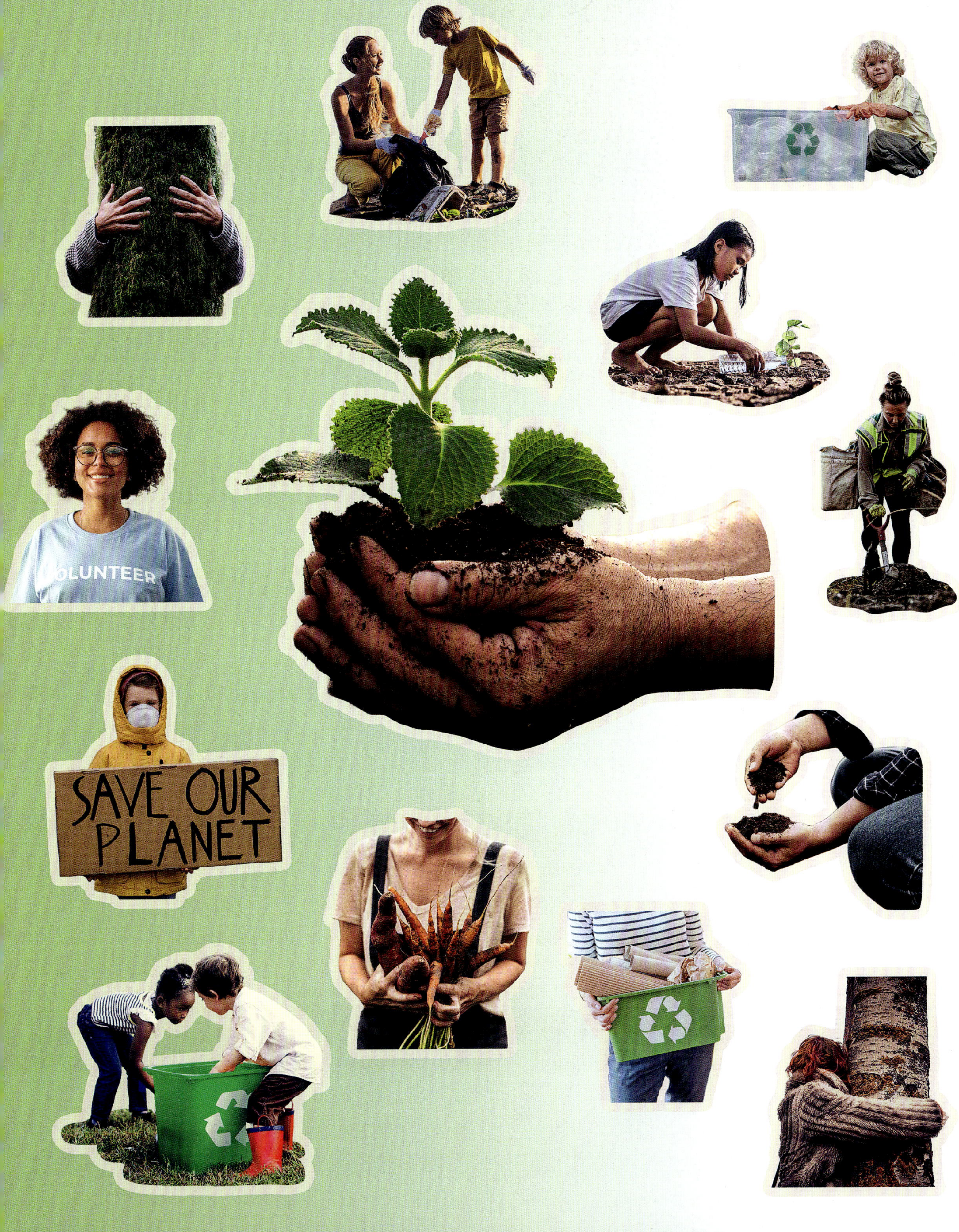
SAVE OUR
PLANET

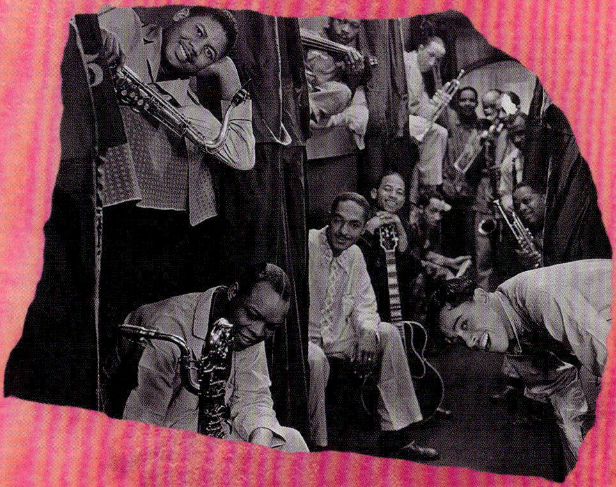
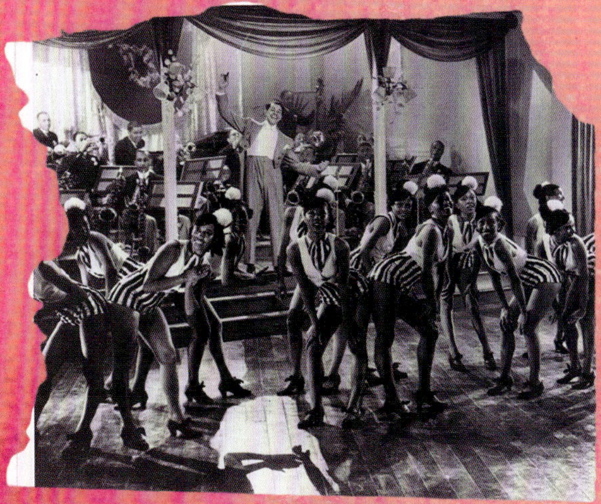
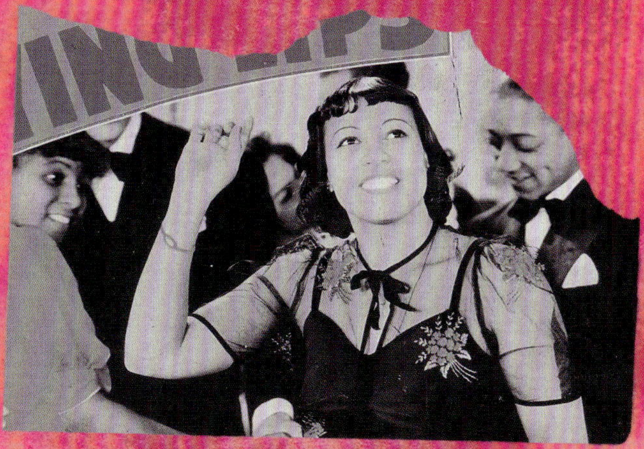
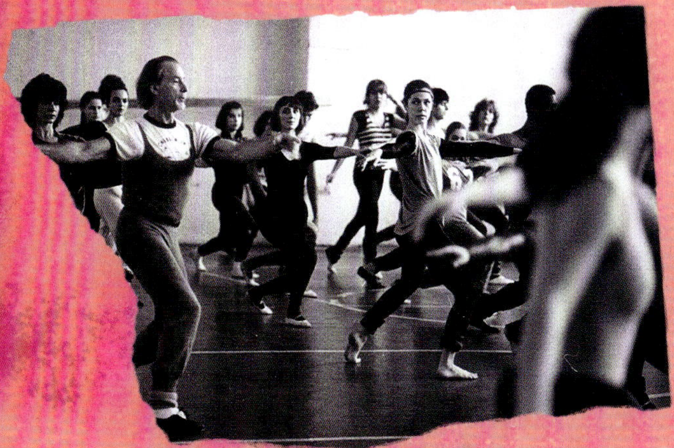
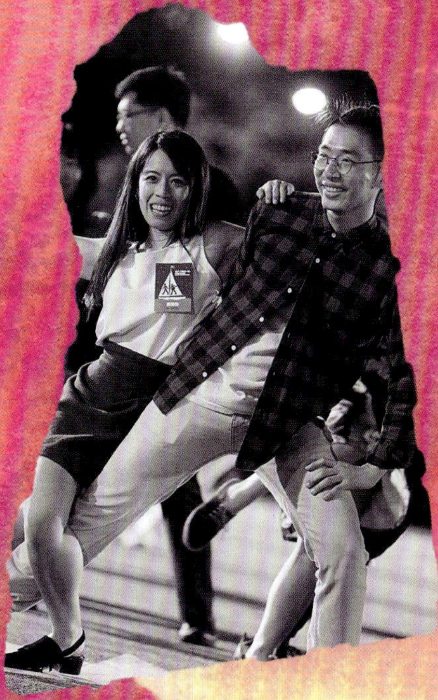
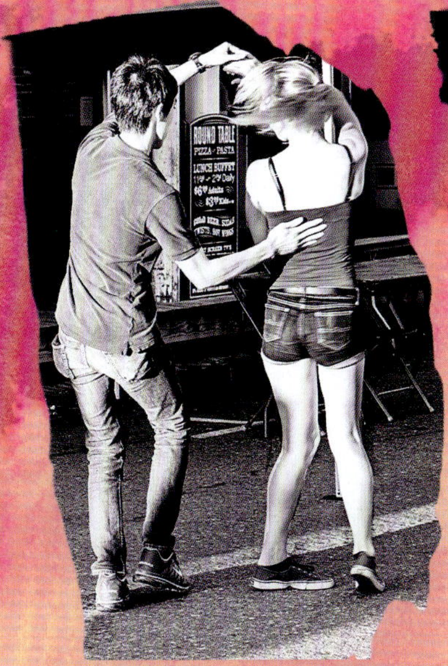
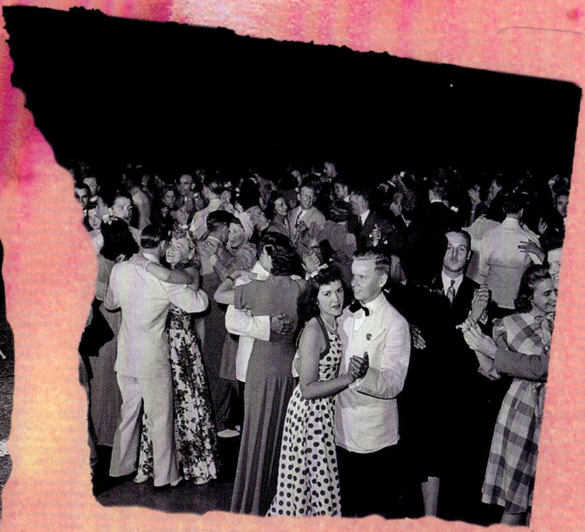

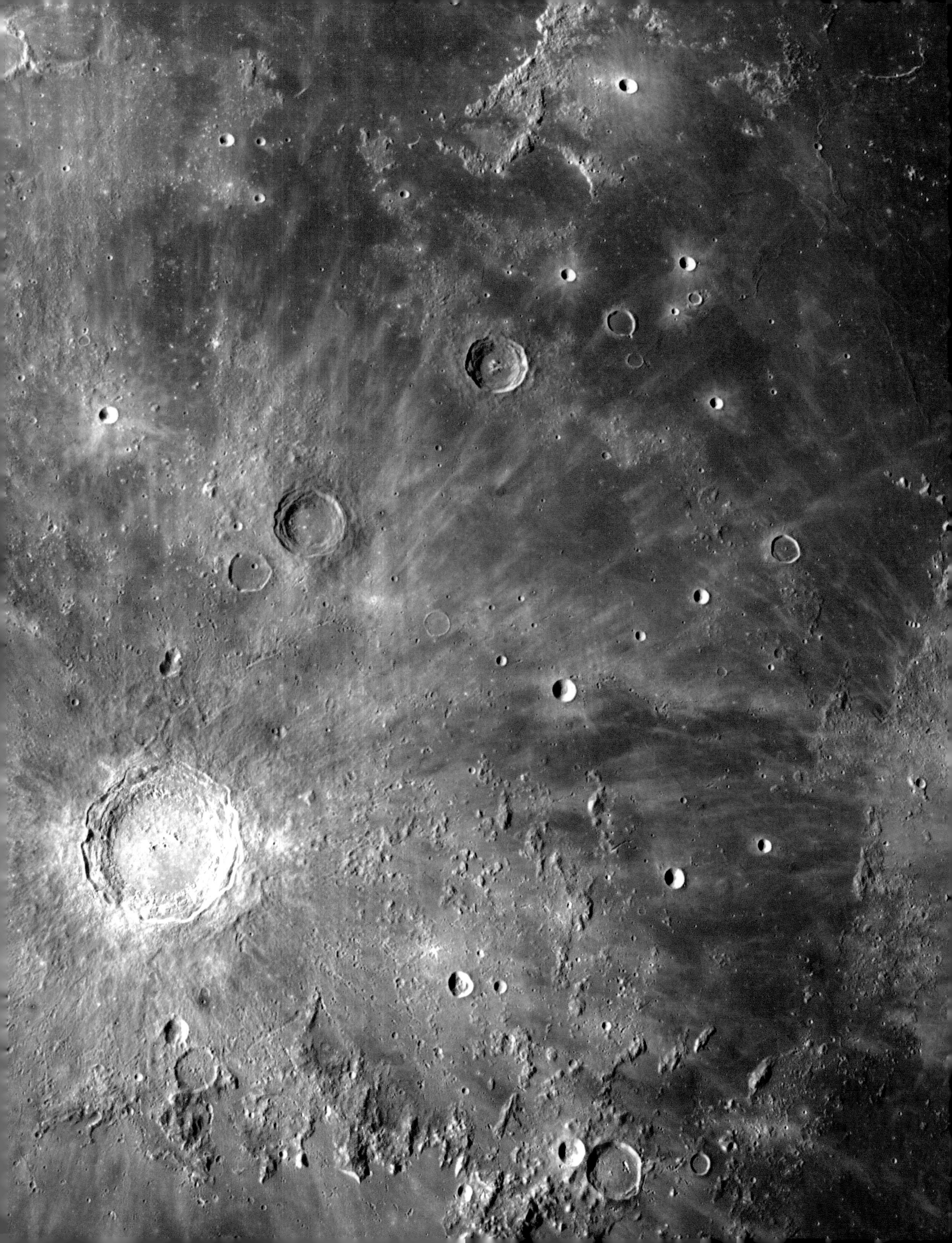

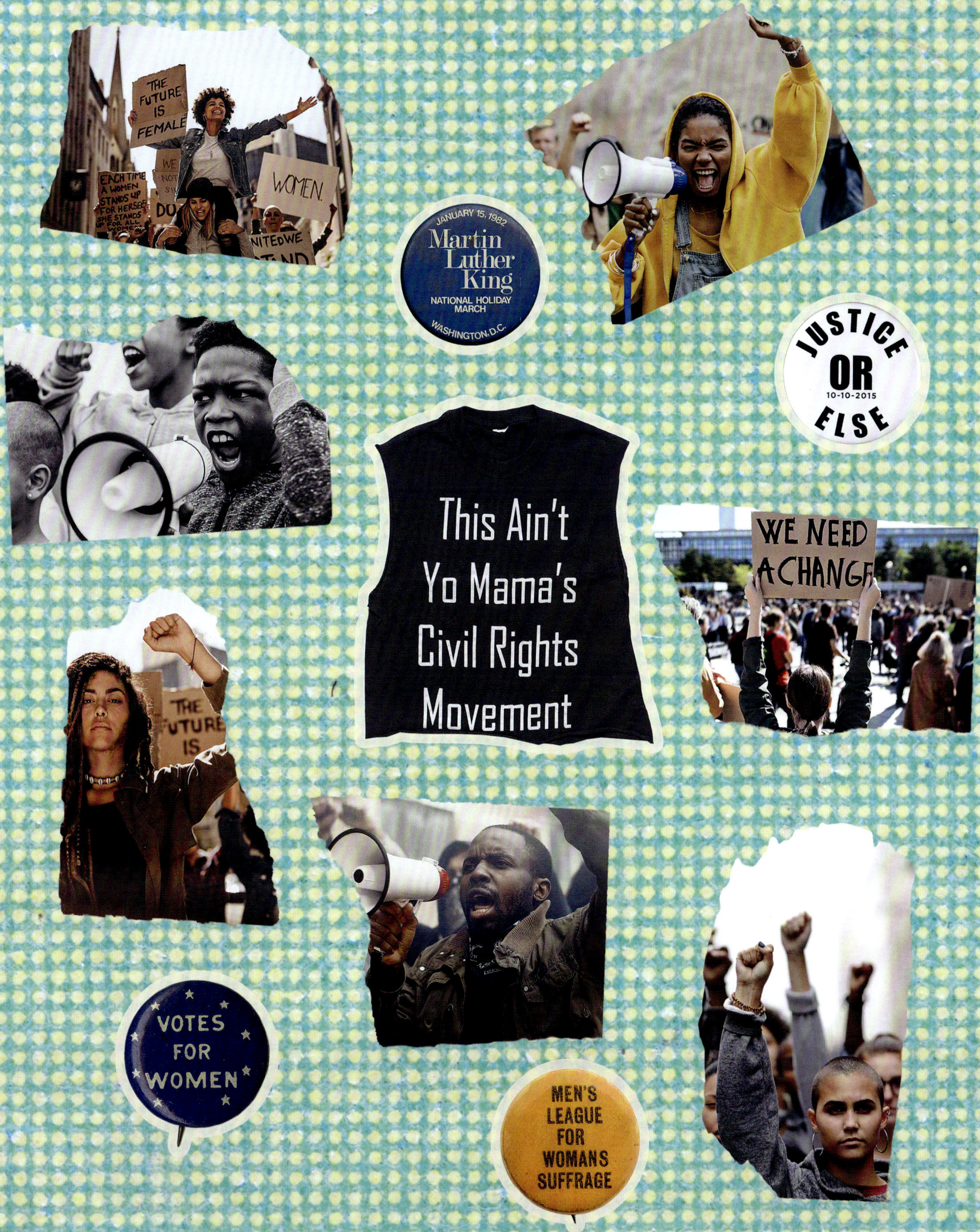
THE FUTURE IS FEMALE
WOMEN.
JANUARY 15, 1982
Martin Luther King
NATIONAL HOLIDAY MARCH
WASHINGTON, D.C.
JUSTICE OR ELSE
10-10-2015
This Ain't Yo Mama's Civil Rights Movement
WE NEED A CHANGE
VOTES FOR WOMEN
MEN'S LEAGUE FOR WOMANS SUFFRAGE

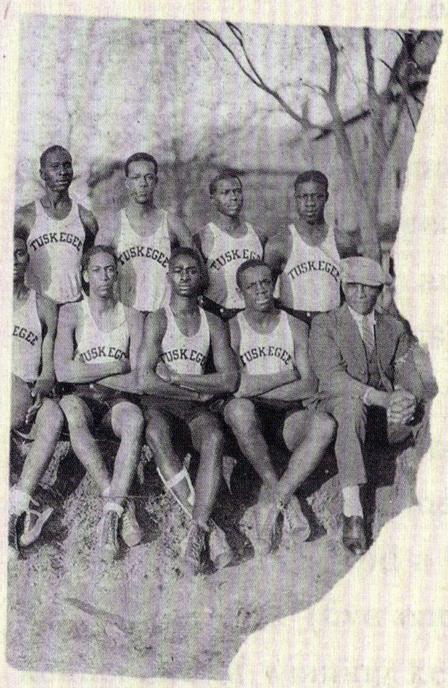
TUSKEGEE
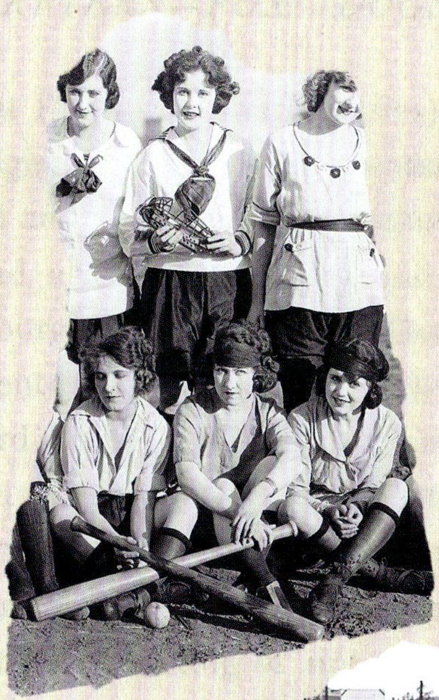
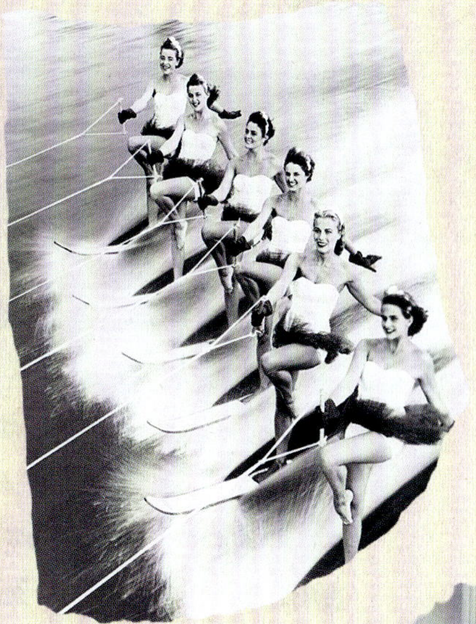
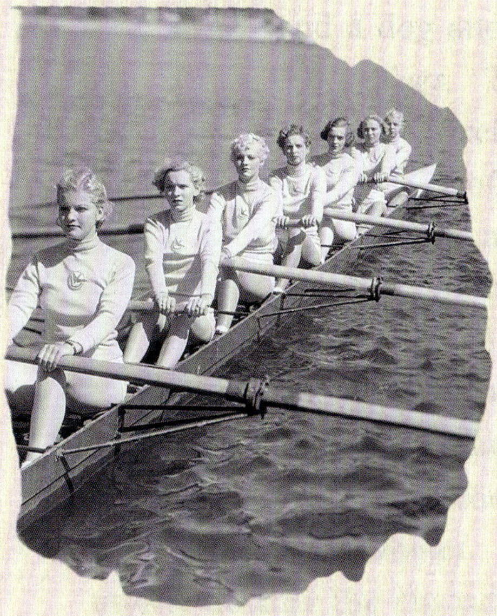
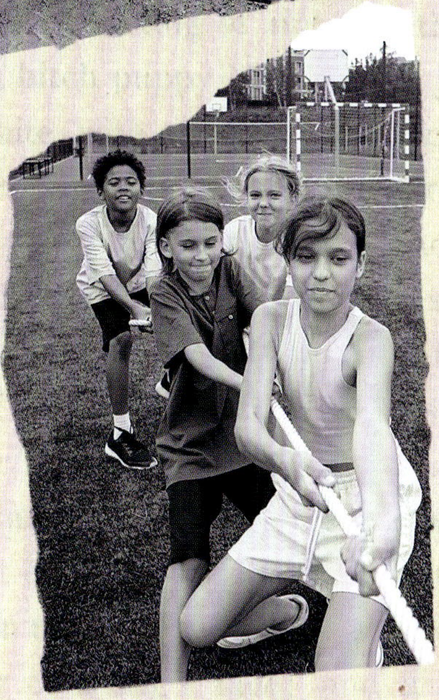
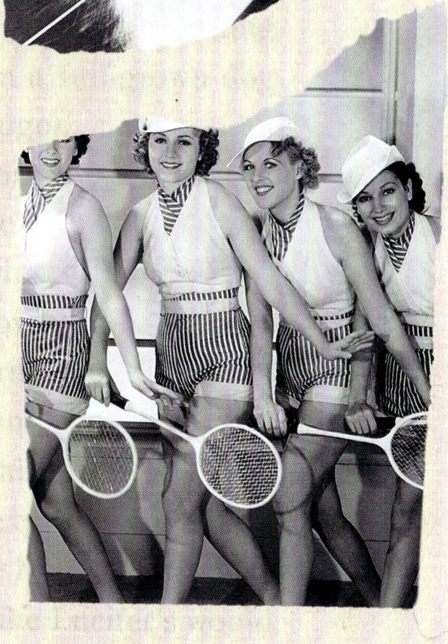
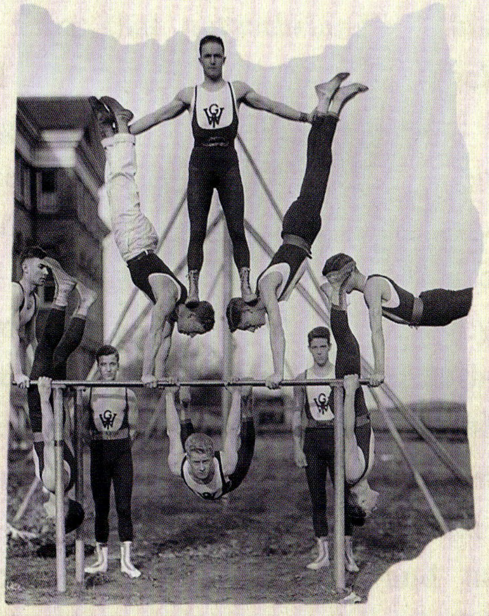
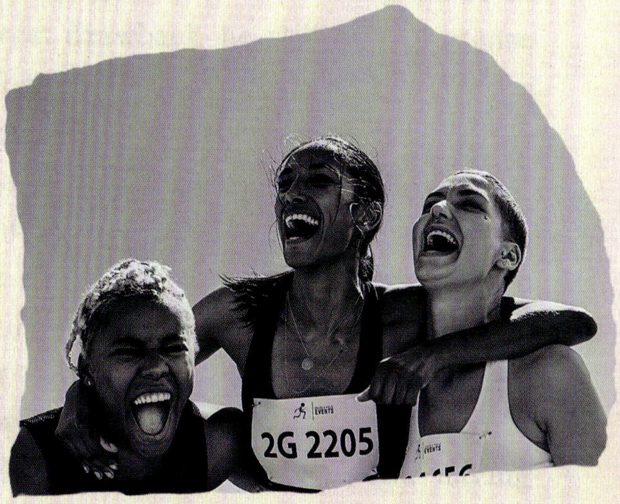
2G 2205

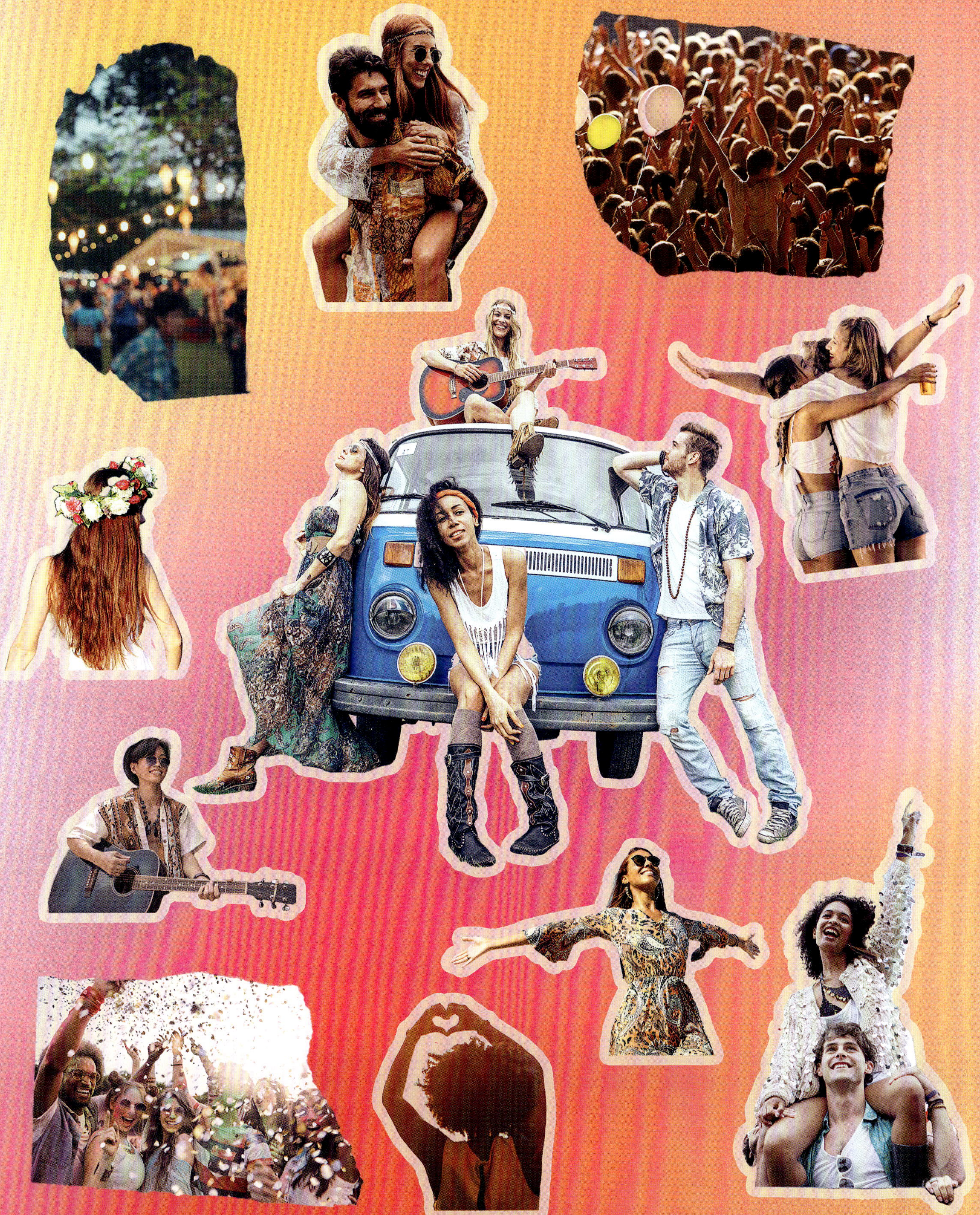

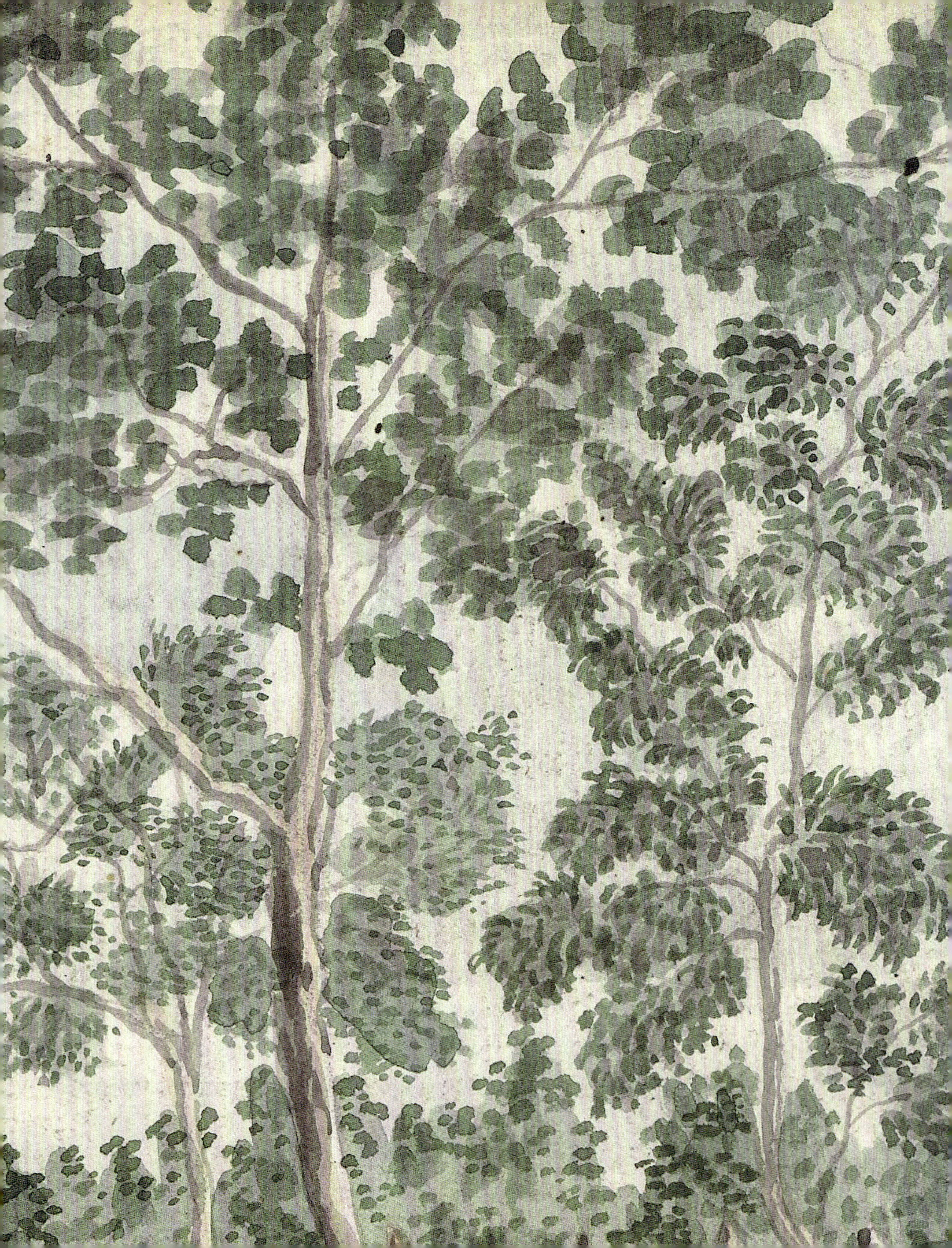

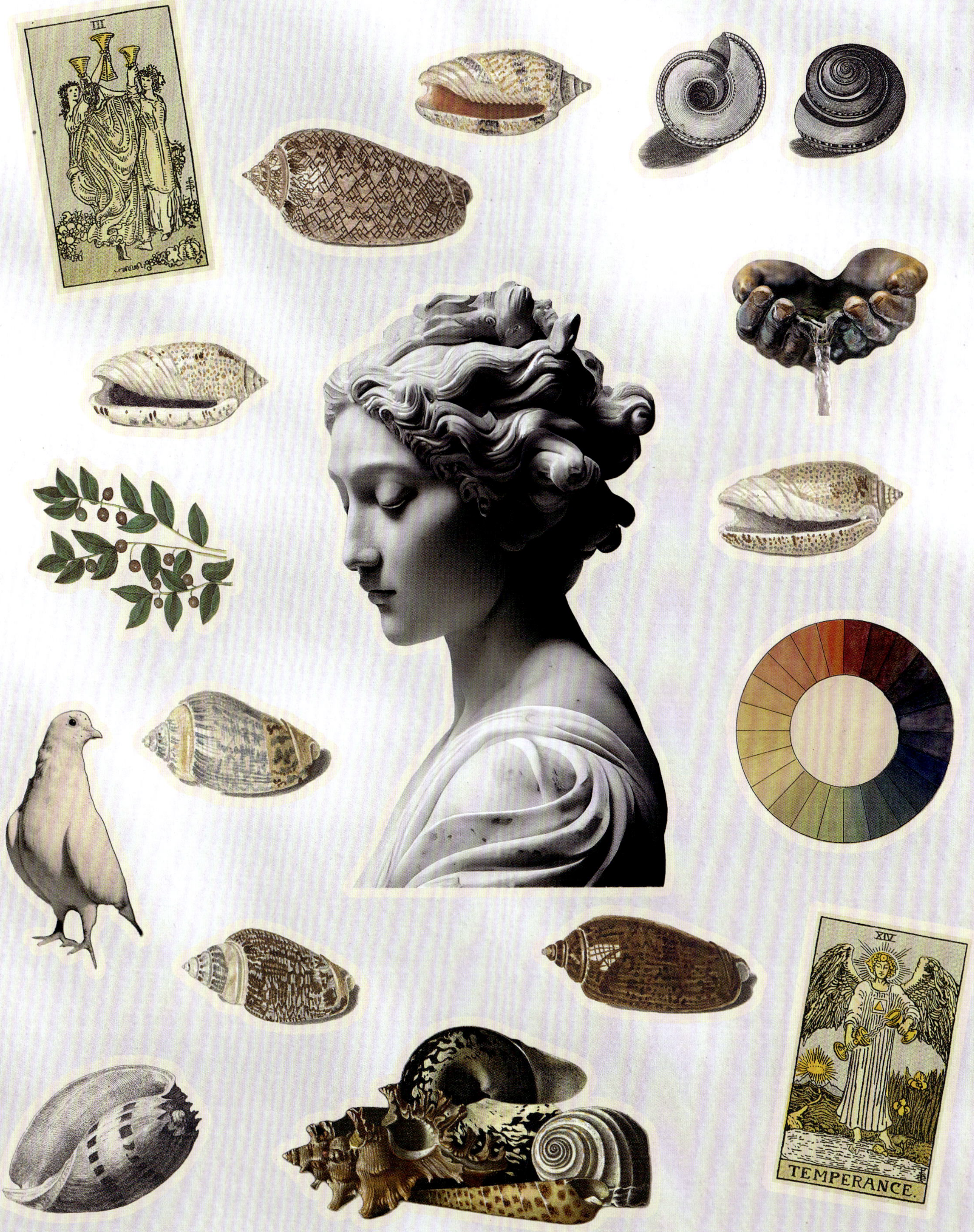
III
XIV
TEMPERANCE.

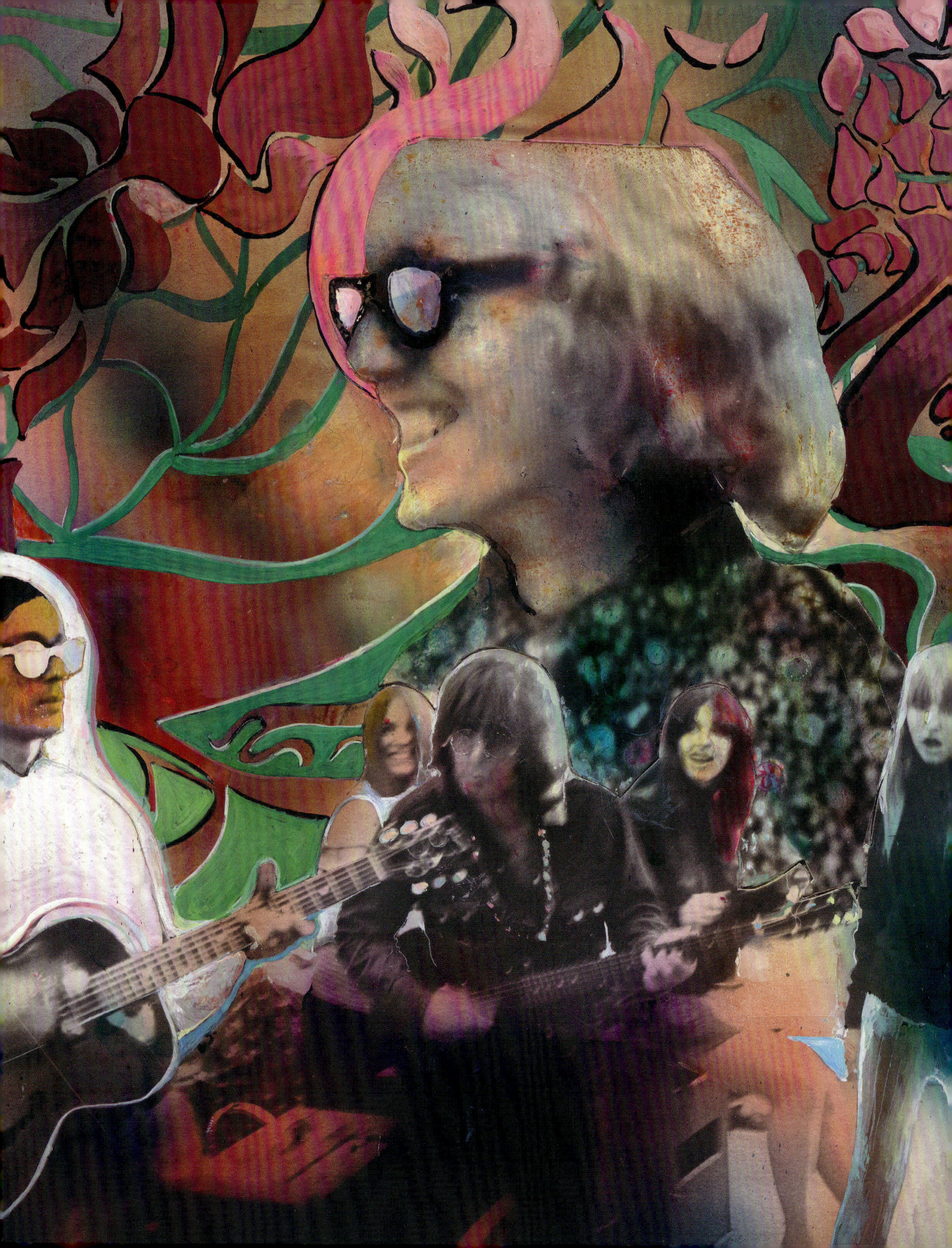

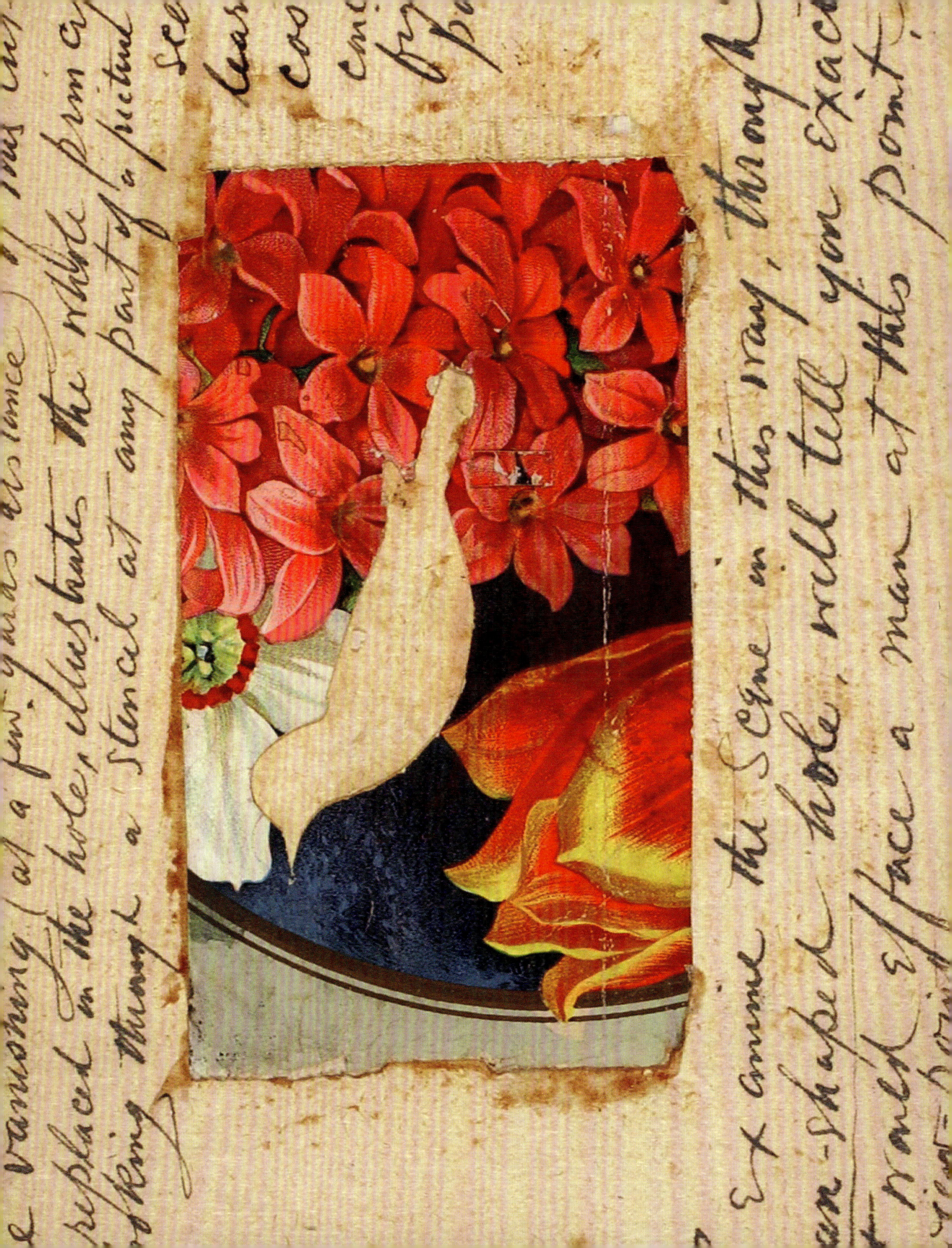

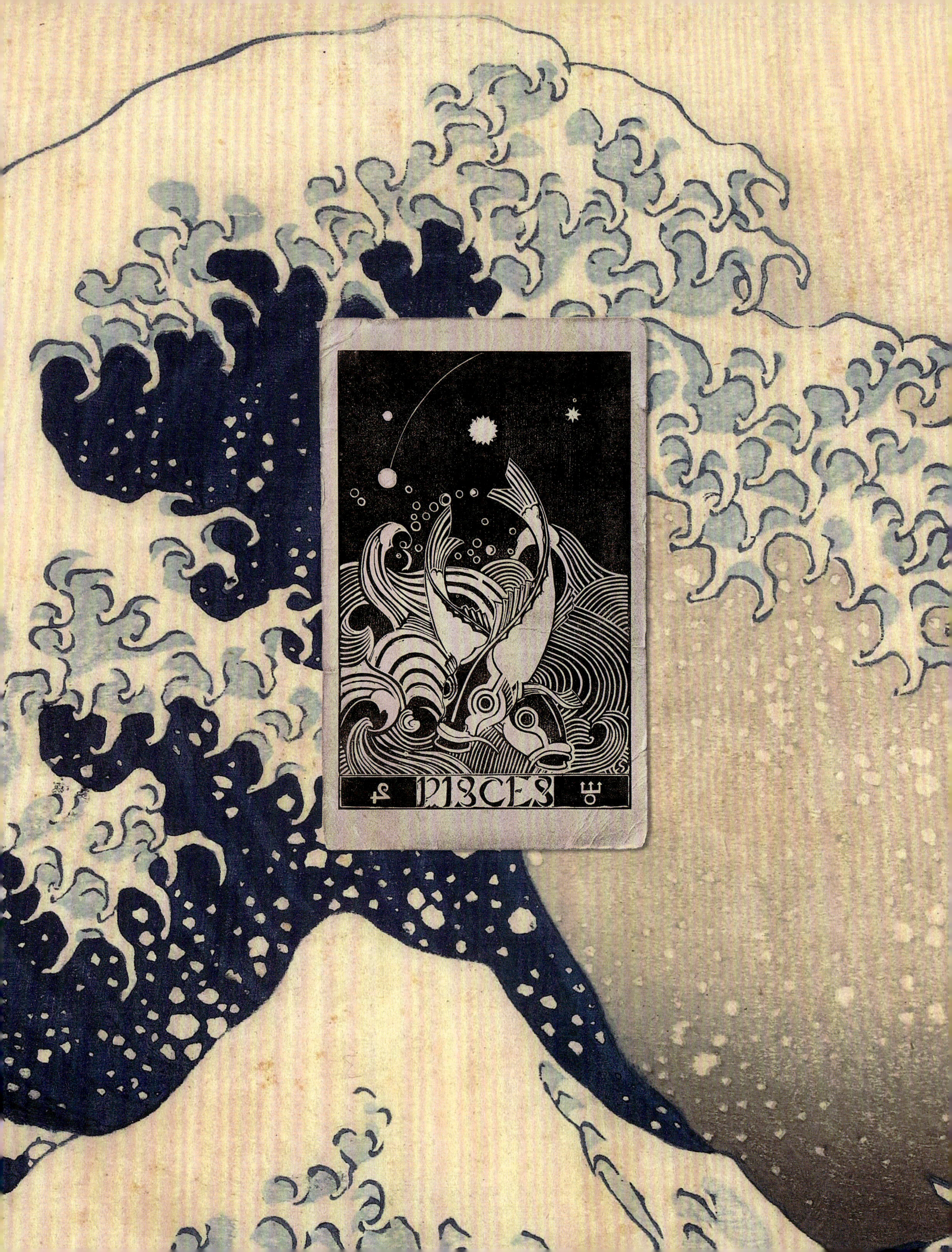
PISCES

Abschluss

Befreiung

Innerer Frieden

Empathie

Zurückgezogenheit

Einsamkeit

Achtsamkeit

Haus Zwölf:

Unbewusstes

Fische (Wasser)

Schattenselbst

Mitgefühl

Träume

Geheimnisse

Innere Wahrheit

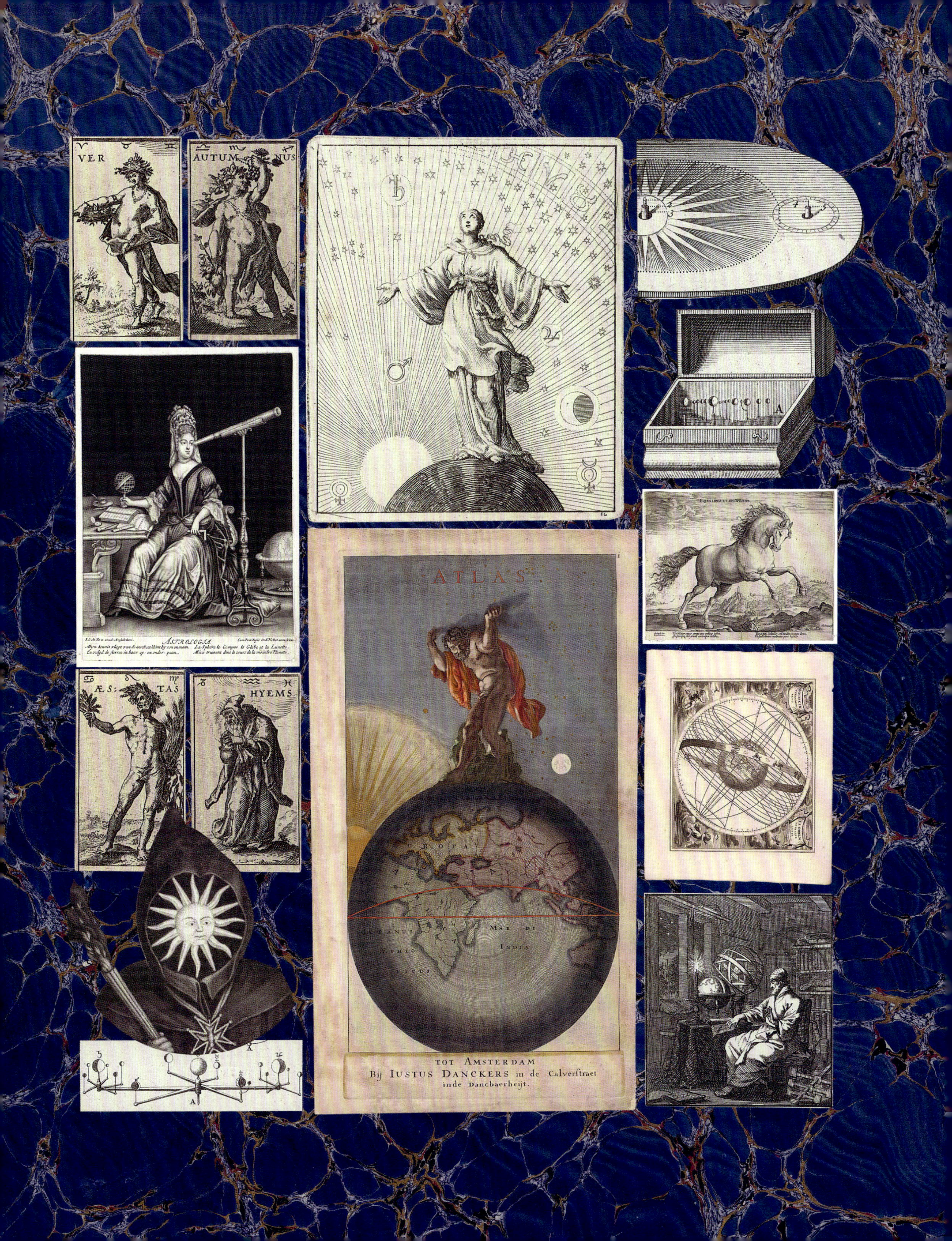
VER
AUTUMNUS
ASTROLOGIA
ÆSTAS
HYEMS
ATLAS
TOT AMSTERDAM
Bij IUSTUS DANCKERS in de Calverstraet
inde Dancbaerheijt.

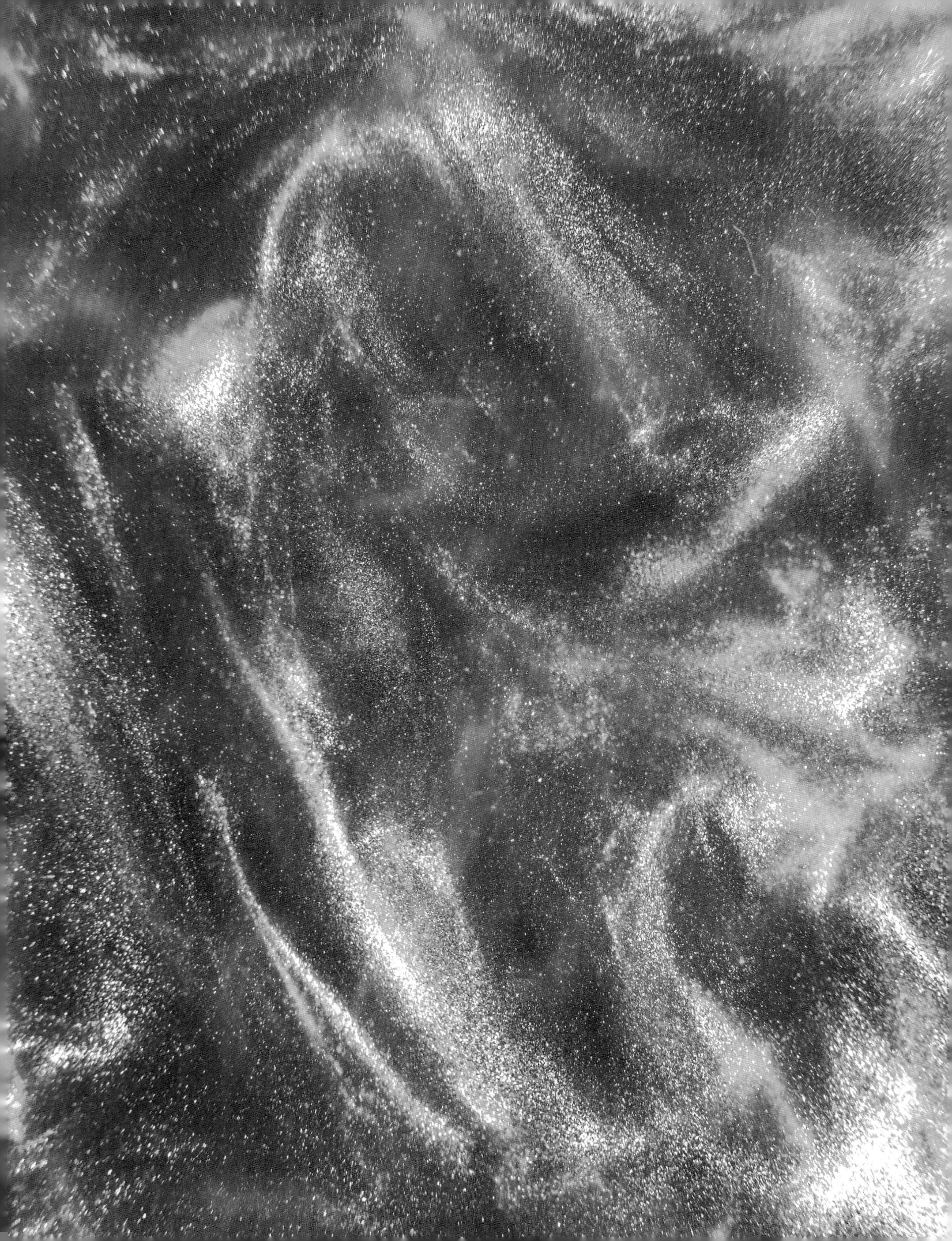

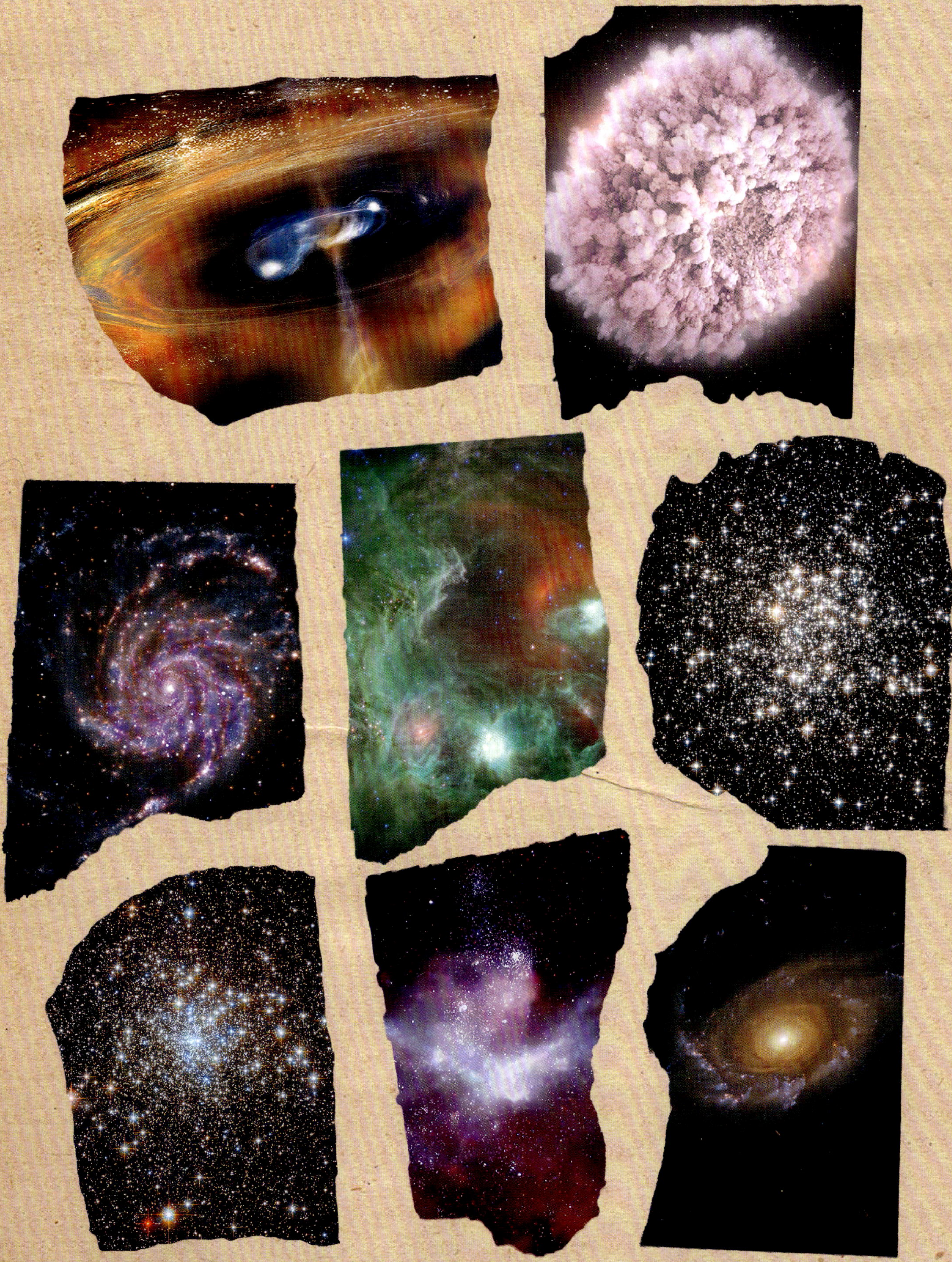

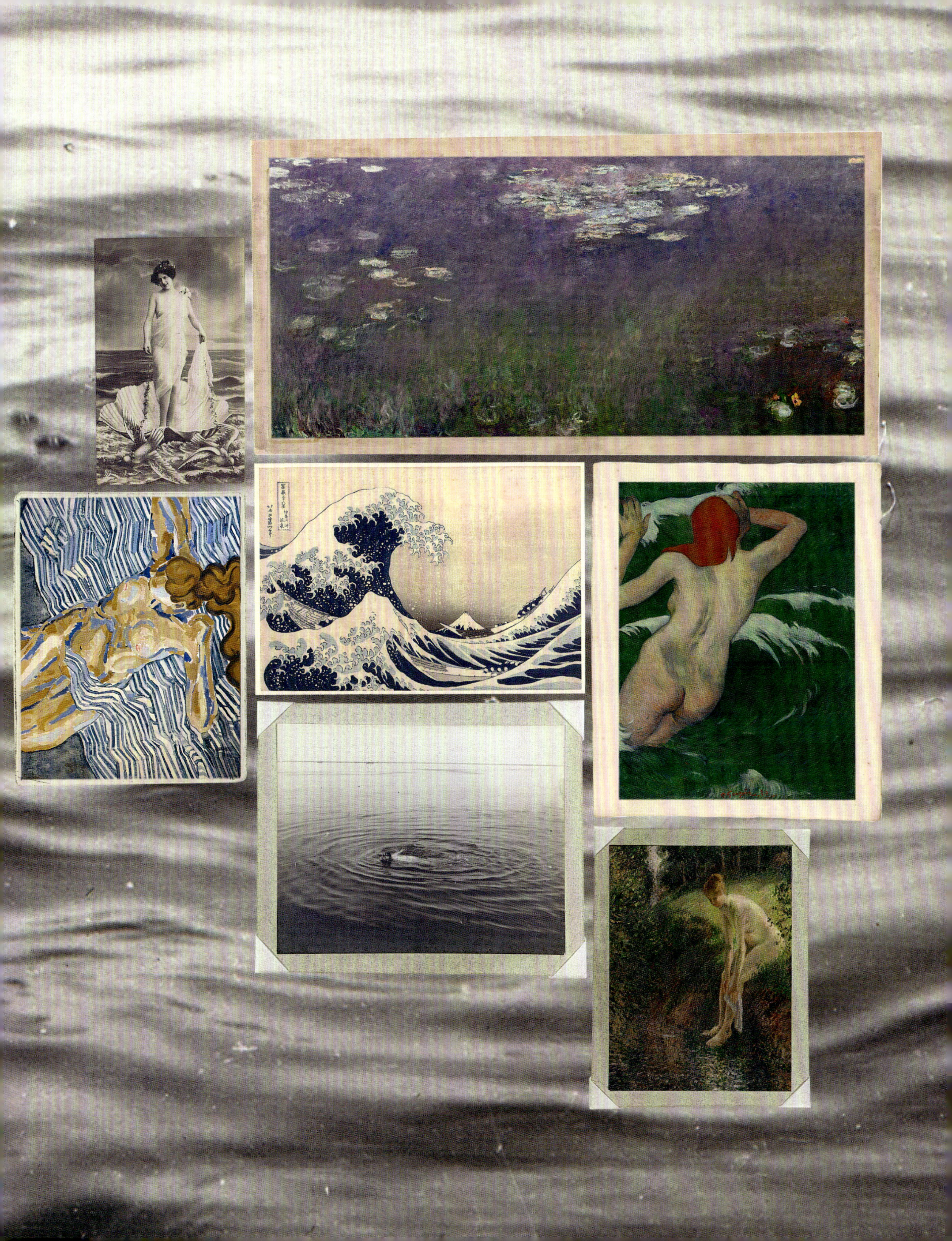

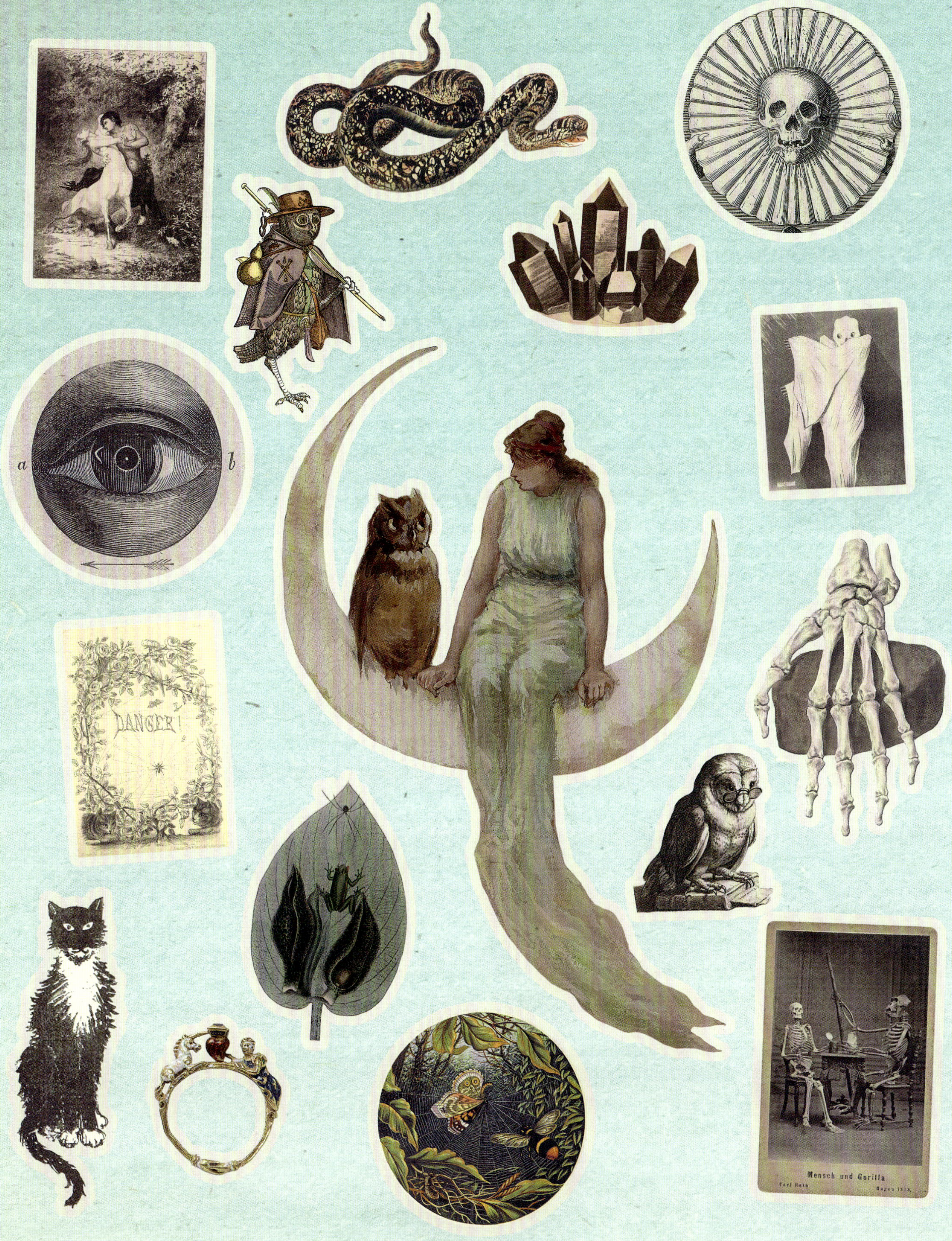
a
b
DANGER!
Mensch und Gorilla

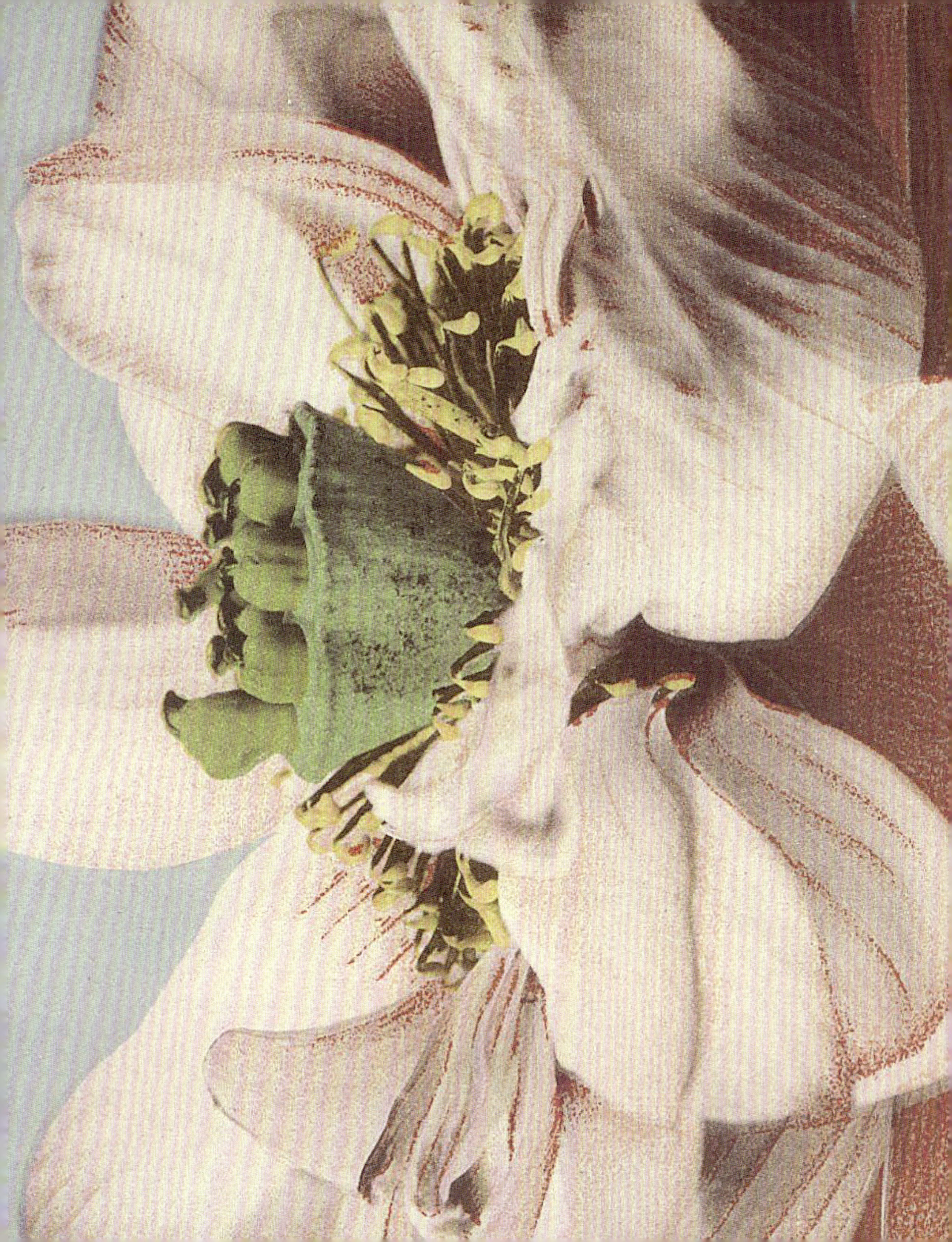

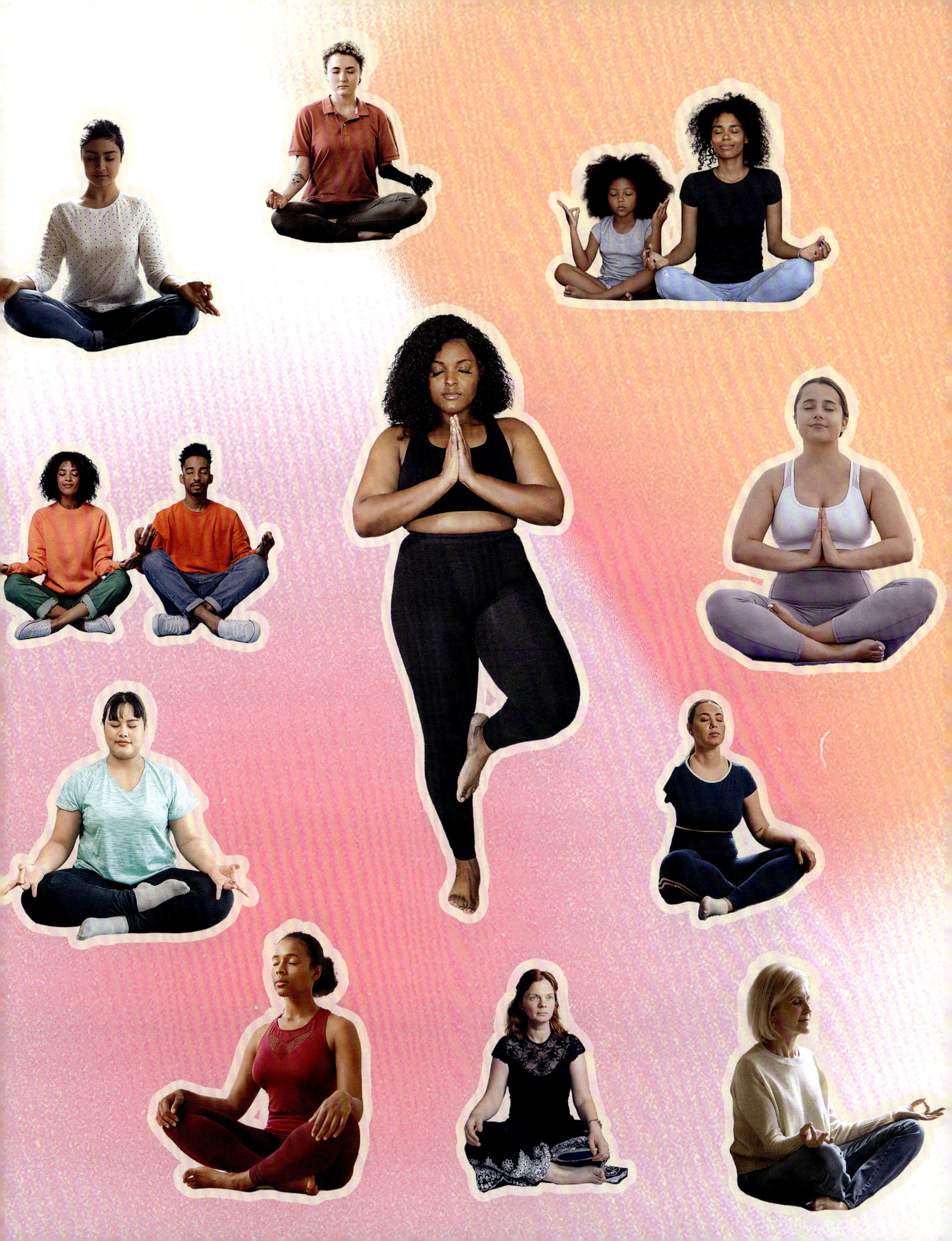

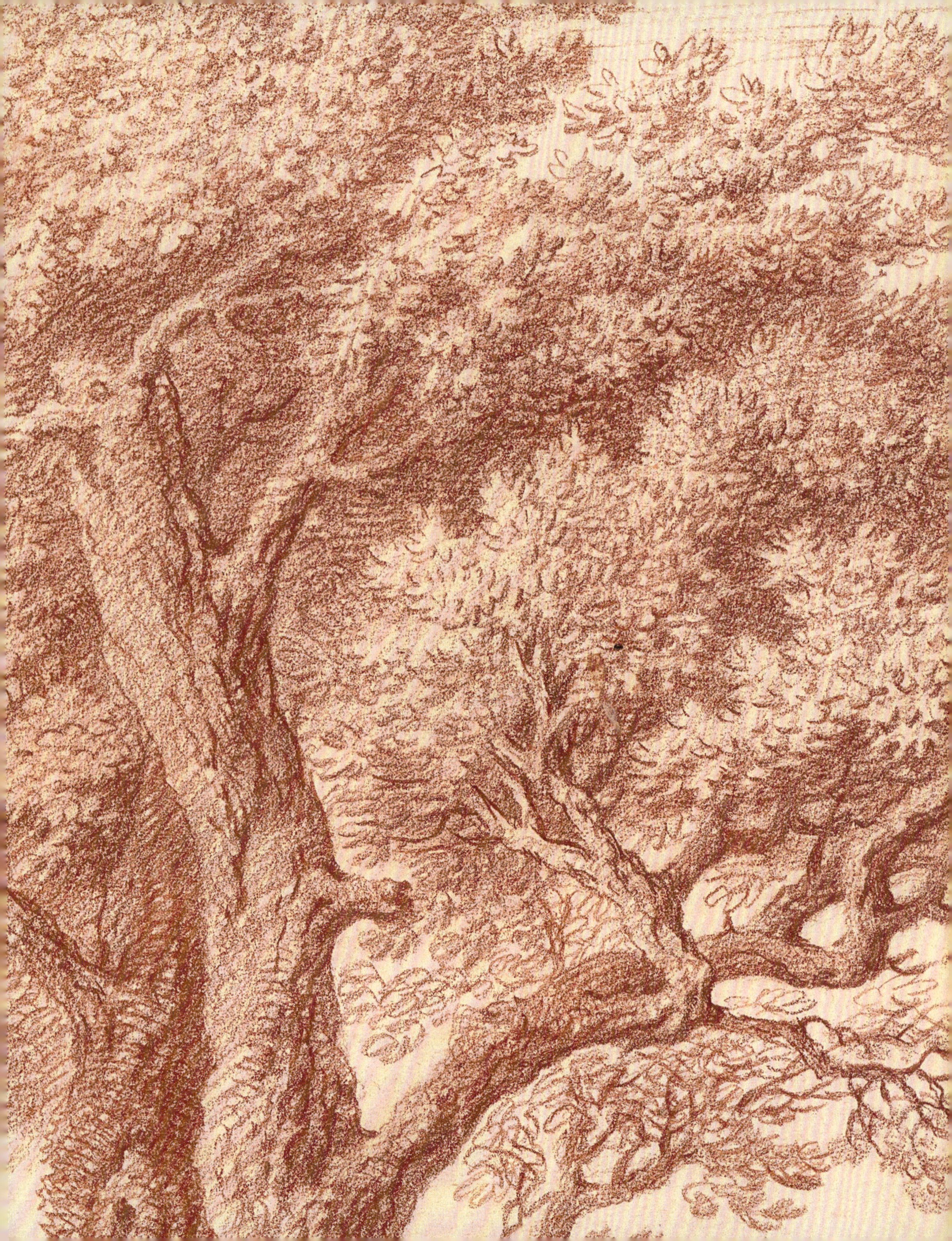

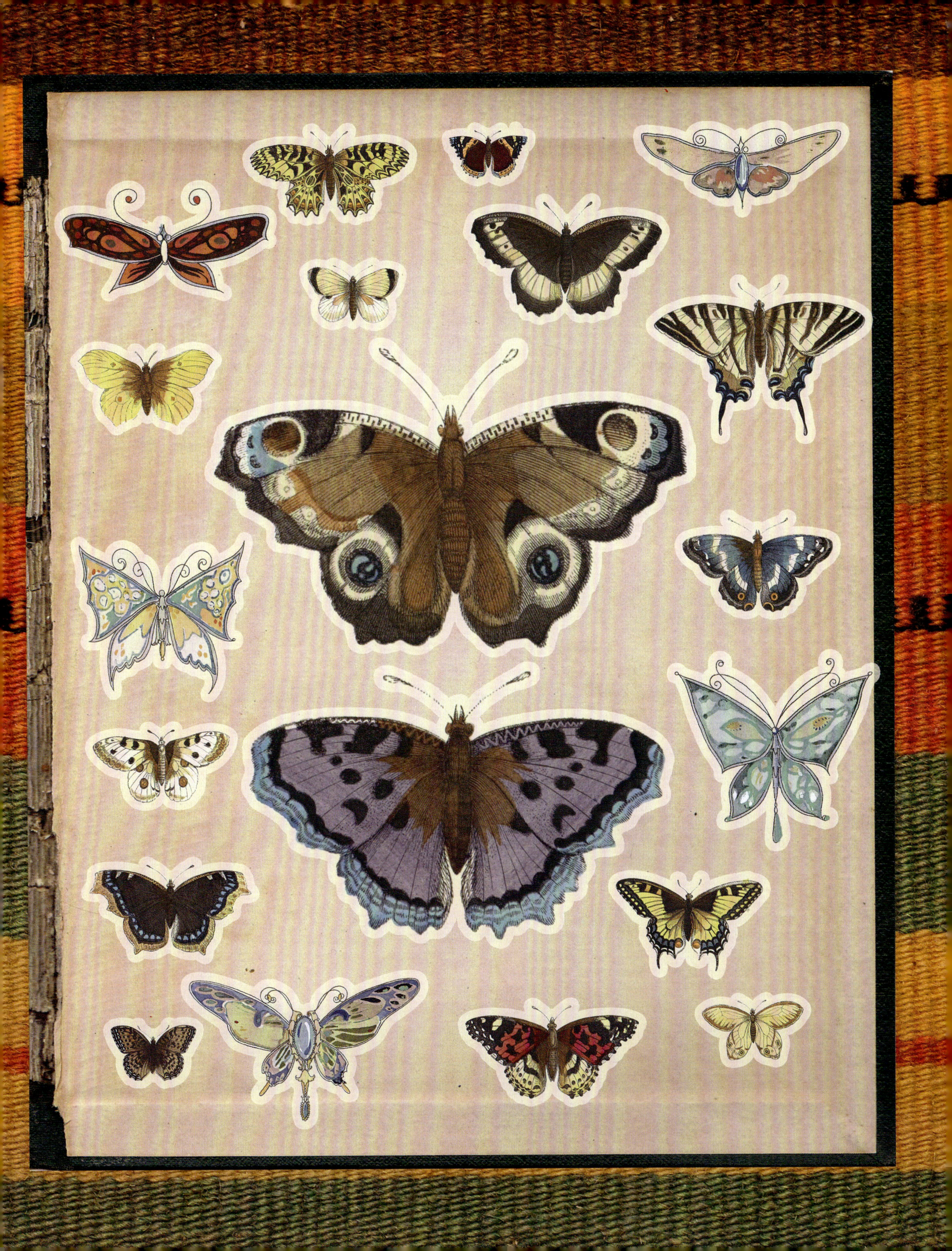

Abbildungen Titelseite

Lotusblüten, Kazumasa Ogawa (ihm zugeschrieben), ca. zwischen 1887 und 1897. Zunehmeder Mond, Warren de la Rue, ca. 1866–ca. 1880. Himmelskörper, Henricus Wilhelmus Couwenberg, 1830–1845. Fünf Seemöwen über stürmischer See, Ohara Koson, 1900–1930. Arbeitsblatt mit fünf Schmetterlingen, einer Wespe und zwei Fliegen, Pieter Withoos, ca. 1680–ca. 1692. Muscheln, Algen, Schnecken und Kaninchenschädel, anonym, 1560–1585. *Rote Rose*, Georgius Jacobus Johannes van Os, 1792–1861. Gelbe Seerose (*Nuphar lutea*), Anselmus Boëtius de Boodt, 1596–1610. Fünf Schmetterlinge, Herman Henstenburgh, ca. 1677–ca. 1726.

Abbildungen Innenseiten
Alle Abbildungen © Shutterstock Inc, außer:

S. 7 *Die große Welle von Kanagawa*, Katsushika Hokusai, 1829–1833
S. 7, 26 *Flussgott, ein Drache und vier Blumen*, anonym, 1688–1698
S. 8 Kapellen/zweite Tafel, Nachtkapellen, Ernst Fröhlich, 1843–ca. 1920
S. 8 Trona Pinnacles unweit des NASA Armstrong Flight Research Center in Kalifornien, NASA/Lauren Hughes
S. 8, 179 Y-not (1967), Victoria and Albert Museum, Vereinigtes Königreich – CC BY
S. 14, 169 *Lotusblüten*, Kazumasa Ogawa (ihm zugeschrieben), ca. zwischen 1887 und 1897
S. 17 *Evas Arm*, 1507, Albrecht Dürer, Schenkung von Alan Kennedy, Cleveland Museum of Art
S. 17, 179 *Der Riesenballon* (Le Géant), Nadar, Aufstieg 11. September 1865, Morriën & Amand, 1865
S. 17, 186 *Sternenkarte des südlichen Sternenhimmels*, Carel Allard, ca. 1722–ca. 1750
S. 18 *Innenhof mit Bogen eines Hauses in Tétouan*, anonym, ca. 1860–ca. 1880
S. 18, 66 Plakette mit Aventurienglas, mit elf Rosetten aus Millefiori-Glas, die mittlere mit einem Porträt von Camillo Benso, Graf Cavour; in der Rosette darunter das Monogramm BS, Giacomo Franchini, 1845–1847
S. 22 *Straußvogelfedern, zwanzig Stück*, anonym, ca. 1895–ca. 1915
S. 22 *Fächer aus rosa Straußfedern, auf Schildpatt-Rahmen aus Kunststoff mit ebensolchem Haken mit Kupfersperrbolzen*, anonym, ca. 1920–ca. 1925
S. 22 Historische Notizen der Vereinigten Presbyterianischen Kirchengemeinden in Glasgow, Thomas Annan, 1875
S. 22 *Ausschnitt aus dem Sternenhimmel*, M. Henry, ca. zwischen 1881 und 1891
S. 28 Spiegel, Chanat, 1885–1895
S. 31 *Technische Zeichnungen von Treppen*, Jan Schenk, nach Tieleman van derHorst, 1739
S. 32 *Narrative of a Journey through the Upper Provinces of India* ... 3. Auflage, Reginald Heber, 1783–1826, British Library
S. 32 Sternzeichen Steinbock, Henri van der Stok, 1880–1946
S. 34, 134 Komet A 1892, 1. Umlauf, Edward Emerson Barnard, 1892
S. 35 *Morgentoilette* von Christoffer Wilhelm Eckersberg, 1841, Sammlung Hirschsprung, Dänemark – CC0
S. 35 Katsukawa Shunsho (Japaner, 1726–1792), Tusche, Farbe und Gold auf Seide, 160 x 48,5 cm; Schenkung von Charles Lang Freer
S. 35 *Zwei unbekannte japanische Mädchen in traditioneller Kleidung*, Kazumasa Ogawa, ca. 1890–ca. 1895, Rijksmuseum
S. 35 *Pfau und Drache*, 1878, Entwurf von William Morris, Schenkung von Mrs. Philip White, Cleveland Museum of Art
S. 37 *Traum*, Ján Novák (Slowake, 1921–1944)
S. 39 *Schlüssel*, Ethnographisches Museum Stockholm, Schweden – CC BY
S. 39 Creative Commons
S. 39 Library of Congress Prints and Photographs Division Washington, D.C. 20540, USA https://hdl.loc.gov/loc.pnp/pS.print
S. 39 Narrenkarte aus dem Rider-Waite-Tarotdeck, eingescannt von Holly Voley (http://home.comcast.net/~vilex/) für freie Zugänglichkeit und abgerufen unter http://www.sacred-texts.com/tarot
S. 39, 106 Studien, Rijksmuseum, Niederlande, frei zugänglich
S. 40, 135 *Erntearbeiter*, 1888–1889, Léon Augustin Lhermitte, Mr. und Mrs. Martin A. Ryerson Collection, Art Institute of Chicago
S. 43 Alamy Stock Photo/Addictive Stock Creatives
S. 43 *Japanische Schulklasse im Unterricht*, A. V. Novák, Náprstek Museum für asiatische, afrikanische und amerikanische Kulturen, Tschechien – CC BY
S. 43 Vier Frauen zeigen ihre Frisuren und Kimonogürtel, Japan, Meiji-Zeit, 1880–1900, Albuminabzug, Honolulu Museum of Art, Zugang 2016-45-19b
S. 45 Schenkung von Mrs. Ridgley Hunt, in Erinnerung an William Cruger Pell, 1906, Metropolitan Museum of Art
S. 45 Sammlung Smithsonian National Museum of African American History and Culture, Schenkung von Elaine Nichols
S. 46 *A California Anomaly, Snow and Oranges*, Pasadena, Kalifornien, Nr. 7782, Sammlung Jefferson R. Burdick, Schenkung von Jefferson R. Burdick, MetropolitanMuseum of Art
S. 47 *Buddha's Flowers: Lotus*, Theodore Wores, Tokio, 1894, Schenkung von William und Abigail Gerdts
S. 49 Siniolchun 6879 M.; Val Zemu, Himalaja, Nepal, Siniolchun, aufgenommen mit einem Teleobjektiv von Val Zemu, Himalaja-Gebirge, von Vittorio Sella – Fotoarchiv der Städtischen Museen Turin, Italien – CC BY
S. 50 Hubble beobachtet junge Sterne in naher Galaxie, NASA, ESA und Hubble Heritage Team (STScI/AURA), ESA/Hubble Collaboration
S. 50 Astrologie: Tierkreiszeichen Stier. Kolorierter Kupferstich von S. Hall, Wellcome Collection, Vereinigtes Königreich – CC BY
S. 52 *Hornsgatan bei Nacht*, Eugène Jansson, 1902, Schwedisches Nationalmuseum, Schweden, frei zugänglich
S. 53 Nachlass Muriel Butkin, Cleveland Museum of Art
S. 53 Schenkung der Sammlung Hiller-Borneman, Cleveland Museum of Art
S. 53 *Ohrringe und Haarschmuck*, anonym, ca. 1750, Rijksmuseum
S. 53 *Ring*, anonym, ca. 1670–ca. 1690, Rijksmuseum
S. 53 Juwelenbesetztes Armband (eines von einem Paar), 500–700, byzantinisch, Schenkung von J. Pierpont Morgan, 1917
S. 53 FOTO:FORTEPAN / Balassa
S. 53 Atelierporträt einer javanischen Frau, Kassian Céphas, ca. 1867–ca. 1910, Rijksmuseum
S. 55 Schenkung von Edgar William und Bernice Chrysler Garbisch
S. 55 *Pfirsiche*, Auguste Renoir (Franzose, Limoges 1841–1919 Cagnes-sur-Mer), Nachlass Stephen C. Clark, 1960
S. 55 Fischkrug, Edward L. Loper, ca. 1938, Index of American Design
S. 55 Trauben, Joseph Decker, ca. 1890/1895, Sammlung Mr. und Mrs. Paul Mellon
S. 55 *Golden-Champion-Trauben*, Richard Tepe, 1900–1930, Rijksmuseum
S. 55 *Zwei geöffnete Austern*, Jean Bernard, 1824, Rijksmuseum
S. 55 *Stillleben mit Goldkelch*, Pieter de Ring, 1640–1660, Rijksmuseum
S. 57 *Netsuke: Münzenhaufen*, 1750, Nationalmuseum der Weltkulturen, Niederlande – CC0
S. 57 Creative Commons
S. 59 Glücksklee (*Oxalis tetraphylla Cav.*), Botanischer Garten Meise, Belgien – CC BY-SA
S. 59 *Lucky Shot*, Eufruco Ltd. Algemes, (Valencia) Spanien, anonym, S. XX, Digitalbibliothek Valencia, Spanien, frei zugänglich
S. 59 Glückwunsch-Postkarte, illustriert mit verschiedenen Glücksbringern, Chromolithographie, Wellcome Collection, Vereinigtes Königreich – CC BY
S. 59 https://www.flickr.com/photos/cinnamon4girl/4908229602
S. 59 Zhao Gongming, der militärische Gott des Reichtums in Begleitung eines schwarzen Tigers, Gouache eines chinesischen Künstlers, Wellcome Collection, nicht-kommerziell 4.0 International (CC BY-NC 4.0)
S. 62 *The History of America*, William Robertson, 1721–1793, British Library
S. 63 LUSTRE, Lustre à 36 lumières, Sammlung der Mobilier national, Frankreich, frei zugänglich
S. 63 Krone für den König von Ardra, anonym, ca. 1664, Rijksmuseum
S. 63 Ford Maverick basierend auf Centauro von Hugo-90, lizensiert unter CC BY 2.0
S. 63 https://www.flickr.com/photos/autohistorian/38347406534
S. 65 *Kapitalist*, Jan de Waardt, 1875–1900, Rijksmuseum
S. 65 *Joie de vivre: Le Bonheur du Jour ou Les Graces à la Mode*, Henri Reidel, nach George Barbier, 1924, Rijksmuseum
S. 65 Die königlichen Kronen, 26. Juni 1902: eine Krone des Reichtums, Wellcome Collection, frei zugänglich
S. 65 Tulpe, 1875, Entwurf von William Morris, Cleveland Museum of Art
S. 68 Sternzeichen Zwillinge, Henri van der Stok, 1880–1946
S. 71 Mund-Studien, Katholische Universität Leuven, Belgien, frei zugänglich
S. 75 Kleines Aktmodell beim Lesen, James Abbott McNeill Whistler, 1890
S. 75 Ein Schriftsteller legt seinen Stift bereit, 1784, Rijksmuseum, frei zugänglich
S. 75 Lesende japanische Frau, Desconegut, Stadtverwaltung Girona, Spanien, frei zugänglich
S. 75 Eine Dame schreibt einen Brief an Albert Edelfelt, 1887, Schwedisches Nationalmuseum, Schweden, frei zugänglich
S. 75 Künstlerbund Hagen, Die Kunst im Leben des Kindes, Gustav Bamberger, (1861–1936, Künstler/in) GND, 1904–1908, Österreich
S. 75 *Bar-Lock-Automatikschreibmaschine*, Louis John Rhead (1857–1926, Künstler/in) GND, 1894–1897, USA
S. 75 Signe, die Schwester des Künstlers, und Henriette lesen ein Buch, Constantin Hansen, SMK
S. 75 Phillis Wheatley, ca. 1753–5. Dez. 1784, National Portrait Gallery, Smithsonian Institution
S. 75 *Drei junge Damen*, Emile Joachim Constant Puyo (1857–1933, Fotograf/in)
S. 75 *Die Lesende*, Utagawa Toyohiro (1773–1829, Maler/in), 1773–1828, Tokio
S. 79 Freddy und William im Jahr 2005, Sörmland Museum, Schweden – CC BY-SA
S. 81 Schwestern Hathaway, Virtuelle Bibliothek des bibliografischen Erbes, Spanien – CC BY
S. 81 Sakuntalā schreibt einen Brief auf ein Blatt in einem Tagtraum mit zwei anderen, Chromolithographie von Ravi Varma, Wellcome Collection, Vereinigtes Königreich – CC BY
S. 86 Sternzeichen Krebs, Henri van der Stok, 1880–1946

S. 89 Brotteller, Margaret Stottlemeyer, 1935/1942, Index of American Design
S. 89 Erdbeeren und Pflaumen, Dirk Jan Hendrik Joosten, 1828–1882, Rijksmuseum
S. 89 *Stillleben mit Käse*, Floris Claesz van Dijck, ca. 1615, Rijksmuseum
S. 89 *Stillleben mit Flasche, Karaffe, Brot und Wein*, Claude Monet, ca. 1862/1863, Sammlung Mr. und Mrs. Paul Mellon
S. 89 *Stillleben mit Schinken*, 1650, Gerret Willemsz Heda, Schenkung von John S. Thacher
S. 91 Kudde (Kissen), Museum der Weltkulturen, Schweden – CC BY
S. 91 Museum für Kunst und Gewerbe / Fotografie und neue Medien
S. 91 *Kissen*, Cooper Hewitt, Smithsonian Design Museum, Nachlass Richard Cranch Greenleaf in Erinnerung an seine Mutter, Adeline Emma Greenleaf
S. 91 Herren-Schlafzimmer-Pantoffeln, Paul Poffinbarger, 1935/1942, Index of American Design
S. 91 Kissenmuster, Edith Magnette, ca. 1937, Index of American Design
S. 93 Victoria and Albert Museum, Vereinigtes Königreich – CC BY
S. 93 Ohne Titel (Frau umarmt neben ihr stehenden Jungen mit Baseball-Cap) aus der Serie *On a Good Day*, Al Vandenberg (Fotograf), Victoria and Albert Museum, Vereinigtes Königreich – CC BY
S. 93 C21 *Mutter & Kind*, Kusakabe Kimbei, Museum für Kunst und Gewerbe, Hamburg, Deutschland – CC0
S. 93 Beckenham Baby Show, London (zwei Kinder küssen sich), Foto, 1922, Wellcome Collection, Vereinigtes Königreich – CC BY
S. 93 Rādhā und Krishna umarmen sich auf dem Land, Chromolithographie, 1882, Wellcome Collection, Vereinigtes Königreich – CC BY
S. 93 Erwachsenes Paar mit Down-Syndrom, Fiona Yaron-Field, Wellcome Collection, Vereinigtes Königreich – CC BY
S. 93 Madonna und Kind, Simon Vouet, 1633, Chester Dale Fund
S. 93 Foto der Familie Stevens vor ihrem Haus in Linn Creek, Missouri, Sammlung Smithsonian National Museum of African American History and Culture, Schenkung von Jackie Bryant Smith
S. 93 Medaillon mit Fotos von Harriette und Harry T. Moore, Sammlung Smithsonian National Museum of African American History and Culture, Nachlass Juanita Evangeline Moore, Tochter, „Skip" Pagan, Enkel, und Darren Pagan, Urenkel
S. 93 Mutter und Sohn, Smithsonian American Art Museum, Museumsankauf von der Sammlung Charles Isaacs, teils ermöglichst durch die Luisita L. und Franz H. Denghausen Stiftung
S. 95 Außenansicht eines Cottages in England, anonym, ca. 1850–ca. 1870, Rijksmuseum
S. 95 *Bauerndorf*, Jan de Haan, 1875–1903, Rijksmuseum
S. 95 Ansicht Schloss Egmond aan den Hoef, Claes Jacobsz van der Heck, ca. 1638, Rijksmuseum
S. 95, 189 Blick auf Île de Salagnon im Genfer See, im Hintergrund Dents du Midi, anonym, 1889–ca. 1920, Rijksmuseum
S. 96 Studie einer Palme, Jamaika, Cooper Hewitt, Smithsonian Design Museum, Schenkung von Louis S. Church
S. 97 Wo die Eichen wachsen, Deutsche Fotothek, Deutschland, frei zugänglich
S. 97 Fünf Wurzeln in unterschiedlicher Form: Möhre, Gras, Rettich, Brunnenkresse und Zwiebel, Chromolithographie, ca. 1850, Wellcome Collection, Vereinigtes Königreich – CC BY
S. 97 Knoblauch (*Allium sativum*): Zwiebel, Blütenkopf, einzelne Blüte und einzelne Zehe, Farblithographie nach M. A. Burnett, ca. 1850, von M.A. Burnett, Wellcome Collection, Vereinigtes Königreich – CC BY
S. 97 *Rosen*, Vincent van Gogh, 1890, Schenkung von Pamela Harriman in Erinnerung an W. Averell Harriman
S. 99 Voskos / Bratenfett / im. E. Tzoannos, Griechisches literarisches und historisches Archiv, Kulturstiftung der Nationalbank von Griechenland, Griechenland – CC BY
S. 99 Feuer und Wärme, 1970, Museon Omniversum, Niederlande – CC BY
S. 99 Junge Frau mit Kochhaube rührt in einem Topf auf dem Herd, Charles Philipon, Farblithographie, Wellcome Collection, Vereinigtes Königreich – CC BY
S. 99 Bauernfamilie kocht am Lagerfeuer, Bartolomeo Pinelli, Joseph F. McCrindle (1923–2008), New York; Joseph F. McCrindle Foundation, 2008; Schenkung an NGA, 2009
S. 99 Bauernfamilie kocht am Lagerfeuer, J. Howard Iams, 1938, Index of American Design
S. 99 Teekessel, Michael Rekucki, ca. 1941, Index of American Design
S. 99 Teekessel, Frank Nelson, 1935/1942, Index of American Design
S. 101 Adam und Eva im Garten mit Schaf- und Taubenpaar, 1780er Jahre, (Samuel Gedge Ltd., London), Ankauf 2013 durch NGA
S. 102 Sternzeichen Löwe, Henri van der Stok, 1880–1946
S. 105 Venus (Aphrodite), Rötelzeichnung, Wellcome Collection, Vereinigtes Königreich – CC BY
S. 105 British Library
S. 105 Valentin, Cooper Hewitt, Smithsonian Design Museum, Schenkung v on Eleanor und Sarah Hewitt
S. 105 *Rosa gallica* (Apotheker-Rose), Hans Simon Holtzbecker, Rosa, SMK Open
S. 105 *Venus und Amor*, Charles Phillips, 1766, Yale Center for British Art
S. 107 Foth-Rollfilmkamera, 1930, Museon Omniversum, Niederlande – CC BY
S. 107 Unbekannter Fotograf im Freien, National Portrait Gallery, Smithsonian Institution; Schenkung von Larry J. West
S. 109 Stehender weiblicher Akt, Rik Wouters, 1892–1916, Rijksmuseum
S. 109 Weiblicher Akt, Smithsonian American Art Museum and its Renwick Gallery, Carl Newman, Smithsonian American Art Museum, Schenkung von Mrs. Henry Sayen und Miss Ann Sayen im Namen von Helene Zaun Newman
S. 109 Weiblicher Akt, Smithsonian American Art Museum and its Renwick Gallery, Carl Newman, Smithsonian American Art Museum, Schenkung von Mrs. Henry Sayen und Miss Ann Sayen im Namen von Helene Zaun Newman
S. 111 Studie eines stehenden weiblichen Akts, Cooper Hewitt, Smithsonian Design Museum, Louis Schaettle (Amerikaner, 1867–1917), Schenkung von Miss Mae Schaettle
S. 111 Studie eines sich beugenden Akts mit Becher in der Hand, Cooper Hewitt, Smithsonian Design Museum, Louis Schaettle (Amerikaner, 1867–1917), Schenkung von Miss Mae Schaettle
S. 111 Weiblicher Akt, Cooper Hewitt, Smithsonian Design Museum, Daniel Huntington (Amerikaner, 1816–1906), Nachlass Erskine Hewitt
S. 111 Weiblicher Torso nach einem Gipsabdruck, Cooper Hewitt, Smithsonian Design Museum, Daniel Huntington (Amerikaner, 1816–1906), Nachlass Erskine Hewitt
S. 111 Studie eines weiblichen Akts, von hinten, im Atelier von Jacques de Lalaing, Vorstudie für einen runden Brunnen, Jacques Lalaing (ihm zugeschrieben), ca. 1903–1914, Rijksmuseum
S. 111 Studie eines männlichen Akts, sitzend und von hinten, im Atelier von Jacques de Lalaing, Jacques Lalaing (ihm zugeschrieben), ca. 1883–1914, Rijksmuseum
S. 111 *Liegender weiblicher Akt*, François Boucher, ca. 1750–ca. 1760, Rijksmuseum
S. 111 *Stehender weiblicher Akt*, von hinten, Johan Braakensiek, 1868–1940, Rijksmuseum
S. 112 Pfau, Ohara Koson, 1925–1936
S. 113 Hände einer strickenden Frau, Leon Frantzis, Athen, Griechisches literarisches und historisches Archiv, Kulturstiftung der Nationalbank von Griechenland, Griechenland – CC BY
S. 113 *Three flames*-Streichholzschachtel, Lusto, Finnisches Waldmuseum, Finnland – CC BY
S. 113 Karte des offenen Landes des Frauenherzens, Harry T. Peters, National Museum of American History, Amerika in Stein, Lithographische Sammlung
S. 113 Der Geist des Regenbogens, Henry Mosler, Smithsonian American Art Museum and its Renwick Gallery, Smithsonian American Art Museum, Museums-Ankauf
S. 113 Nähmaschine Patentmodell, Sidney M. Tyler, 1866, National Museum ofAmerican History
S. 117 Roland Kirk beim Helsinki Jazz Festival von Manninen, Kalervo, Finnische Kulturerbe-Behörde, Finnland – CC BY
S. 117 British Library
S. 117 Amor spielt die Leier, Bertel Thorvaldsen, SMK Open
S. 117 Stifthalter, Cooper Hewitt, Smithsonian Design Museum, Schenkung eines anonymen Spenders
S. 117 Achtzehn Original-Negro-Spirituals von Schwester Rosetta Tharpe, Sammlung Smithsonian National Museum of African American History and Culture, Schenkung von Gayle Wald
S. 117 Louis Armstrongs Trompete, Sammlung Smithsonian National Museum of African American History and Culture
S. 117 Stehklavier von Thom Bell bei Philadelphia International Records, Sammlung Smithsonian National Museum of African American History and Culture, Schenkung des legendären Produzenten Thom Bell
S. 117 Ansteck-Button mit Werbung für das Album „My Name Is Jermaine", Sammlung Smithsonian National Museum of African American History and Culture
S. 117 Louis Armstrong, National Portrait Gallery, Smithsonian Institution, Schenkung von Elsie M. Warnecke
S. 117 Zwei musizierende Damen, Charles Howard Hodges, 1806, Rijksmuseum
S. 117 Sonate, Smithsonian American Art Museum and its Renwick Gallery, Henry Wolf, vormals Eckwersheim, geb.1852 im Elsass, gestorben 1916 in New York City, Smithsonian American Art Museum, Schenkung von Mrs. Lester Neuman
S. 118 Bambusblatt, Jan Brandes, 1786
S. 119 Foto, Stiftung Nationales Akademisches Bibliotheks- und Informationssystem, Bulgarien, frei zugänglich
S. 121 Krone mit Edelsteinen, Ricard, nach J. C. Koch, ca. zwischen 1859 und 1864
S. 122 Sternzeichen Jungfrau, Henri van der Stok, 1880–1920
S. 125 Der große Oktopus im Nameri-Fluss in Etchū: Oh, autsch!, Blatt 7 aus der Serie: Glücksbringende Bilder von Bergen und dem Meer, MK&G
S. 125 Die Haustiere des Bauern, National Museum of American History, Harry T. Peters, Amerika in Stein, Lithographische Sammlung
S. 125 Haustiere beim Spielen, Harry T. Peters, National Museum of American History, Amerika in Stein, Lithographische Sammlung

S. 125 Erna Jenisch, später Frau von Höffern, Nicola Perscheid, Museum für Kunst und Gewerbe, Hamburg, Deutschland – CC0
S. 125 Lilian Harvey, Imre von Santhò,1937, Berlin, MK&G
S. 125 Hund auf dem Tisch liegend, Leon A. van Weijderveldt, 1868–1910, Rijksmuseum
S. 125 Sitzende Katze, Julie de Graag, 1918, Rijksmuseum
S. 125 Hundekopf, Eduard Cuypers, 1869–1927, Rijksmuseum
S. 125 Zusammengerollt liegende und schlafende Katze, Jean Bernard, 1825, Rijksmuseum
S. 125 Studie eines Hundes, Anna Maria Kruijff, 1880–1946, Rijksmuseum
S. 125 *Porträt eines Welpen*, Guillaume Anne van der Brugghen, 1850–1891
S. 125 *Spielende Katze*, Henriëtte Ronner, ca. 1860–ca. 1878
S. 125 *Katze mit Kätzchen*, Henriëtte Ronner, 1844
S. 126 Tom N. Wills aus Arizona, ein echter Aufschneider, Sammlung Smithsonian National Museum of African American History and Culture
S. 127 Trompe l'oeil with Geige, Notenheft und Blockflöte, Cornelius Norbertus Gijsbrechts, 1672, Dänische Nationalgalerie, Dänemark – CC0
S. 128 Schädel einer Kuh, Seitenansicht, Jean Bernard, 1816
S. 131 Fruchtkorb, Harry T. Peters, National Museum of American History, Amerika in Stein, Lithographische Sammlung
S. 131 Artischocke, Jean Bernard, 1797, Rijksmuseum
S. 131 Quitte (*Cydonia oblonga*), Frucht, Blüten und Frucht-Querschnitt, Farb-Zinkographie, ca. 1853, nach M. Burnett, Wellcome Collection
S. 131 *Stillleben mit Obst und Gemüse*, mit Christus in Emmaus im Hintergrund, Floris Gerritsz van Schooten, ca. 1630, Rijksmuseum
S. 131 Küchenszene, mit Jesus im Haus von Martha und Maria im Hintergrund, Joachim Bueckelaer (copy after), 1569
S. 131, 155 Die glattblättrige grüne Antigua-Ananas, George Brookshaw, Nachlass Mrs. Charles Wrightsman, 2019, Metropolitan Museum of Art
S. 133 Kaffeekanne, Rijksmuseum, frei zugänglich
S. 133 *Stillleben mit Teetasse*, Cooper Hewitt, Smithsonian Design Museum, Roger Riordan, 1848–1904, Schenkung von Mrs. Samuel Colman
S. 133 Design für mechanische Möbel: Himmelbett, Cooper Hewitt, Smithsonian Design Museum, Ankauf für das Museum durch Beirat, ca. 1805
S. 133 Igeha Grünwappen Kakao Hauswaldt, Hohlwein, Ludwig, MK&G
S. 133 Karnatzki Kakao, MK&G
S. 133 Tee „Marke Teekanne", Wiertz, Jupp, MK&G
S. 133 Liegender Akt, Julius LeBlanc Stewart, Smithsonian American Art Museum and its Renwick Gallery, Schenkung der Familie James F. Dicke
S. 133, 168 Die Tasse Tee, Harry T. Peters, National Museum of American History, Amerika in Stein, Lithographische Sammlung
S. 135 Bücher und Gelehrtenutensilien (*chaekgeori*) Ende 1800, Yi Taek-gyun (Koreaner, 1808-nach 1883), zehnteiliger Paravent, Tusche und Farbe auf Seide, jede Tafel: 197,5 x 39,5 cm, Cleveland Museum of Art, Leonard C. Hanna Jr. Fund, 2011.37
S. 135 Küche, Modell, Dockküche, Ethnographisches Museum, Schweden – CC BY
S. 135 Schwedisches Zentrum für Architektur und Design, Schweden, frei zugänglich
S. 136 Die Werke von Alexander Pope (Bd. 2: Vom Menschen, Briefe an verschiedene Personen, Satiren von Horaz, Satiren von Dr. John Donne, Epitaphien, The Dunciad, British Library
S. 136 Populäre Lieder, die die französischen Invasionen in Irland illustrieren ... Herausgegeben, mit Einführungen und Anmerkungen, von T. C. Croker, British Library
S. 137 Katzenkopf, 1904, Metropolitan Museum of Art, Schenkung von Darius Ogden Mills
S. 137 Kau Jun, der „ehrwürdige Herr", in traditioneller Tracht, hält die „Acht Trigramme" und das „Yin und Yang"-Symbol (Aquarell, China), 19. Jh., Wellcome Collection – CC BY
S. 137 Amulett-Tafel, China, 1801–1900, Science Museum, London, Wellcome Collection – CC BY
S. 137 Göttinnen Bhuvanesvari und Bagala, 1885–1895 (Ankauf), Schenkung des Robert and Bobbie Falk Philanthropic Fund, 2021, Metropolitan Museum of Art
S. 137 Shiva als Herr des Tanzes (Nataraja), 1987, Metropolitan Museum of Art, Schenkung von R. H. Ellsworth Ltd., zu Ehren von Susan Dillon
S. 137 Messing-Hand, Iran, 1880–1925, Science Museum, London
S. 137 Kreis (Mandala), Aquarell eines tibetanischen Malers, Wellcome Collection
S. 137 Hochgestellte indische Person in yogischer Haltung (Bogenhaltung oder Dhanurāsana), Gouache-Gemälde eines indischen Malers, Wellcome Collection
S. 138 *Die Frucht*, Harry T. Peters, National Museum of American History, Amerika in Stein, Lithographische Sammlung
S. 139 Columbine und Pantalone, Porzellan-Manufaktur Meissen, Johann Joachim Kändler, Sammlung Jack und Belle Linsky, 1982, Metropolitan Museum of Art
S. 140 Sternzeichen Waage, Henri van der Stok, 1880–1946
S. 142 Bodenfliese, anonym, 1600–1650
S. 146 Foxterrier, anonym, ca. zwischen 1883 und 1888
S. 147 Hochzeitskleid, Mme. Fréderique, ca. 1872, Metropolitan Museum of Art, Schenkung von Louis G. Smith, in Erinnerung an ihre Mutter, Mrs. Samuel Street Smith, 1935
S. 147 Hochzeitskleid, 1873, Metropolitan Museum of Art, Schenkung von Helena I. Redford, 1950
S. 147 Rosen mit Silhouettenporträts von Wilhelm I. Friedrich, König der Niederlande, Wilhelmina von Preußen, ihre Kinder, seine Eltern und seine Schwester, Leonardus Schweickhardt, 1815–1819
S. 147 Fächer, Smithsonian American Art Museum, Nachlass Mrs. Henry L. Milmore durch Mr. Henry L. Milmore
S. 148 Regenbogen auf dem Meer und an Land, Jan Brandes, 1778–1784
S. 151 Hera von Alkamenes, Universität Bologna, Italien – CC BY
S. 151 *Venus*, Cornelis Bloemaert (II), nach Salvi Castellucci, ca. 1642
S. 151 *Geburt der Venus*, Sandro Botticelli, Uffizien
S. 151 Vierblättiges Kleeblatt, aus der Novelties-Serie (N228, Type 4), hrsg. von Kinney Brothers Tobacco Company, 1889, Metropolitan Museum of Art, Sammlung Jefferson R. Burdick Collection, Schenkung von Jefferson R. Burdick
S. 156 Sternzeichen Skorpion, Henri van der Stok, 1880–1946
S. 159 Weiße Magnolienblüte und Samenkapsel, 1731, Wellcome Collection, Vereinigtes Königreich – CC BY
S. 159 Pfingstrose, Kazumasa Ogawa (ihm zugeschrieben), ca. zwischen 1887 und 1897
S. 159 Passionsblume, Jean Bernard, ca. 1825
S. 159 Austern und Muscheln, anonym, 1550–1570
S. 159 Muscheln, Algen, Schnecken und Kaninchenschädel, anonym, 1560–1585
S. 159 *Rote Rose*, Georgius Jacobus Johannes van Os, 1792–1861
S. 161 Zwei Melonen, Honigmelone (*Cucumis melo*) und Wassermelone (*Citrullus lanatus*). Chromolithographie, ca. 1870, nach H. Briscoe, Wellcome Collection, Vereinigtes Königreich – CC BY
S. 161 Manggistan, Jan Brandes, 1784
S. 161 Zweig mit drei gelben Lilien, M. de Gijselaar, 1834
S. 161 Blaue Weintrauben, Jean Bernard, 1775–1833
S. 161 Granatapfel (*Punica granatum*), Anselmus Boëtius de Boodt, 1596–1610
S. 161 Gewöhnlicher Hahnenfuß, Anselmus Boëtius de Boodt, 1596–1610
S. 161 Deutsche Schwertlilie (*Iris germanica*), Anselmus Boëtius de Boodt, 1596–1610
S. 161 *Stillleben mit Zitrone und geschliffenem Glas*, Maria Margaretha van Os, 1823–1826
S. 163 Studie eines männlichen Aktmodells, sitzend auf einem Gipspferd, im Atelier von Jacques de Lalaing, mögliche Vorstudie für ein Reiterporträt, Museum der Schönen Künste Gent, Jacques Lalaing (ihm zugeschrieben), ca. 1883–ca. 1914
S. 164 Porträt einer jungen Frau im Sari und mit Schmuck, (vermutlich) anonym, ca. 1890–ca. 1910
S. 166 Nest mit Eiern eines Rotschenkels auf Texel, Richard Tepe, ca. 1900–ca. 1930
S. 169 Werkstatt von Johann Teyler, nach Otto Marseus van Schrieck
S. 169 Schmecke und Schmetterling, ca. 1685–1697, Schenkung von Ladislaus und Beatrix von Hoffmann
S. 169 Der Kopf der Medusa, Beginn 16. Jh., Sammlung Samuel H. Kress
S. 171 Zunehmender Mond, Warren de la Rue, ca. 1866–ca. 1880
S. 173 Figur eines Hundes, Cooper Hewitt, Smithsonian Design Museum
S. 174 Sternbild Schütze, Henri van der Stok, 1880–1920
S. 177 Surfing i Svartån, Juli 1956, Örebro Kuriren, Örebro Landesmuseum, Schweden, frei zugänglich
S. 178 Korbflechter bei der Arbeit, anonym, 1852–1863
S. 179 Foto eines Mannes im Anzug, mit Melone und Koffer, Sammlung Smithsonian National Museum of African American History and Culture
S. 179 Postkarte mit Foto einer nicht identifizierten Frau mit Reisetasche, Sammlung Smithsonian National Museum of African American History and Culture, Schenkung von Waheed Photo Archive
S. 182 Marmorbrunnen in Blau, anonym, 1700–1850
S. 183 Camping, Leif Ørnelund, Oslo Museum, Norwegen – CC BY-SA
S. 183 Bogstad Camping, Delphin, Rigmor Dahl, Oslo Museum, Norwegen – CC BY-SA
S. 183 Thermosflasche, Ethnograhisches Museum, Schweden – CC BY
S. 183 Tasche, Jönköping Landesmuseum, Schweden – CC BY
S. 183 Verpackung, Britanniafabriks A-B, Jönköping Landesmuseum, Schweden – CC BY
S. 183 Kompass, Schwedisches Nationalmuseum für Wissenschaft und Technik, Schweden – CC BY
S. 183 Viiri, Lusto, Finnisches Waldmuseum, Finnland – CC BY
S. 183 SNLL-Freizeitcamp, Finnische Kulturerbe-Behörde, Finnland – CC BY
S. 183 Zwei Vögel: Rotdrossel und Papageientaucher, kolorierter Kupferstich, Wellcome Collection, Vereinigtes Königreich – CC BY
S. 183 Robert Edwin Peary, 6. Mai 1856–2. Feb. 1920, National Portrait Gallery, Smithsonian Institution
S. 183 Dale Evans, Harry Warnecke, 1900–1984, National Portrait Gallery, Smithsonian Institution

S. 183 Präriehühner, 2. Blauflügel-Waldsänger, 3. Rubinfleck-Waldsänger, aus dem Buch *American Ornithology*, Smithsonian American Art Museum, Renwick Gallery
S. 187 Socha Sfingy, Orell Füssli (Photochrom Zürich), Náprstek Museum für asiatische, afrikanische und amerikanische Kulturen, Tschechien – CC BY
S. 187 Ponti delli Guglie in Venedig, Italien, Anfang 1900, Aussie~mobs, Public Domain Mark 1.0.
S. 187 The Miriam and Ira D. Wallach Division of Art, Prints and Photographs: Fotosammlung, New York Public Library, (1900–1902). Niagara Falls from Steel Bridge, Niagara, N. Y., abgerufen von https://digitalcollections.nypl.org/items/510d47d9-9aa8-a3d9-e040-e00a18064a99
S. 189 Unbekannte Japanerin in akrobatischer Pose, Raimund von Stillfried-Ratenitz (ihm zugeschrieben), 1871–1881
S. 190 Sternzeichen Steinbock, Henri van der Stok, 1880–1946
S. 190, 199 Covent Garden Theatre, Innenraum, Cooper Hewitt, Smithsonian Design Museum, Schenkung von Mr. und Mrs. Richard B. Freund
S. 194 Edison C (GEM) von Thomas Alva Edison Inc., Orange, NJ (Hersteller), Technoseum, Deutschland – CC0
S. 195 Persondator von Apple Computer, Inc., Schwedisches Nationalmuseum für Wissenschaft und Technik, Schweden – CC BY
S. 195 Schlüssel, Cooper Hewitt, Smithsonian Design Museum, Schenkung eines anonymen Spenders
S. 195 Schlüssel, Cooper Hewitt, Smithsonian Design Museum, Abteilung Produktdesign und dekorative Kunst
S. 195 Schlüssel, Cooper Hewitt, Smithsonian Design Museum, Abteilung Produktdesign und dekorative Kunst
S. 195 Modell, Rakete, Saturn V, 1:34, Nationales Luft- und Raumfahrtmuseum, Schenkung von David Gianakos
S. 196 Rauchender Vulkan mit Trümmern im Vordergrund in Niederländisch-Ostindien, Onnes Kurkdjian, 1912
S. 197 Babe Didrikson, National Portrait Gallery, Smithsonian Institution
S. 197 Duke Kahanamoku, National Portrait Gallery, Smithsonian Institution
S. 197 Nationale Archiv- und Aktenverwaltung, „Frauenwahlrecht", hergestellt von Women's Social & Political Union (WSPU)
S. 198 Pariser Opernhaus, Démétrius Emanuel Galanis, Galerie für moderne und zeitgenössische Kunst Turin, Italien – CC BY
S. 199 Ihre Majestät, wie sie bei ihrem ersten Besuch im Covent Garden Theatre erschien, 17. November 1837, National Museum of American History, Harry T. Peters, Amerika in Stein, Lithographische Sammlung
S. 199 Papiertheater mit dem Thalia-Proszenium des Verlages Schmidt & Römer, Leipzig, Sammlung Rüdiger Koch
S. 203 Medaille, Estnisches Sport- und Olympia-Museum, Estland – CC0
S. 203 Drei rote Autoschleifen aus der Auto-Verschenk-Folge der „The Oprah Winfrey Show", Sammlung Smithsonian National Museum of African American History and Culture, Schenkung von Oprah Winfrey
S. 203 Rosette zum 50-jährigen Bestehen der Khumjung-Sekundarschule in Nepal, 1961–2011, Auckland Museum – CC BY
S. 203 „Frauenwahlrecht", hergestellt von Women's Social & Political Union (WSPU), LSE-Bibliothek, Set 72157661341624306, ID 22933772751, Originalname Frauenwahlrecht-Rosette, ca.1913
S. 205 Pilze im Wald, H.C. Spruit, 1926
S. 206 Sternzeichen Wassermann, Henri van der Stok, 1880–1946
S. 211 Jazzstunde II., Wintertanzkurs in Budapest, Tone Stojko (Slowene, Fotograf, 1947–1986), Fortepan, Ungarn – CC BY-SA
S. 211 Tanzclub, Micadew, ihm zugeordnet, ShareAlike (CC BY-SA 2.0)
S. 211 Venezianische Nacht im Detroiter Yachtclub, dessen Mitglieder die wohlhabendere Klasse der Hersteller und ihre Freunde repräsentieren, 1940, Foto von Arthur S. Siegel, Bibliothek der Kongress-Sammlung
S. 211 PRCs 2017 Zeremonie zum Hissen der Neujahrsflagge, Büro der taiwanesischen Behörden, China, Regierungs-Website Open Information Announcement, Creative Commons Attribution 2.0
S. 211 Visitenkarte für Lying Lips, Sammlung Smithsonian National Museum of African American History and Culture, Schenkung von David A. Lowrance
S. 211 Druck von Cab Calloway mit seiner Band und Tänzern auf der Bühne des Cotton Club, Sammlung Smithsonian National Museum of African American History and Culture, Schenkung von Cabella Calloway Langsam
S. 211 Fotodruck von Cab Calloway und seiner Band in einem Schlafwagen, Sammlung Smithsonian National Museum of African American History and Culture, Schenkung von Cabella Calloway Langsam
S. 212 Nahaufnahme von Copernicus, einem Einschlagskrater auf dem Mond, NASA
S. 213 Ansteck-Button mit Werbung für den Martin-Luther-King-Tag, Sammlung Smithsonian National Museum of African American History and Culture
S. 213 Ansteck-Button mit der Aufschrift „Justice Or Else 10-10-2015", zum 20. Jahrestag des Million Man March, Sammlung Smithsonian National Museum of African American History and Culture
S. 213 T-Shirt getragen von Rahiel Tesfamariam auf einem Protest in Gedenken an Michael Brown, Sammlung Smithsonian National Museum of African American History and Culture, Schenkung von Rahiel Tesfamariam
S. 213 Button zum Frauenwahlrecht, National Museum of American History
S. 213 Button, National Museum of American History
S. 215 Foto der Männer-Basketballmannschaft des Tuskegee-Instituts von 1929, Sammlung Smithsonian National Museum of African American History and Culture, Schenkung von Margaret Falkener DeLorme, Waldo C. Falkener, Cameron S. Falkener und Gilbert E. DeLorme
S. 218 *Zuschauer am Elefanten-Korral*, Jan Brandes, 1785
S. 219 Weiße Taube am Rande des Tisches, Carl Sarap (Autor), Virumaa-Museen, Estland – CC BY
S. 219 Muschel (*architectonica trochlearis*), Wenceslaus Hollar (abgelehnte Zuschreibung),1644–1702
S. 219 Muschel (*melo amphora*), Wenceslaus Hollar, 1644–1652
S. 219 Zwanzig tropische Muscheln, Johann Gustav Hoch, 1726–1779
S. 219 Farbkreis, Johanna van de Kamer, ca. 1890–ca. 1922
S. 219 Olive (*Olea europaea*), Anselmus Boëtius de Boodt, 1596–1610
S. 219 *Muscheln auf einem Steinsockel*, Adriaen Coorte, 1698
S. 220 Hippies, The Group Image, aktiv ca. 1967, National Portrait Gallery, Smithsonian Institution, Geschenk eines anonymen Spenders
S. 222 Sternbild Fische, Henri van der Stok, 1880–1946
S. 225 Frau auf einer Weltkugel stehend, umgeben von Sonne, Mond, Sternen und Planeten, Jan Luyken, 1687
S. 225 Planetarium, Nicolaas van Frankendaal, 1759
S. 225 Astrologia, Jacob Gole, 1670–1724
S. 225 Atlas auf der Weltkugel, anonym, 1670–1690
S. 225 Wildpferd, Hendrick Goltzius, nach Jan van der Straet, 1578–1582
S. 225 Frühling, anonym, nach Jacob Matham, nach Hendrick Goltzius, 1606
S. 225 Sommer, anonym, nach Jacob Matham, nach Hendrick Goltzius, 1606
S. 225 Herbst, anonym, nach Jacob Matham, nach Hendrick Goltzius, 1606
S. 225 Winter, anonym, nach Jacob Matham, nach Hendrick Goltzius, 1606
S. 225 Himmelskarte der Umlaufbahn der Sonne um die Erde nach Ptolemäus, anonym, 1708
S. 225 Ludwig XIV., König von Frankreich, Jacob Gole, nach Cornelis Dusart, 1691
S. 225 Astrologe, Jan Luyken, 1694
S. 225 Moiré-Marmor in Blau, Rot, Schwarz und Gold, anonym, 1900–2000
S. 227 Carina Nebula: 14,000+ Stars, NASA/CXC/Penn State/L. Townsley et al.
S. 227 Feld der Sterne, ESA/NASA
S. 227 Neutronensterne kollidieren, Sonoma State Univ./A. Simonnet; NASA
S. 227 „Quallengalaxie" JW39, ESA/Hubble & NASA, M. Gullieuszik und GASP-Team
S. 227 Kugelsternhaufen NGC 6325, ESA/Hubble & NASA, E. Noyola, R. Cohen
S. 227 Spiralgalaxie M101, Röntgen: NASA/CXC/SAO; Optisch: Detlef Hartmann; Infrarot: NASA/JPL-Caltech
S. 227 Wenn (Neutronen-) Sterne kollidieren, NASA Goddard Space Flight Center/CI Lab
S. 227 Sternentstehungsgebiet NGC 2174, NASA/JPL-Caltech
S. 229 *Seerosen (Agapanthus)*, Claude Monet, Cleveland Museum of Art
S. 229 *In den Wellen (Dans les Vagues)*, 1889, Paul Gauguin, Cleveland Museum of Art
S. 229 Toulouse-Lautrec Schwimmen im Bassin d'Arcachon, Maurice Guibert, 1896
S. 229 Atelierporträt einer (vermutlich) unbekannten Frau, gekleidet als Göttin Venus auf einer von Vögeln gezogenen Muschel, anonym, zwischen 1907 und 1910
S. 229 *Die große Welle von Kanagawa*, Katsushika Hokusai, 1829–1833
S. 231 „Geliebt und verloren! Die wahre Geschichte eines kurzen Lebens; im Klatsch-Vers erzählt und illustriert von L. A. Meredith", Charles Meredith
S. 231 *Fairy Mary's Dream*, A. F. L., mit Illustrationen des Autors, British Library
S. 231 The Marches of Wales. Notes and impressions on the Welsh Borders, etc, Charles George Harper, British Library
S. 231 Ring mit Dame mit dem Einhorn, anonym, ca. 1550–ca. 1600
S. 231 Inszenierung von Menschen- und Gorillaskeletten am Tisch, Carl Huth, 1878
S. 231 Fotoreproduktion eines Bergkristalldesigns, anonym, 1869
S. 231 Eule als Pilger verkleidet, Monogrammist MH (Graveur), 1500–1549
S. 231 Der Tod, Hein von Essen, 1926
S. 231 Schlange, anonym, 1688–1698
S. 231 Männlicher und weiblicher Zentaur, Lionel Aristide Lecouteux, 1878
S. 231 Eule mit Brille und Büchern, Cornelis Bloemaert (II), nach Hendrick Bloemaert, ca. 1625
S. 231 Menschliches Auge mit einer Anomalie, Isaac Weissenbruch, 1836–1912
S. 231 Spott über den steifen Faltenkragen, ca. 1600, anonym, 1600–1624
S. 231 Skelett einer Hand, Jan l'Admiral, 1709–1773
S. 231 Hexentochter, Smithsonian American Art Museum
S. 231 Baumfrosch, Smithsonian American Art Museum and its Renwick Gallery
S. 234 *Alte Bäume in einer Weidelandschaft*, Carl Philipp Schallhas, 1790/1795, Schenkung von Katrin Bellinger in Erinnerung an Wolfgang Ratjen
S. 235 Journal des Dames et des Modes, Costumes Parisiens, 1913, Nr. 88: Papillons naturels montés (...), anonym, 1913
S. 235 Schmetterlinge, Ernst Fröhlich, 1843–ca. 1880

Laurence King Verlag GmbH
Jablonskistraße 27, 10405 Berlin
www.laurencekingverlag.de

Erstmals erschienen bei Laurence King Publishing
in Großbritannien 2024

Laurence King Publishing ist ein Imprint von
The Orion Publishing Group Ltd
Carmelite House, 50 Victoria Embankment
London EC4Y 0DZ

Ein Unternehmen von Hachette UK

Lektorat: Jessica Todd
Illustration & Gestaltung: Louise Richardson
Litho: FI Colour Ltd

Für die deutsche Ausgabe
Übersetzung: Birgit van der Avoort, Havixbeck
Lektorat: Thomas Hauffe, Dortmund
Satz: Igor Divis, Dortmund
Projektleitung: hauffe publishing, Dortmund

ISBN: 978-3-96244-383-2

1. Auflage 2024
Gedruckt in China bei C&C Offset Printing Co. Ltd

www.laurencekingverlag.de
www.orionbooks.co.uk